# Doppel-Klick 6

## Das Sprach- und Lesebuch

**Differenzierende Ausgabe**

Herausgegeben von
Ekhard Ninnemann, Elisabeth Schäpers,
Renate Teepe

Erarbeitet von
Sabrina Beikirch, Werner Bentin, Carmen Burow,
Dorothee Gaile, Beate Hallmann, August-Bernhard Jacobs,
Jona Jasper, Kristina Klein, Michaela Koch, Renate Krull,
Timo Mauelshagen, Ekhard Ninnemann, Martin Püttschneider,
Jörg Ringling, Elisabeth Schäpers, Matthias Scholz,
Ralf Schummer-Hofmann, Renate Teepe

Unter Beratung von
Renate Krull und Jörn Stückrath

| Themen | | Kompetenzen |
|---|---|---|
| | | |

## Gemeinsam, zusammen, miteinander

| | |
|---|---|
| Unsere Klassengemeinschaft | 12 |
| Erzähltexte lesen und verstehen | 14 |
|    Ursula Wölfel: Hannes fehlt | 14 |
|    Lena Richter: Eifersucht | 16 |
| Miteinander sprechen: Argumentieren und Diskutieren | 18 |
| Extra Sprache und Stil: Auf Äußerungen eingehen | 20 |
| Extra Sprache und Stil: Mit Worten nicht verletzen | 21 |
| Weiterführendes: Einen Textauszug deuten | 22 |
|    Antoine de Saint-Exupéry: Der kleine Prinz | 22 |
| Das kann ich! Erzähltexte verstehen – nach Vorlagen erzählen, Argumentieren und Diskutieren | 24 |

**Erzähltexte verstehen –
nach Vorlagen erzählen,
Argumentieren und Diskutieren**
literarische Texte lesen und verstehen
von eigenen Erlebnissen und
   Erfahrungen erzählen
sich in andere hineinversetzen
positives Gesprächsverhalten und
   Kommunikationstechniken üben

## Argumentieren und Diskutieren

| | |
|---|---|
| Sich eine Meinung bilden | 25 |
|    Kann jemand 100 Freundinnen und 55 Freunde haben? | 25 |
| Meinungen äußern und begründen | 26 |
| Miteinander diskutieren | 28 |

**Miteinander sprechen**
sich angemessen äußern
aufmerksam zuhören und
   sachbezogen reagieren
Diskussionsregeln festlegen
   und befolgen

## Streit schlichten ..... 29

**Miteinander sprechen**
Gefühle angemessen ausdrücken
Konfliktlösungsstrategien kennen

## Ruft es noch „Kuckuck" aus dem Wald?

| | |
|---|---|
| Sich über den Kuckuck austauschen | 32 |
| Sich über den Kuckuck informieren | 33 |
|    Lexikoneintrag: Kuckuck | 33 |
| Einen Sachtext lesen | 34 |
|    Kuckuck, Kuckuck ruft's aus dem Wald – doch wie lange noch? | 34 |
| Einen Sachtext mit Grafiken lesen | 37 |
|    Die Bedrohung der Erdatmosphäre | 37 |
| Zu einer Textaussage Stellung nehmen | 39 |
| Extra Grammatik: Meinungen formulieren und begründen | 40 |
| Weiterführendes: Eine Versuchsanleitung schreiben | 42 |
| Das kann ich! Sachtexte und Grafiken erschließen, Stellung nehmen | 44 |

**Sachtexte und Grafiken
erschließen, Stellung nehmen**
einen Text zusammenfassen
die eigene Meinung begründen
Argumente schriftlich formulieren
Handlungsanleitungen verstehen
Versuche beschreiben

## Den Textknacker anwenden

| | |
|---|---|
| Eine Grafik verstehen | 45 |
|    Die Entstehung des Weltalls und der Erde | 45 |
| Einen Sachtext mit dem Textknacker lesen | 46 |
|    Die Entstehung des Weltalls | 46 |

**Arbeitstechniken anwenden**
Sachtexte und Grafiken erschließen
Texte zusammenfassen

| | |
|---|---|
| **Mit einem Flugblatt Stellung nehmen** ........ 48 | **Planen, schreiben, überarbeiten** |
| Gemeinsam planen und vorbereiten ................ 48 | Stellung nehmen |
| Mit der Checkliste überarbeiten: Ein Flugblatt ... 50 | Argumente schriftlich formulieren |
| | appellative Texte formulieren |
| | |
| **Eine Versuchsanleitung schreiben** ............ 51 | **Planen, schreiben, überarbeiten** |
| Einen Versuch vorbereiten und durchführen ...... 51 | Sachverhalte beschreiben |
| Eine Versuchsanleitung schreiben ................ 53 | Handlungsanleitungen schreiben und |
| Mit der Checkliste überarbeiten: Die Versuchsanleitung ... 54 | überarbeiten |

# Spurensuche

| | |
|---|---|
| Von alten Zeiten berichten ........................ 56 | **Berichten, Kurzreferat** |
| Einen Zeitungsbericht lesen ...................... 58 | über Sachverhalte und Ereignisse |
|    Michael Kremer: Geschichte am Rubbelbrett erlebt ... 58 | berichten |
| Über einen Museumsbesuch berichten ............ 60 | Sachtexte erschließen: Zeitungsbericht |
| Ein Kurzreferat vorbereiten und halten .......... 62 | Informationen ordnen |
| Extra Grammatik: Im Präteritum berichten ...... 66 | anschaulich und frei vortragen |
| Weiterführendes: Ein Kurzreferat zu einem neuen Thema ... 68 | |
| Das kann ich! Berichten, Kurzreferat ............ 70 | |
| | |
| **Präsentieren: Kurzreferat** .................... 71 | **Arbeitstechniken anwenden** |
| In sechs Schritten zum Kurzreferat: Ein Buch entsteht ... 71 | stichwortgestützt vortragen |
| | zuhören und Notizen machen |
| | |
| **Berichten** ...................................... 74 | **Planen, schreiben, überarbeiten** |
| Über einen Unfall berichten ...................... 74 | über einen Vorfall berichten |
| Den Bericht schreiben – Schritt für Schritt ...... 76 | |
| Weiterführendes: Einen Bericht in der Ich-Form schreiben ... 78 | |

# Spiel mit!

| | |
|---|---|
| Sich über Spiele verständigen .................... 80 | **Spielregeln vereinbaren,** |
| Spielregeln vereinbaren .......................... 82 | **Spielanleitungen schreiben** |
| Eine Spielanleitung verstehen und schreiben ...... 84 | Anleitungen verstehen und schreiben |
| Extra Grammatik: Aufforderungssätze ............ 86 | Regeln vereinbaren und einhalten |
| Extra Sprache und Stil: Missverständnisse klären ... 87 | Strategien zur Konfliktlösung kennen |
| Das kann ich! Spielregeln vereinbaren, | adressatenbezogen schreiben |
|    Spielanleitungen schreiben .................... 88 | |
| | |
| **Texte überarbeiten: Die Schreibkonferenz** ... 89 | **Arbeitstechniken anwenden** |
| Regeln für die Schreibkonferenz .................. 89 | Methoden der Textüberarbeitung |
| Eine Spielanleitung überprüfen .................. 90 | anwenden |
| Tipps zum Überarbeiten .......................... 91 | eigene Texte zweck- und adressaten- |
| | orientiert strukturieren |

Inhaltsverzeichnis     3

# Sich verständigen – mit und ohne Worte

**Zeichen verstehen, Szenisch darstellen**
über nonverbale Kommunikation nachdenken
Sachtexte erschließen
literarische Texte lesen und verstehen
Szenen selbst gestalten und spielen

Sich durch Zeichen verständigen ..... 94
Sich über Zeichen und Bräuche informieren ..... 96
    So viele Zeichen, so verschiedene Bedeutungen ..... 96
Eine Geschichte über Zeichen und Bräuche ..... 98
    Andere Länder, andere Bräuche ..... 98
Spielszenen gestalten und spielen ..... 101
**Extra Rechtschreibung und Stil:**
    Die wörtliche Rede verwenden ..... 102
**Weiterführendes:** Einen Sachtext lesen ..... 104
    Sich verständigen – mit und ohne Worte ..... 104
**Das kann ich!** Zeichen verstehen,
    Szenisch darstellen ..... 106

# Eine Szene gestalten und spielen

**Gestalten und spielen**
einen literarischen Text lesen
eine Szene gestalten
szenisch spielen

Eine Geschichte szenisch gestalten ..... 107
    Carlo Manzoni: Der Schlüssel ..... 107
Eine Szene einüben und spielen ..... 109
Eine Spielszene vorspielen und auswerten ..... 110

# Von Angst und Mut

**Erzähltexte verstehen, Subjektives Sprechen und Schreiben**
die Bausteine einer Erzählung erkennen
mündlich und schriftlich erzählen:
    frei und nach Erzählplan
sich in andere hineinversetzen
frei sprechen und schreiben

Über Angst und Mut nachdenken ..... 112
    Mutig sein ..... 113
Eine Erzählung lesen ..... 114
    Ursula Wölfel: Der Nachtvogel ..... 114
Zu einem Jugendbuchauszug schreiben ..... 116
    Max von der Grün: Vorstadtkrokodile ..... 116
**Extra Grammatik:** wenn-dann-Sätze ..... 118
**Extra Rechtschreibung:** Verben werden zu Nomen ..... 119
**Weiterführendes:** „Mutmacher" schreiben ..... 120
    Hans Manz: Wunder des Alltags ..... 121
**Das kann ich!** Erzähltexte verstehen,
    Subjektives Sprechen und Schreiben ..... 122

# Mit dem Erzählplan erzählen

**Planen, schreiben, überarbeiten**
elementare Methoden der Textplanung und -überarbeitung anwenden
eigene Texte zweck- und adressatenorientiert strukturieren

Zu einem Bild frei erzählen ..... 123
Zu einem Zeitungsartikel erzählen: Den Aufbau planen ..... 124
Die Erzählung überarbeiten ..... 126
**Weiterführendes:** In einem Brief erzählen ..... 127

**Gattungen, Autoren, Medien**

# Gedichte von Bäumen

| | |
|---|---|
| **Gedichtformen kennen lernen** | 128 |
| James Krüss: Der Apfelbaum ist aufgeblüht | 128 |
| Josef Guggenmos: Bruder Ahorn | 128 |
| Klaus Kordon: Biologie | 128 |
| **Reime untersuchen** | 130 |
| Wilhelm Müller: Am Brunnen vor dem Tore | 130 |
| Louis Fürnberg: Alt möchte ich werden | 131 |
| **Sprachliche Bilder untersuchen und deuten** | 132 |
| Ludwig Uhland: Einkehr | 132 |
| Georg Maurer: Bäume | 133 |
| **Weiterführendes: Sprachliche Bilder in Sprichwörtern** | 134 |
| Am 25. April ist der Tag des Baumes | 135 |
| **Weiterführendes: Gedichte deuten und gestalten** | 136 |
| Eugen Roth: Der Baum | 136 |
| Mira Lobe, Renate Welsh, Gerri Zotter: Wald | 136 |
| Hans Manz: Waldsterben | 136 |
| Günter Eich: Wald, Bestand an Bäumen | 137 |
| Sarah Kirsch: Bäume | 137 |

**Kompetenzen**

**Merkmale von Gedichten und Liedern erschließen, Gedichte gestalten**
Reimformen kennen und untersuchen
sprachliche Bilder kennen
  und verstehen
Klang und Stimmung untersuchen
visuelle Gestaltungsmittel erkennen
Gedichte visuell gestalten

# Einfach sagenhaft

| | |
|---|---|
| **Sagen von Orten** | 138 |
| Schatzgräberei am Frauenberg | 138 |
| Das hockende Weib | 140 |
| **Sagen von Menschen** | 142 |
| Die Sage von Sadko | 143 |
| Dimitar Inkiow: Das Trojanische Pferd | 146 |
| **Weiterführendes: Eine moderne Sage** | 148 |
| Rolf Wilhelm Brednich: Die trojanische Couch | 148 |
| **Weiterführendes: Ein Sagenbuch gestalten** | 149 |

**Merkmale von Sagen kennen lernen, Sagen nacherzählen**
Sagen lesen und verstehen
mit Sagen umgehen:
  Ein Sagenbuch gestalten

## Von Weisen und Spaßvögeln

**Nasrettin Hoca und Till Eulenspiegel** .................. 150
    Die Geschichte vom verlorenen Esel .................. 150
    Wie Eulenspiegel einem Esel das Lesen beibrachte .......... 151
    Wie Eulenspiegel in Magdeburg verkündete,
    dass er vom Rathauserker fliegen wollte .................. 152
**Die Schildbürger** .................................................. 154
    Erich Kästner: Die Schildbürger bauen ein Rathaus ........ 154
**Weiterführendes:** Ein Theaterstück – vom Text
zur Spielszene .................................................. 158

### Schelmengeschichten und Schwänke verstehen und gestalten
Schwänke lesen und verstehen
Schwänke weitererzählen
produktionsorientiert mit Texten umgehen:
   Hör- und Spielszenen gestalten

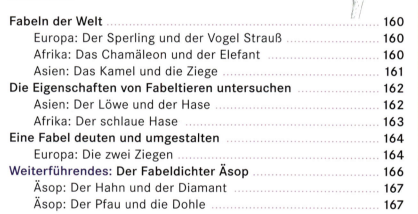

## Fabeln

**Fabeln der Welt** .................................................. 160
    Europa: Der Sperling und der Vogel Strauß .............. 160
    Afrika: Das Chamäleon und der Elefant .................. 160
    Asien: Das Kamel und die Ziege ........................... 161
**Die Eigenschaften von Fabeltieren untersuchen** ........ 162
    Asien: Der Löwe und der Hase ........................... 162
    Afrika: Der schlaue Hase .................................. 163
**Eine Fabel deuten und umgestalten** ........................ 164
    Europa: Die zwei Ziegen ................................... 164
**Weiterführendes:** Der Fabeldichter Äsop .................. 166
    Äsop: Der Hahn und der Diamant ........................ 167
    Äsop: Der Pfau und die Dohle ............................ 167

### Fabeln erschließen und weitererzählen
Fabeln lesen und verstehen
nach Vorlage anschaulich und
   lebendig erzählen
Rollenspiele durchführen
Fabeln umschreiben
sich in andere hineinversetzen
die Lehre einer Fabel deuten

## Spannung von Anfang an

**Verlockende erste Sätze** ........................................ 168
**Mitten ins Geschehen hinein** .................................. 169
    Sigrid Heuck: Meister Joachims Geheimnis .............. 169
**Interessante Hauptfiguren** .................................... 170
    Phyllis Reynolds Naylor: Peinlich, peinlich, Alice ........ 170
    K. P. Wolf: der einzelgänger .............................. 173
**Weiterführendes:** „Lockmittel" erkennen .................. 177
**Weiterführendes:** Ein besonderes „Lockmittel" .......... 178
    Lemony Snicket: Die unheimliche Mühle ................ 178

### Jugendbuchauszüge lesen und weitererzählen
Erzählstrategien kennen lernen
mündlich und schriftlich
   weitererzählen
Lesemotivation aufbauen
Leseerfahrungen austauschen
Lektüreempfehlungen geben

# Tonke Dragt: Fantastische Welten

| | |
|---|---|
| Cover und Textauszüge zuordnen | 180 |
| Klappentexte lesen | 181 |
| Ein Zukunftsroman | 182 |
|     Tonke Dragt: Turmhoch und meilenweit | 182 |
| Ein fantastischer Roman | 184 |
|     Tonke Dragt: Das Geheimnis des Uhrmachers | 184 |
| **Weiterführendes:** Die Autorin Tonke Dragt | 186 |

**Sich über eine Autorin und ihre Bücher informieren**
Auszüge aus Jugendbüchern lesen und verstehen
sich über eine Autorin informieren
produktionsorientiert mit Texten umgehen: Szenen nach Erzähltexten spielen

# Bücher, Bücher, Bücher

| | |
|---|---|
| Ein Buch auswählen: Cover, Klappentext und Buchanfang | 188 |
|     Benno Pludra: Insel der Schwäne | 189 |
| Ein Sachbuch lesen: Das Vorwort | 190 |
|     Was ist was? Klima | 190 |
| Inhaltsverzeichnis, Glossar und Index | 191 |
| Ein Gedichtband | 192 |
|     Martin Anton: Eine schöne Geschichte | 192 |
| Ein Jugendbuch aus China | 193 |
|     Huang Beijia: Seidenraupen für Jin Ling | 193 |
| Ein fantastisches Jugendbuch | 194 |
|     Tonke Dragt: Die Türme des Februar | 194 |
| Ein Jugendbuch von Erich Kästner | 195 |
|     Erich Kästner: Das fliegende Klassenzimmer | 195 |
| **Weiterführendes:** In einem Bücherei-Katalog recherchieren | 196 |

**Bücher auswählen, ausdrucksvoll vorlesen**
Lesefertigkeit trainieren
eigene Kriterien zur Auswahl
    von Texten finden
Texte zum Vorlesen adressaten-
    bezogen und situativ vorbereiten
Leseerfahrungen austauschen
Lesemotivation aufbauen
Bibliotheken nutzen

# Fernsehen sehen und gestalten

| | |
|---|---|
| Medien nutzen | 198 |
| Fernsehen sehen und verstehen | 200 |
| Ideen sammeln – die Projektarbeit planen | 202 |
| Den Sprechertext schreiben | 204 |
| Den Beitrag filmen | 206 |
| Die Nachrichtensendung präsentieren | 208 |

**Fernsehnachrichten erschließen und gestalten**
Projektarbeit planen, durchführen und
    auswerten
audiovisuelle Darstellungsformen
    kennen und ihre Wirkung erfassen
Informationen aus verschiedenen
    Medien entnehmen

# Arbeitstechniken trainieren

## Kompetenzen

### Lesen erforschen – lesen trainieren

Moment, … Aha, …

| | |
|---|---|
| Mein Lesen – meine Leseerfahrungen | 210 |
| Lesetrick: Sprich mit dem Text | 212 |
| Milch und Milchprodukte in der Ernährung | 213 |
| Texte lesen und verstehen – mit dem Textknacker lesen | 214 |
| Die fliegenden Kraftwunder | 214 |
| Den Inhalt vorhersagen | 216 |
| Gut geschlafen? | 216 |
| Wörter erklären – den Text verstehen | 219 |
| Räuber aus der Tiefe | 219 |

Lesestrategien erwerben
Sachtexte lesen und verstehen
Verfahren der Textuntersuchung und
Textbeschreibung anwenden

### Texte untersuchen und schreiben

| | |
|---|---|
| Texte untersuchen und schreiben | 222 |
| Die Handlungsbausteine untersuchen | 222 |
| Siobhan Dowd: Der Junge, der sich in Luft auflöste | 222 |
| Mit dem Erzählplan erzählen | 224 |

Texte lesen und verstehen
die Bausteine einer Geschichte
erschließen
Geschichten planen und schreiben
mit dem Erzählplan

### Nachschlagen

| | |
|---|---|
| Nachschlagen | 226 |
| Im Wörterbuch nachschlagen | 226 |
| Im Lexikon nachschlagen | 227 |

Informationsquellen nutzen
Besonderheiten des Mediums
erfassen

### Im Internet recherchieren

| | |
|---|---|
| „Nachschlagen" im Internet | 228 |
| Das Internet | 228 |

Informationen beschaffen und gezielt
zur Klärung von Sachverhalten
einsetzen
Lesetechniken des selektiven Lesens

### Schrift üben – schreiben üben

| | |
|---|---|
| Eine Grußkarte gestalten | 230 |

eigene Texte zweck- und adressatenorientiert, lesbar und ansprechend
gestalten

### Präsentieren: Kurzreferate

| | |
|---|---|
| Präsentieren: Kurzreferate | 232 |

zu einem Sachthema stichwortgestützt
Ergebnisse vortragen
in einfacher Weise Medien einsetzen
aufmerksam zuhören und Notizen
machen

# Rechtschreiben

## Inhalte/Kompetenzen

### Die Trainingseinheiten

1. Trainingseinheit .................................................. 234
   Was Wolken verraten ...................................... 234
2. Trainingseinheit .................................................. 236
   Flugangst ............................................................ 236
3. Trainingseinheit .................................................. 238
   Leider nur ein Traum ...................................... 238
4. Trainingseinheit .................................................. 240
   Wusstet ihr das schon? .................................. 240
5. Trainingseinheit .................................................. 242
   Spät abends ...................................................... 242
6. Trainingseinheit .................................................. 244
   Lieber Onkel Julius, liebe Tante Birgit! ...... 244
7. Trainingseinheit .................................................. 246
   Du hast gelogen! .............................................. 246
8. Trainingseinheit .................................................. 248
   Ein echter Überlebenskünstler – der Zitronenfalter ............ 249

Groß- und Kleinschreibung
Zusammenschreibung: Nomen,
   Adjektive
Dehnung und Schärfung
Schreibung von Vor- und Nachsilben
Fremdwörter und Fachwörter
gleich und ähnlich klingende Laute
Verbstämme in verschiedenen
   Zeitformen
Satzschlusszeichen
selbstständige Fehleranalyse und
   Fehlerkorrektur

### Die Rechtschreibhilfen

Das Gliedern .......................................................... 250
   Warum spiegelt ein Spiegel? ........................ 251
Merkhilfen anwenden ........................................ 252
Eine Rechtschreibhilfe erkennen .................... 253
   Eine unangenehme Überraschung ............ 253
Wortfamilien .......................................................... 254
Wortbildung .......................................................... 256

Kennzeichen für die Großschreibung
Kürze und Länge des Stammvokals:
   Sprech- und Schreibproben
Wortableitungen und Worterweiterungen
Fehlschreibungen vermeiden

### Die Arbeitstechniken

Das Abschreiben .................................................. 260
Das Partnerdiktat ................................................ 261
Das Laufdiktat ...................................................... 262
Die Rechtschreibkartei ...................................... 263
Training mit Wörterlisten .................................. 264
Weiterführendes: Ordnen – Ableiten – Verlängern .......... 266

Methoden des sicheren Schreibens
   wiederholen und vertiefend anwenden
Fehleranalyse

## Training Grammatik

### Kompetenzen

**Sprache und Sprachen**
Englische Wörter bei uns .......................................... 268

Kenntnisse in der deutschen Sprache auf andere Sprachen beziehen

**Begriffe ordnen und zuordnen** .......................... 270
Ober- und Unterbegriffe ............................................ 270

Strukturen und Bedeutung von Wörtern untersuchen (Wortfelder)

**Die Wortarten wiederholen** ............................... 272
Die Wortarten im Überblick ..................................... 272

Wortarten und ihre Funktionen erkennen und unterscheiden
Flexionsformen richtig anwenden

**Wortart: Adjektive**

+ leicht

Adjektive steigern ..................................................... 276
Gegensätze ausdrücken ........................................... 278
Zusammengesetzte Adjektive bilden ...................... 279

Funktionen, Deklination, Steigerung von Adjektiven

**Wortart: Verben** .................................................. 280
Zusammengesetzte Verben ...................................... 280
Zeitformen anwenden ............................................... 282
Perfekt: Mündlich erzählen ...................................... 283
Präteritum: Schriftlich berichten ............................ 284
Präteritum und Präsens ........................................... 286
Futur: In der Zukunft ............................................... 287

Funktion der Tempusformen der Verben erkennen und verwenden
Konjugation von Verben
Besonderheiten der Verben erkennen und umsetzen (DaZ)

**Wortart: Pronomen** ............................................. 288
Personalpronomen und Possessivpronomen ......... 288

Pronomen erkennen und untersuchen

**Wortart: Konjunktionen** .................................... 290
Mit Konjunktionen Sätze verbinden ...................... 290

die Bedeutung von Konjunktionen erkennen
Konjunktionen verwenden

**Der Satz: Satzglieder** ......................................... 292
Die Satzglieder wiederholen ................................... 292
Adverbiale Bestimmungen ...................................... 294
Satzglieder bestimmen ............................................ 295

die grundlegenden Strukturen des Satzes beschreiben
Umstellprobe, Erweiterungsprobe und Umformungsprobe anwenden

Wissenswertes auf einen Blick ............................... 296
Textquellen ................................................................ 312
Bildquellen ................................................................ 314
Textartenverzeichnis ................................................ 315
Sachregister ............................................................... 316
Auf einen Blick:
    Verteilung der Inhalte des Deutschunterrichts ........ 318

10    Inhaltsverzeichnis

# Gemeinsam, zusammen, miteinander

- Erzähltexte verstehen; nach Vorlagen erzählen
- Argumentieren und Diskutieren

Teamwork

Einer für alle, alle für einen.

am selben Strang ziehen

# Unsere Klassengemeinschaft

**Wir leben und arbeiten mit anderen zusammen.
Wir leben in einer Gemeinschaft.**

**1** Welche Verbindung besteht zwischen den Kindern auf Seite 11?
   **a.** Beschreibt die Situation auf dem Foto.
   **b.** Schreibt Vermutungen dazu auf.
   **c.** Begründet eure Vermutungen.

über Gemeinschaft nachdenken

**2** Welche weiteren Arten von Gemeinschaft kennt ihr?
Schreibt Stichworte dazu an die Tafel.

> **Starthilfe**
> die Familie, der Sportverein ...

**Eine Gemeinschaft zu bilden, kann Unterschiedliches bedeuten.**

**3** Auf Seite 11 stehen verschiedene Wörter und Wortgruppen.
   **a.** Sprecht darüber, was sie bedeuten.
   **b.** Was verbindet ihr mit dem Begriff **Gemeinschaft**?
      Schreibt weitere Wörter und Wortgruppen auf.

**4** Bewertet eure Ergebnisse gemeinsam.
   – Was ist euch an einer Gemeinschaft besonders wichtig?
   – Was ist weniger wichtig?

**5** Zu welchen Gemeinschaften fühlst du dich zugehörig?
   **a.** Erzähle davon.
   **b.** Begründe, warum du dich zugehörig fühlst.

**Auch eure Klasse ist eine Gemeinschaft.**

**6** Wie beurteilt ihr eure Klassengemeinschaft?
   **a.** Tauscht eure Meinungen dazu aus.
   **b.** Begründet eure Meinung.
   **c.** Stützt eure Begründung mit Beispielen aus eurem Schulalltag.

Meinungen äußern und begründen

**In diesem Kapitel setzt ihr euch mit Erzähltexten auseinander.
Sie handeln vom Umgang miteinander. Außerdem lernt ihr, zu
argumentieren und zu diskutieren. Das Zeichen in der Randspalte
führt euch Schritt für Schritt dorthin.**

Thema: Gemeinsam, zusammen, miteinander

Ein Schulwechsel ist oft schwierig und erfordert das Bemühen jedes Einzelnen und der Klassengemeinschaft.
In der Geschichte „Eifersucht" wird folgende Situation beschrieben:

Anton sah eigentlich nett aus. Er war etwas still und schüchtern, aber das ist wohl jeder am ersten Tag in einer neuen Klasse. Etwas Neues macht neugierig und ist überaus interessant. Ein neuer Schüler machte auch neugierig.

**7** Was erfährst du über Anton und seine Klasse?
  **a.** Schreibe Stichworte auf.
  **b.** Schreibe auch deine Vermutungen dazu auf, wie Anton in der Klassengemeinschaft aufgenommen wird.

**Erzähltexte verstehen**

**Z 8** Schreibe einen kurzen Text zu einem der folgenden Themen:
  – Wie wurdest du in deiner Klasse aufgenommen?
  – Wie gehst du auf neue Schülerinnen oder Schüler zu?

**W** Auch wenn ihr euch in der Klasse schon länger kennt, könnt ihr eure Klassengemeinschaft stärken. Wählt eine Spielidee aus.

**9** **Spielidee:** Wie gut kennt ihr euch eigentlich?
  – Jeder schreibt seinen Namen auf einen Zettel und zieht anschließend jeweils einen der Zettel aus einem Behälter.
  – Verratet aber nicht, wen ihr gezogen habt.
  – Versucht in den nächsten Tagen möglichst unauffällig, mit der Person, die ihr gezogen habt, ins Gespräch zu kommen.
  – Beschreibt die Person nach Ablauf einer vereinbarten Zeit. Nennt nur Informationen, die ihr von der Person erhalten habt.
  – Die anderen versuchen zu raten, um wen es sich handelt.

**Spielideen ausprobieren**

**10** **Spielidee:** Wer fehlt?
  – Legt eine große Decke in die Raummitte und verteilt euch mit verbundenen Augen in einem Raum.
  – Eure Lehrerin oder euer Lehrer schreibt einen eurer Namen auf ein Kärtchen und tippt den- oder diejenige von euch an.
  – Die- oder derjenige darf sich unter der Decke verstecken.
  – Öffnet die Augen. Eine oder einer darf den Namen auf dem Kärtchen lesen.
  – Die- oder derjenige nennt typische Stärken der fehlenden Person, bis alle erraten haben, wer fehlt.

Sie ist Fußballexpertin. Er bringt uns oft zum Lachen. ...

Thema: Gemeinsam, zusammen, miteinander

# Erzähltexte lesen und verstehen

**In dieser Geschichte scheinen sich die Schüler einer Klasse zu kennen. Aber dann entstehen Fragen …**

der Textknacker
➤ S. 298

**Hannes fehlt**   Ursula Wölfel

Sie hatten einen Schulausflug gemacht. Jetzt war es Abend und sie wollten mit dem Autobus zur Stadt zurückfahren. Aber einer fehlte noch.
Hannes fehlte. Der Lehrer merkte es, als er die Kinder
5  zählte. „Weiß einer etwas von Hannes?", fragte der Lehrer. Aber keiner wusste etwas. Sie sagten:
„Der kommt noch." Sie stiegen in den Bus und setzten sich auf ihre Plätze.
„Wo habt ihr ihn zuletzt gesehen?",
10  fragte der Lehrer. „Wen?", fragten sie.
„Den Hannes? Keine Ahnung. Irgendwo. Der wird schon kommen." Draußen war es jetzt kühl und windig, aber hier im Bus hatten sie es warm. Sie packten ihre letzten Butterbrote aus.

eine Geschichte lesen

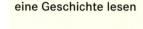

15  Der Lehrer und der Busfahrer gingen die Straße zurück. Einer im Bus fragte: „War der Hannes überhaupt dabei? Den hab ich gar nicht gesehen." „Ich auch nicht", sagte ein anderer. Aber morgens, als sie hier ausstiegen, hatte der Lehrer sie gezählt und beim Mittagessen im Gasthaus hatte er
20  sie wieder gezählt und dann noch einmal nach dem Geländespiel. Da war Hannes also noch bei ihnen. „Der ist immer so still", sagte einer. „Von dem merkt man gar nichts." „Komisch, dass er keinen Freund hat", sagte ein anderer, „ich weiß noch nicht einmal, wo er wohnt." Auch die anderen wussten das nicht. „Ist doch egal",
25  sagten sie. Der Lehrer und der Busfahrer gingen jetzt den Waldweg hinauf. Die Kinder sahen ihnen nach. „Wenn dem Hannes jetzt etwas passiert ist?", sagte einer. „Was soll dem passiert sein?", rief ein anderer. „Meinst du, den hat die Wildsau gefressen?"
Sie lachten. Sie fingen an, sich über die Angler am Fluss
30  zu unterhalten, über den lustigen Mann auf dem Aussichtsturm und über das Geländespiel.
Mitten hinein fragte einer: „Vielleicht hat er sich verlaufen? Oder er hat sich den Fuß verstaucht und kann nicht weiter. Oder er ist beim Kletterfelsen abgestürzt?"
35  „Was du dir ausdenkst!", sagten die anderen. Aber jetzt waren sie

14   Thema: Gemeinsam, zusammen, miteinander

unruhig. Einige stiegen aus und liefen bis zum Waldrand und riefen
nach Hannes. Unter den Bäumen war es schon ganz dunkel.
Sie sahen auch die beiden Männer nicht mehr. Sie froren
und gingen zum Bus zurück. Keiner redete mehr. Sie sahen aus
40 den Fenstern und warteten. In der Dämmerung war der Waldrand
kaum noch zu erkennen.
Dann kamen die Männer mit Hannes. Nichts war geschehen.
Hannes hatte sich einen Stock geschnitten und dabei
war er hinter den anderen zurückgeblieben. Dann hatte
45 er sich etwas verlaufen. Aber nun war er wieder da,
nun saß er auf seinem Platz und kramte im Rucksack.
Plötzlich sah er auf und fragte: „Warum seht ihr mich alle
so an?" „Wir? Nur so", sagten sie. Und einer rief: „Du hast
ganz viele Sommersprossen auf der Nase!" Sie lachten alle,
50 auch Hannes. Er sagte: „Die hab ich doch schon immer."

**1** Untersuche die Geschichte mithilfe der folgenden Fragen:
– Was geschieht auf dem Ausflug?
– Welche Fragen stellen sich die Mitschüler und der Lehrer?
– Wie wird Hannes von seinen Mitschülern beschrieben?

die Geschichte
verstehen

**2** Untersucht die Personen genauer.
  **a.** Schreibt auf, wie die Personen
  in der Geschichte jeweils
  bezeichnet werden.
  **b.** Sprecht darüber,
  warum nur Hannes einen Namen trägt.

**Starthilfe**
Die Schulklasse und ihr Lehrer:
Sie hatten einen Schulausflug
gemacht (Zeile 1).

**3** Hannes fragt: „Warum seht ihr mich alle so an?" (Zeile 47–48).
Erkläre, warum seine Mitschüler Hannes wohl ansehen.

**W** Wähle eine der folgenden Aufgaben.

**4** Wie hat Hannes den Ausflug erlebt?
Erzähle die Geschichte aus seiner Sicht.

aus einer anderen
Perspektive erzählen

**5** Fasse die Geschichte mit eigenen Worten zusammen.

die Geschichte
zusammenfassen

**6** Im Tandem!
Sprecht darüber, wie und warum sich das Verhalten
der Mitschüler Hannes gegenüber zum Schluss ändert.

Textstellen deuten

Thema: Gemeinsam, zusammen, miteinander

**Diese Geschichte erzählt von einer Freundschaft.**

**1** Lest die Überschrift. Wovon könnte die Geschichte handeln?

**Eifersucht**   Lena Richter

Nur Mädchen zanken sich.
Sie sind eifersüchtig, heute dicke Freundinnen, morgen Todfeinde.
Nur Mädchen?
Es war schon November, also mitten im Schuljahr.
5 An einem Donnerstagmorgen in der ersten Stunde brachte
die Schulsekretärin einen neuen Schüler herein.
Frau Seibold, die Klassenlehrerin, nahm ihn in Empfang.
„Das ist Anton. Er ist jetzt euer Klassenkamerad."
Sie setzte ihn zu Hendrik, unserem Klassensprecher. Der Platz
10 neben ihm war frei.
„Hendrik, kümmere dich ein wenig um Anton, er kennt sich hier
schließlich nicht aus. Zeig ihm in der Pause, wo bei uns der Kiosk,
die Toiletten und all das zu finden ist. Wer von euch will,
kann ja helfen."

**2** Untersucht die Einleitung.
 **a.** Wovon handeln die Zeilen 1 bis 3?
  Wovon handelt der folgende Abschnitt (Zeile 4–14)?
 **b.** Warum wird die Geschichte so eingeleitet?
  Sprecht über eure Vermutungen.

15 Anton sah eigentlich nett aus. Er war etwas still und schüchtern,
aber das ist wohl jeder am ersten Tag in einer neuen Klasse.
Etwas Neues macht neugierig und ist überaus interessant.
Ein neuer Schüler machte auch neugierig.
Also fanden sich in der Pause außer Hendrik noch andere Schüler,
20 auch einige Mädchen, die mit Anton über das Schulgelände zogen.
Besonders Tarik fand gleich guten Kontakt
zum „Neuen". Sie kamen nämlich beide
von derselben Schule, wo sie wegen
einiger Probleme nicht bleiben wollten.
25 Doch gerade als sie am Kiosk warteten,
um sich etwas zu kaufen, da tauchte
plötzlich Jakob auf.
Klein und drahtig baute er sich
vor der Gruppe auf. Er hatte es
30 auf Tarik abgesehen, denn mit vor Wut

der Textknacker
➤ S. 298

Thema: Gemeinsam, zusammen, miteinander

zitternder Stimme fragte er ihn, nein – bellte er ihn an:
„Warum gehst du mit denen? Warum spielst du nicht mit uns?"
Fußballspielen war in jeder Pause angesagt.
Tarik war zunächst sprachlos, auch die anderen schwiegen
35 verblüfft. Irgendjemand meinte: „Immer cool bleiben, Mann."
Aber keiner lachte.
„Wir zeigen dem Anton die Schule und alles. Das hast du
doch gehört", erklärte Tarik schließlich.
„Dann brauchst du auch nicht mehr mein Freund zu sein!",
40 schrie Jakob mit schriller Stimme, ging im selben Augenblick
mit den Fäusten auf den Klassenkameraden los und schlug ihm
ins Gesicht. Alle, die ringsherum standen, erwachten
aus ihrer Erstarrung, griffen nach den schlagenden Armen,
zogen Tarik zur Seite und verhinderten Schlimmeres.
45 In der folgenden Stunde erfuhr die Klassenlehrerin von dem Vorfall.
Einige von denen, die dabei gewesen waren, berichteten davon.
Das Schlimmste für Jakob war, als ein Mädchen behauptete:
„Du bist ja nur eifersüchtig!"
Nicht nur die Mädchen kicherten.
50 Den Rest der Stunde starrte er nur auf sein Heft.
Er, Jakob, und eifersüchtig?

**Fragen zum Text beantworten**

**3** Ist Jakob eifersüchtig?
    **a.** Formuliere deine Meinung und begründe sie.
    **b.** Erkläre den Begriff **Eifersucht** mithilfe eines Beispiels.

**eine Geschichte anders weitererzählen**

mit dem Erzählplan erzählen
➤ S. 123–127; S. 224–225

**Z 4** Jakob hätte sich anders verhalten können.
Erzähle die Geschichte ab Zeile 28 neu.
    **a.** Sammle auf Karteikarten Ideen dafür,
       – wie Jakob reagieren könnte,
       – wie die Geschichte enden könnte.
    **b.** Gib die Zeilen 15–27 der Geschichte mit eigenen Worten
       wieder und erzähle mithilfe der Karteikarten weiter.

*Baustein Reaktion:*
*Jakob fragt Anton, ob er …*

*Baustein Ende:*
*…*

**Handlungsbausteine:**
– Hauptperson/Situation
– Wunsch
– Hindernis
– Reaktion
– Ende

**Z 5** Jakob und Tarik könnten sich auch in einem Gespräch
auseinandersetzen.
    **a.** Stellt das Gespräch jeweils zu zweit in einer Spielszene dar.
    **b.** Vergleicht eure Spielszenen.

**eine Szene gestalten und spielen**
➤ S. 107–110

Thema: Gemeinsam, zusammen, miteinander

# Miteinander sprechen: Argumentieren und Diskutieren

Wenn ihr zusammen etwas beschließen wollt, tauscht ihr zunächst
Meinungen aus. Dabei seid ihr euch nicht immer einig.
So wie die Schülerinnen und Schüler in dieser Diskussion:

**Omar:** Ich fände es toll, wenn wir zum „Tag der offenen Tür"
Klassen-T-Shirts tragen würden. Es macht bestimmt Spaß,
sie zu gestalten.
**Lilli:** Das ist doch aufwändig und kostet Geld.
5  T-Shirts für nur einen Tag – das lohnt sich doch gar nicht!
**Ines:** Doch. Wir könnten sie ja zum Beispiel auch
bei anderen Auftritten, auf Ausflügen und zu Sportfesten tragen.
**Vincent:** Warum sollen wir denn alle gleich rumlaufen?
Ich fühle mich besser in meinen eigenen Klamotten.
10  **Omar:** Es wäre für alle gleich erkennbar, wer mitgemacht hat.
Die Leute könnten uns beispielsweise direkt ansprechen, wenn sie
sich über unser Projekt informieren wollen.

**1** Worüber diskutieren die Schülerinnen und Schüler?
Formuliere das Thema der Diskussion.

**2** Worin sind sich die Schülerinnen und Schüler nicht einig?
Formuliere die zwei gegensätzlichen Meinungen,
die die Schülerinnen und Schüler vertreten.

**Meinungen formulieren**

**3** Wer vertritt welche Meinung?
Untersuche die Schüleräußerungen genauer.
**a.** Übertrage die Tabelle in dein Heft.
**b.** Trage die Ergebnisse aus den Aufgaben 1 und 2
in die Tabelle ein.
**c.** Ordne die Schüleräußerungen in die passende Spalte
der Tabelle.

**Starthilfe**

| Thema: … | |
|---|---|
| Meinung 1: … | Meinung 2: … |
| … | … |

Thema: Gemeinsam, zusammen, miteinander

**Eine Meinung lässt sich durch Argumente begründen.**

Stellung nehmen
➤ S. 301

**Argumente erkennen und formulieren**

**4** Mit welchen Argumenten begründen die Schülerinnen und Schüler ihre Meinung?
   a. Schreibe die Argumente in Stichworten auf.
   b. Ordne die Argumente dafür (Pro-Argumente) und die Argumente dagegen (Kontra-Argumente) in einer Tabelle.
   c. Ergänze weitere Pro- und Kontra-Argumente.

   *Starthilfe*

| Pro-Argumente | Kontra-Argumente |
|---|---|
| – … | – T-Shirts zu gestalten ist aufwändig.<br>– … |

**Argumente lassen sich durch Beispiele veranschaulichen.**

**Argumente mit Beispielen veranschaulichen**

**5** Ergänze zu jedem Argument aus Aufgabe 4 ein Beispiel. Zwei Beispiele findest du in der Diskussion auf Seite 18.

   *Starthilfe*

| Argument | Beispiel |
|---|---|
| – T-Shirts zu gestalten ist aufwändig. | – Wir müssten zum Beispiel … |

**Z** Wer in einer Diskussion einleuchtende Argumente und anschauliche Beispiele findet, kann seine Gesprächspartner leichter überzeugen. So könnt ihr das Diskutieren üben:

**eine Pro-und-Kontra-Diskussion führen**

**6** a. Worüber möchtet ihr diskutieren? Wählt ein Thema aus.
   b. Führt mithilfe der Arbeitstechnik eine Pro-und-Kontra-Diskussion zum Thema eurer Wahl durch.

*Info*

In Pro-und-Kontra-Diskussionen werden gegensätzliche Meinungen zu einem Thema vorgetragen und begründet.
pro (lat.): für;
kontra (lat.): gegen

*Arbeitstechnik*

**Eine Pro-und-Kontra-Diskussion führen**

– Teilt die Klasse in eine **Pro-** und eine **Kontra-Gruppe** ein.
– Bestimmt jemanden aus der Klasse als Diskussionsleiterin oder **Diskussionsleiter**, die/der den Gruppen das Wort erteilt.
– Tragt abwechselnd eure **Argumente** vor. Geht dabei auch auf die Argumente der anderen Gruppe ein.
– Einigt euch abschließend auf ein gemeinsames **Ergebnis**.

Thema: Gemeinsam, zusammen, miteinander

19

# Extra Sprache und Stil:
# Auf Äußerungen eingehen

**An Diskussionen in der Klasse beteiligen sich oft nicht alle gleichermaßen. Die Schülerinnen und Schüler der 6 a haben unterschiedliche Meinungen dazu, woran das liegt.**

**Max:** Ich glaube, das ist von Thema zu Thema verschieden. Es ist einem eben nicht alles gleich wichtig.
**Finja:** Da ist was dran, aber meiner Meinung nach kommt es auch auf den Diskussionsleiter an. Er muss im Blick haben, wer sich alles gemeldet hat. Er entscheidet, wie oft man zu Wort kommt.
**Konrad:** Das stimmt zwar, aber meist werden auch die drangenommen, die sich melden. Es liegt also auch an dir, ob du dich meldest.
**Ida:** Das sehe ich anders. ...

**1** Wie gehen Max, Finja, Konrad und Ida auf die Äußerungen ihrer Vorredner ein?

   **a.** Schreibe die entsprechenden Textstellen auf.

   **b.** Entscheide für jede Textstelle, ob sie Zustimmung, teilweise Zustimmung oder Widerspruch ausdrückt.

   **c.** Ergänze die Äußerung von Ida durch einen passenden Satz.

Sprechabsichten verstehen

**Auch folgende Sätze kann man in einer Diskussion verwenden:**

| | |
|---|---|
| So gesehen hast du Recht. | Das bezweifle ich. |
| Da bin ich anderer Ansicht. | Das kann ich nur bestätigen. |
| Das ist für mich nachvollziehbar. | Einerseits stimme ich dir zu ... |

**2** Untersucht die Sätze.

   **a.** Welche Sprechabsicht wird jeweils ausgedrückt: Zustimmung, teilweise Zustimmung oder Widerspruch?

   **b.** Welche Sätze können mit ähnlicher Sprechabsicht verwendet werden? Schreibt sie jeweils untereinander auf.

   **c.** Schreibt weitere Sätze mit ähnlichen Sprechabsichten auf.

Sprechabsichten untersuchen und formulieren

**Z 3** Gruppenarbeit!
Führt die Diskussion der 6a fort.
Geht jeweils auf die Äußerungen eurer Vorredner ein.

auf Äußerungen eingehen

Thema: Gemeinsam, zusammen, miteinander

# Extra Sprache und Stil:
## Mit Worten nicht verletzen

**Manchmal fallen in Diskussionen verletzende Äußerungen.**

1.
Das haben wir noch nie so gemacht und das würde auch niemals funktionieren!

3.
Über diesen Vorschlag könnten wir noch einmal nachdenken.

2.
So schlau wie du bin ich schon lange!

4.
Sag mal, tickst du noch richtig?

6.
Du denkst sowieso immer nur an dich!

5.
Ich denke, das ist nicht richtig. Was hältst du von dieser Idee?

7.
Du Streber hast natürlich wieder alles gewusst!

8.
Diesen Kinderkram guckst du dir noch an? Das ist doch was für Kleinkinder!

**1** Im Tandem!
Untersucht die Äußerungen.
**a.** Lest die Sprechblasen laut.
**b.** Welche Äußerungen sind verletzend? Nennt sie.
**c.** Begründet, warum sie verletzend sind.

Äußerungen untersuchen

**2** Was könnte zu den Äußerungen geführt haben?
Überlegt euch zu jeder Äußerung eine Situation,
in der sie gefallen sein könnte.

**3** Wie können die Äußerungen weniger verletzend
formuliert werden?
Schreibt eure Vorschläge auf.

Äußerungen umformulieren

> **Starthilfe**
> 1. Das haben wir bisher noch nicht ausprobiert.
>    Wir können es doch einmal versuchen.
> 2. ...

Thema: Gemeinsam, zusammen, miteinander

21

### ⓩ Weiterführendes: **Einen Textauszug deuten**

Der kleine Prinz sucht nach Freunden. Er begibt sich auf eine Reise durch das Weltall. Auf der Erde begegnet er einem Fuchs.

**Der kleine Prinz**    Antoine de Saint-Exupéry

„Guten Tag", sagte der Fuchs.
„Guten Tag", antwortete höflich der kleine Prinz, der sich umdrehte, aber nichts sah.
„Ich bin da", sagte die Stimme, „unter dem Apfelbaum ..."
5  „Wer bist du?", sagte der kleine Prinz. „Du bist sehr hübsch ..."
„Ich bin ein Fuchs", sagte der Fuchs.
„Komm und spiel mit mir", schlug ihm der kleine Prinz vor.
„Ich bin so traurig ..."
„Ich kann nicht mit dir spielen", sagte der Fuchs.
10 „Ich bin noch nicht gezähmt!"
„Ah, Verzeihung!", sagte der kleine Prinz.
Aber nach einiger Überlegung fügte er hinzu:
„Was bedeutet das: ‚zähmen'?"
„Du bist nicht von hier", sagte der Fuchs,
15 „was suchst du?"
„Ich suche die Menschen", sagte der kleine Prinz.
„Was bedeutet ‚zähmen'?"
„Die Menschen", sagte der Fuchs, „die haben Gewehre und schießen. Das ist sehr lästig.
20 Sie ziehen auch Hühner auf.
Das ist ihr einziges Interesse, du suchst Hühner?"
„Nein", sagte der kleine Prinz, „ich suche Freunde.
Was heißt ‚zähmen'?"
„Das ist eine in Vergessenheit geratene Sache", sagte der Fuchs.
25 „Es bedeutet: sich ‚vertraut machen'."
„Vertraut machen?"
„Gewiss", sagte der Fuchs. „Du bist für mich noch nichts als ein kleiner Knabe\*, der hunderttausend kleinen Knaben völlig gleicht.
Ich brauche dich nicht, und du brauchst mich ebenso wenig.
30 Ich bin für dich nur ein Fuchs, der hunderttausend Füchsen gleicht.
Aber wenn du mich zähmst, werden wir einander brauchen.
Du wirst für mich einzig sein in der Welt.
Ich werde für dich einzig sein in der Welt ... [...]
Und dann schau! Du siehst da drüben die Weizenfelder?
35 Ich esse kein Brot. Für mich ist der Weizen zwecklos.

> **Info**
> „Der kleine Prinz" ist die bekannteste Erzählung des französischen Autors Antoine de Saint-Exupéry. Die Illustrationen stammen ebenfalls vom Autor.

\* veraltet für Junge

22    Thema: Gemeinsam, zusammen, miteinander

Die Weizenfelder erinnern mich an nichts. Und das ist traurig.
Aber du hast weizenblondes Haar. Oh, es wird wunderbar sein,
wenn du mich einmal gezähmt hast! Das Gold der Weizenfelder
wird mich an dich erinnern. Und ich werde das Rauschen
40 des Windes im Getreide lieb gewinnen ..."
Der Fuchs verstummte und schaute den Prinzen lange an:
„Bitte ... zähme mich!", sagte er.
„Ich möchte wohl", antwortete der kleine Prinz, „aber ich habe nicht
viel Zeit. Ich muss Freunde finden und viele Dinge kennen lernen."
45 „Man kennt nur die Dinge, die man zähmt", sagte der Fuchs.
„Die Menschen haben keine Zeit mehr, irgendetwas
kennen zu lernen. Sie kaufen sich alles fertig in den Geschäften.
Aber da es keine Kaufläden für Freunde gibt, haben die Leute
keine Freunde mehr. Wenn du einen Freund willst, so zähme mich!"

**1** Worüber sprechen der kleine Prinz und der Fuchs?
Schreibe das Thema und Stichworte dazu auf.

**Der kleine Prinz fragt: „Was bedeutet das: ‚zähmen'?" (Zeile 13)**

**2** Erkläre diese Textstelle mithilfe der folgenden Fragen:
– Was verstehst du unter **zähmen**?
– Was bedeutet **zähmen** für den Fuchs?

Bedeutungen verstehen und vergleichen

**Das Buch „Der kleine Prinz" wurde auf Französisch geschrieben.
Die Übersetzer haben das französische Wort „apprivoiser" mit
„zähmen" übersetzt. „Apprivoiser" bedeutet auch „das Vertrauen
von jemandem gewinnen".**

**3** **a.** Schreibe auf, was du darunter verstehst,
**das Vertrauen von jemandem zu gewinnen**.
**b.** Verdeutliche deine Erklärung durch ein Beispiel.

Z **4** Erzähle, wie du das Vertrauen einer Freundin oder
eines Freundes gewonnen hast.

**5** **a.** Lies die Zeilen 45 bis 49 noch einmal.
**b.** Erkläre, was Freundschaft für den Fuchs bedeutet.

Textstellen deuten

Thema: Gemeinsam, zusammen, miteinander

23

# Das kann ich!

**Erzähltexte verstehen; nach Vorlagen erzählen
Argumentieren und Diskutieren**

**In diesem Kapitel habt ihr euch mit Erzähltexten auseinandergesetzt.**

**1** Vergleicht die Figuren Hannes und Jakob.
  a. Lest noch einmal die Erzähltexte „Hannes fehlt" und „Eifersucht".
  b. Sprecht über die folgenden Fragen:
    – Was erfahrt ihr über Hannes und Jakob?
    – Welche Freundschaften haben sie in der Klasse?
    – Welches Verhältnis haben sie zu ihren Mitschülern?

**2** Erzähle die Geschichte „Eifersucht" aus Jakobs Sicht.

**Ihr habt gelernt, Diskussionen vorzubereiten und durchzuführen.**

**3** Im Tandem!
  Versetzt euch in die Figuren Jakob und Tarik aus dem Erzähltext „Eifersucht" und bereitet eine Diskussion vor.
  a. Schreibt auf, welche Meinung Tarik und welche Meinung Jakob vertreten könnte.
  b. Notiert Argumente, die Tariks und Jakobs Meinungen stützen.
  c. Notiert Beispiele, die die Argumente veranschaulichen.
  d. Spielt eine Diskussion zwischen Tarik und Jakob.

**4** Welche Themen möchtet ihr ausführlich diskutieren?
  Wählt ein Thema aus und führt eine Pro-und-Kontra-Diskussion dazu durch.

**5** Wertet die Diskussion anschließend aus.
    – Welche Argumente waren überzeugend?
    – Welche Beispiele waren anschaulich?
    – Wie seid ihr auf die Äußerungen anderer eingangen?

---

**Figuren vergleichen**
„Hannes fehlt" ▶ S. 14–15;
„Eifersucht" ▶ S. 16–17

**aus einer anderen Perspektive erzählen**

**Meinungen, Argumente und Beispiele formulieren**
argumentieren und diskutieren
▶ S. 18–19

**eine Pro-und-Kontra-Diskussion führen**
Pro-und-Kontra-Diskussion
▶ S. 19

**die Diskussion auswerten**

---

Thema: Gemeinsam, zusammen, miteinander

# Argumentieren und Diskutieren

## Sich eine Meinung bilden

Auf dem Schulhof gab es eine Umfrage zu einem aktuellen Thema.
In der Schülerzeitung wurde das Ergebnis veröffentlicht.

### Kann jemand 100 Freundinnen und 55 Freunde haben?

Katja sagt ja. Sie ist stolz darauf, 155 Freundinnen und Freunde
gefunden zu haben, die sie jederzeit im Chat* treffen kann.
Besonders freut sie sich darüber, dass sie auch mit Jugendlichen
chattet, die nicht in ihrer Stadt wohnen und die sie ohne

5 das Internet nie kennen gelernt hätte. Marie ist jedoch genervt,
denn Katja hat keine Zeit mehr für sie. Mittlerweile hat sich Marie
andere Freundinnen gesucht, die sich nicht hinter
einem Usernamen* verstecken und mit denen sie am Nachmittag
viel unternimmt.

10 Das Internet ist längst nicht mehr aus unserem Alltag wegzudenken.
Eine Schulhofumfrage hat ergeben, dass aus unserer Schule
85 % der Jungen und 80 % der Mädchen regelmäßig „vernetzt" sind.
Am beliebtesten ist der Austausch mit anderen Jugendlichen.
Forscher warnen allerdings vor der Gefahr, dass Jugendliche sich

15 zurückziehen und mehr Zeit mit „virtuellen"* als mit „echten"
Freundschaften verbringen: Chatten könne sogar süchtig machen.
Und wie sieht es bei euch aus?

*lockere Unterhaltung im Internet

*Benutzernamen

*scheinbaren, nur im Internet bestehenden

**1** Worum geht es in dem Schülerzeitungsartikel im Allgemeinen?
Schreibt das Thema und Stichworte zum Inhalt des Artikels auf.

**2** Untersuche den Artikel mithilfe der folgenden Fragen genauer.
Schreibe die Fragen und die Antworten zusammen auf.
– Welche Meinung vertritt Katja?
– Welche Meinung vertritt Marie?
– Wovor wird in diesem Artikel gewarnt?

die Positionen
einer Diskussion
untersuchen

**Z 3** Wie denkst du über Internetfreundschaften?
Schreibe eine kurze Stellungnahme.

**Stellung nehmen**

Stellung nehmen
➤ S. 301

# Meinungen äußern und begründen

**Die Schülerinnen und Schüler diskutieren über den Artikel.**

**Alexej:** Ich finde, dass virtuelle Freunde wichtig sind.
Und von wegen „süchtig werden"!
**Zoe:** Ich bin da ganz anderer Meinung.
5  Wenn du jeden Tag vor dem Rechner
sitzt, ist das schon eine Sucht.
**Sinda:** Ich stimme dir zu.
Seitdem meine Freundin Katarina chattet,
hat sie auch keine Zeit, sich mal …
10 **Katarina:** Das ist doch Blödsinn!
Ich finde es außerdem nicht in Ordnung, dass du so etwas sagst.
Durch das Chatten habe ich so viele Freunde kennen gelernt,
die uns auch helfen können. Nach unserem Streit neulich haben
mir gerade meine Freunde im Chat gute Tipps gegeben, wie
15 wir beide wieder miteinander ins Gespräch kommen könnten.
**Oskar:** Das sehe ich auch so. Außerdem finde ich
es einfach super, mich mit anderen über die gleichen Interessen
auszutauschen, ohne viel von mir zu erzählen.
Im Chat achtet beispielsweise niemand auf meine Klamotten
20 oder auf mein Aussehen.
**Daniel:** Das denke ich nicht. Ich habe mit dem Chatten aufgehört,
weil viele irgendwann nicht mehr geantwortet haben.

**In der Diskussion gehen die Meinungen auseinander.**

**1** Worin sind sich die Schülerinnen und Schüler nicht einig?
  a. Formuliere die zwei gegensätzlichen Meinungen,
     die in der Diskussion vertreten werden.
  b. Schreibe auch auf, wer welche Meinung vertritt.

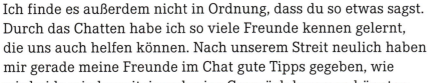

**2** Wie äußern die Schülerinnen und Schüler Zustimmung
   oder Widerspruch?
   Untersucht die Einleitungssätze.
   a. Schreibt auf einzelne Karteikarten die
      Einleitungssätze, mit denen die Schülerinnen
      und Schüler einander zustimmen oder
      widersprechen.
   b. Ordnet die Karteikarten an der Tafel.

Zustimmung und Widerspruch äußern

26   Miteinander sprechen: Argumentieren und Diskutieren

**In Diskussionen kannst du andere leichter überzeugen, wenn du deine Meinung durch Argumente begründest.**

**3** Vergleiche die Äußerungen von Alexej und Zoe. Welche ist überzeugender? Begründe deine Meinung.

**4** Untersuche die Argumente der Schülerinnen und Schüler.
  **a.** Schreibe sie in Stichworten auf.
  **b.** Ordne die Pro- und Kontra-Argumente in einer Tabelle.
  **Z c.** Ergänze weitere Pro- und Kontra-Argumente.

*Argumente untersuchen und formulieren*

| Pro-Argumente | Kontra-Argumente |
|---|---|
| – … | – Chatten kann zur Sucht werden. |

*Starthilfe*

**Argumente lassen sich durch Beispiele veranschaulichen.**

**5 a.** Welche Schüleräußerungen enthalten Beispiele? Schreibe sie auf.
  **b.** Veranschauliche weitere Argumente durch Beispiele. Du kannst Argumente aus der Diskussion oder eigene Argumente verwenden.

*Beispiele untersuchen*

*Argumente mit Beispielen veranschaulichen*

**Mit der folgenden Arbeitstechnik könnt ihr gemeinsam üben, eine Meinung zu äußern und zu begründen.**

**Arbeitstechnik**

**Eine Kugellager-Diskussion durchführen**

- Bildet mit euren Stühlen zwei Kreise. Einen Innen- und einen Außenkreis. Setzt euch so hin, dass ihr euch anseht.
- Innen- und Außenkreis vertreten zwei gegensätzliche Meinungen zum Thema Internetfreundschaften. Im Außenkreis sitzt die Pro-, im Innenkreis die Kontra-Gruppe.
- Der Außenkreis beginnt. Äußert „eure" Meinung zu Internetfreundschaften und begründet sie mit Argumenten.
- Die Partnerin oder der Partner im Innenkreis widerspricht und antwortet mit Gegenargumenten.
- Nach einer Minute rücken die Schülerinnen und Schüler im Außenkreis einen Stuhl weiter. Tauscht eure Argumente mit einer neuen Partnerin oder einem neuen Partner aus.

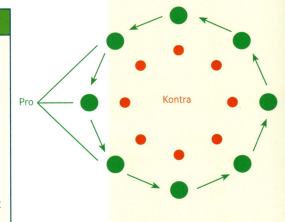

Miteinander sprechen: Argumentieren und Diskutieren

# Miteinander diskutieren

**Während der Diskussion auf Seite 26 kommt es zu einem Streit.**

**1** Wie geht Katarina auf Sindas Äußerung ein?
- **a.** Lies nach, wie sich Sinda und Katarina äußern.
- **b.** Bewerte Katarinas Verhalten und ihre Ausdrucksweise.

**2** Wie hätte Katarina anders reagieren können?
Formuliere zwei Tipps.

**Für das Gelingen von Diskussionen in eurer Klasse ist es hilfreich, Diskussionsregeln festzulegen.**

Diskussionsregeln festlegen

**3** Im Tandem!
- **a.** Schreibt Regeln für Diskussionen in eurer Klasse auf.
- **b.** Stellt die Diskussionsregeln eurer Klasse vor.

**Mithilfe einer Checkliste kann jeder in der Klasse sein Verhalten in einer Diskussion selbst überprüfen.**

mit einer Checkliste arbeiten

*Checkliste: Diskussionsregeln einhalten*
*Habe ich andere ausreden lassen?*
*...*

**4** Legt gemeinsam Diskussionsregeln für eure Klasse fest.
- **a.** Wählt aus, welche Regeln für euch gelten sollen.
- **b.** Übertragt die Regeln in die angefangene Checkliste.

**5** Führt eine Pro-und-Kontra-Diskussion zum Thema „Können Internetfreundschaften wirkliche Freundinnen und Freunde ersetzen?" durch.

eine Pro-und-Kontra-Diskussion führen
➤ S. 19

**6** Wertet die Diskussion gemeinsam aus.
- **a.** Überprüft zunächst jeder für sich das eigene Diskussionsverhalten mithilfe der Checkliste.
- **b.** Vergleicht eure Ergebnisse in der Klasse. Welche Regeln wurden eingehalten? Welche nicht?
- **Z** **c.** Überarbeitet eure Checkliste, falls nötig. Ergänzt weitere Regeln oder formuliert sie entsprechend um.

die Diskussion auswerten

28    Miteinander sprechen: Argumentieren und Diskutieren

# Streit schlichten

Nach der Diskussion in der Klasse entsteht ein Streit zwischen Sinda und Katarina.

**Sinda:** Du hast mich vor allen beleidigt. Wieso nennst du das Blödsinn, wenn ich erzähle, dass du viel mehr Zeit mit Chatten verbringst als mit mir?

**Katarina:** Du bist immer gleich eingeschnappt! Da reicht eine Kleinigkeit. Außerdem weißt du genau, dass ich vor allem im Chat war, weil du nicht mehr mit mir reden wolltest ...

**Sinda:** Du machst es dir ganz schön einfach. Sonst haben wir uns doch auch nach jedem Streit wieder vertragen, ohne dass sich deine Chat-Freunde eingemischt haben.

**1** Worum geht es im Streit zwischen Sinda und Katarina?
Schreibe dazu Stichworte auf.

**2** Wie fühlt sich deiner Meinung nach Sinda?
Wie fühlt sich Katarina?
Schreibe passende Adjektive auf.

**3** Im Tandem!
Spielt das Streitgespräch nach.
**a.** Drückt die Gefühle von Sinda und Katarina mit passender Betonung und Körpersprache aus.
**b.** Stellt das Streitgespräch eurer Klasse vor.

**4** Vergleicht die Streitgespräche.
Welche Gefühle wurden jeweils ausgedrückt?

**Um nach Auseinandersetzungen aufeinander zugehen zu können, ist es wichtig, über Gefühle und Bedürfnisse zu sprechen.**

**5** Schreibe mithilfe der folgenden Fragen einen kurzen Text auf.
Schreibe aus der Sicht von Sinda oder Katarina:
– Was hat zum Streit geführt?
– Wie hast du dich (als Sinda oder Katarina) gefühlt?
– Was müsste geschehen, damit es dir wieder besser geht?
– Welche Bitte hast du an deine Freundin?

> enttäuscht, wütend, verwirrt, traurig, einsam, genervt, verärgert, besorgt, streitlustig, ...

**Gefühle ausdrücken**

**über Gefühle und Bedürfnisse sprechen**

Miteinander sprechen: Streit schlichten

Auch wenn in eurer Klasse Streit entsteht, könnt ihr ihn schlichten. Dabei hilft euch die folgende Arbeitstechnik:

> **Arbeitstechnik**
> **Streit schlichten**
>
> **Vorbereitung**:
> – Stellt euch acht Schritte entfernt einander gegenüber.
> – Kennzeichnet die Mitte der Strecke zwischen euch durch eine Linie oder einen Gegenstand auf dem Boden.
>
> **Schritt 1: Was ist passiert?**
> – Sagt euch, was die oder der andere getan hat, was euch nicht gefallen hat.
>   Geht dabei einen Schritt aufeinander zu.
> – Wiederholt, was eure Partnerin oder euer Partner gesagt hat.
> – Prüft, ob eure Partnerin oder euer Partner euch richtig verstanden hat. Korrigiert, falls nötig.
>
> **Schritt 2: Wie hast du dich während des Streits gefühlt?**
> – Sagt euch gegenseitig, wie ihr euch gefühlt habt.
> – Geht wieder einen Schritt aufeinander zu.
>
> **Schritt 3: Was müsste geschehen, damit es dir wieder besser geht?**
> – Sagt euch gegenseitig, was euch helfen würde.
> – Geht einen weiteren Schritt aufeinander zu.
>
> **Schritt 4: Welche Bitte hast du?**
> – Sagt, worum ihr euch gegenseitig bittet.
> – Geht aufeinander zu, bis ihr an der Markierung auf dem Boden steht.
>
> **Gebt euch zur Versöhnung die Hand.**

**6** Im Tandem!
Trainiert das Streitschlichten.
  **a.** Wählt eine Streitsituation aus, die ihr gut kennt.
  **b.** Versetzt euch in die Streitenden. Geht dabei Schritt für Schritt nach der Arbeitstechnik vor.
  **c.** Schlichtet nun den Streit.

Wie ist euch das Streitschlichten gelungen?

das Streitschlichten auswerten

**Z 7** Wertet das Streitschlichten mithilfe der folgenden Fragen aus:
  – Wie habt ihr euch vor dem Streitschlichten gefühlt?
  – Wie fühlt ihr euch danach?
  – Welche Schritte waren hilfreich?

**Z 8** Vergleicht eure Antworten aus Aufgabe 7.

# Ruft es noch „Kuckuck" aus dem Wald?

- Sachtexte und Grafiken erschließen
- Stellung nehmen

cou-cou!   cucú!

cuckoo!

Kuckuck!

guguk!

Der Kuckuck

Die Umweltbedingungen für Zugvögel verändern sich.

# Sich über den Kuckuck austauschen

**Auf Seite 31 seht ihr Fotos zum Kuckuck und seinen Lebensbedingungen.**

**1** Tauscht euch über die Fotos aus.
   – Wie sieht der Kuckuck aus?
   – Was erfahrt ihr über die Aufzucht des Kuckucks?
   – Was erfahrt ihr über Umweltbedingungen?

**In vielen Sprachen ähnelt der Name des Kuckucks dem Klang seines Rufes. Der Ruf wird in jeder Sprache anders geschrieben.**

den Namen und den Ruf des Kuckucks in verschiedenen Sprachen vergleichen

**2** Vergleicht die verschiedenen Schreibweisen auf Seite 31. Nennt Gemeinsamkeiten und Unterschiede.

**3** So heißt der Kuckuck in den verschiedenen Sprachen.

| le coucou | der Kuckuck | guguk | the cuckoo | el cuco |
|---|---|---|---|---|
| [französisch] | [deutsch] | [türkisch] | [englisch] | [spanisch] |

a. Schreibt die Sprachen, den Namen und den Ruf auf.

> **Starthilfe**
> französisch: le coucou – cou-cou!
> …

b. In welchen weiteren Sprachen kennt ihr den Vogelnamen „Kuckuck" und seinen Ruf? Ergänzt die Liste.

**Der Kuckuck wird in vielen Liedern besungen. Dies ist der Anfang eines bekannten Liedes.**

Ku-ckuck,   Ku-ckuck,   ruft's aus dem   Wald.

Kuckuck, Kuckuck, ruft's aus dem Wald.
Lasset uns singen, tanzen und springen!
Frühling, Frühling wird es schon bald.

**4** Untersucht das Lied.
   a. Wie klingt der Ruf? Singt den Anfang des Liedes.
   b. Was kündigt der Kuckuck in dem Lied an? Belegt eure Antwort mit der entsprechenden Textstelle.

ein Lied untersuchen

**Am Ende des Kapitels könnt ihr Sachtexten Informationen entnehmen. Ihr erschließt eine Grafik und nehmt begründet Stellung. Das Zeichen in der Randspalte führt euch dorthin.**

Thema: Ruft es noch „Kuckuck" aus dem Wald?

# Sich über den Kuckuck informieren

**Genaueres über die Lebensbedingungen des Kuckucks erfahrt ihr aus einem Lexikon, zum Beispiel aus einem Tierlexikon.**

der Textknacker
➤ S. 298

**Kuckuck** (wissenschaftlicher Name: cuculus canorus) – bekannt ist dieser Vogel durch seinen Ruf, der ihm auch seinen Namen gegeben hat. Der Kuckuck
5 wird bis zu 36 cm groß und ist damit fast so groß wie eine Taube. Das Gefieder des Männchens ist meist grau, das des Weibchens rostbraun. Der Kuckuck ist ein Insektenfresser,
10 hauptsächlich ernährt er sich von Schmetterlingsraupen. Er ist fast überall in Europa und in Südostasien zu finden. In Deutschland lebt er in vielen Regionen, in den Gebirgswäldern ebenso wie
15 an der Küste. Eine Besonderheit ist die Fortpflanzung des Kuckucks. Das Weibchen legt seine Eier einzeln in die Nester von bestimmten Singvögeln, z. B. Zaunkönig,
20 Rotkehlchen, Gartenrotschwanz, damit sie dort ausgebrütet werden. Es gibt mehr als hundert Vogelarten, die dem Kuckuck als Wirt dienen.
Die Kuckuckseier sind den Eiern
25 der Wirtsvögel ähnlich, nur etwas größer. Wenn die Wirtsvögel das fremde Ei bemerken, entfernen sie es oder geben ihre Brut auf. Nimmt jedoch das Singvogelpaar das Ei an, hat der eigene Nachwuchs keine Chance
30 mehr zu überleben. Sobald das Kuckucksei ausgebrütet wurde, schiebt der junge Kuckuck alle anderen Eier oder die Jungvögel aus dem Nest und lässt sich „bewirten".
35 Der Kuckuck gehört nicht zu den Singvögeln, er ist ein Zugvogel. Im Frühherbst verlässt er Europa, weil er hier im Herbst und Winter nicht genügend Nahrung findet. Er fliegt über das Mittelmeer nach Afrika,
40 wo er den Winter verbringt, bevor er dann im Frühjahr wieder zurückkehrt und sein Ruf in Europa wieder zu hören ist.

**1** Verständigt euch über den Inhalt des Lexikonartikels. Schreibt Stichworte zu den folgenden Fragen auf:
– Was erfahrt ihr über das Aussehen des Kuckucks?
– Wovon ernährt er sich?
– Wo lebt er?
– Was erfahrt ihr über die Fortpflanzung und die Aufzucht der jungen Kuckucksvögel?
– Wo hält er sich zu welcher Jahreszeit auf?

einen Lexikonartikel lesen

**W** Wähle eine der folgenden Aufgaben aus und bearbeite sie.

**2** Schreibe einen Steckbrief über den Kuckuck.

Starthilfe
Name: ...
Aussehen: ...
Vorkommen: ...

einen Steckbrief schreiben

**3** Schreibe Informationen zur Fortpflanzung und zum Lebensraum des Kuckucks in Stichworten auf.

**Z 4** Vergleicht eure Ergebnisse aus den Aufgaben 2 und 3. Ergänzt fehlende Informationen.

Thema: Ruft es noch „Kuckuck" aus dem Wald?

# Einen Sachtext lesen

**In dem Sachtext erfährst du mehr über die Lebensbedingungen des Kuckucks. Mit dem Textknacker knackst du den Sachtext.**

**Bilder erzählen dir viel, schon bevor du mit dem Lesen anfängst.**

**1** Was erzählen dir die Bilder auf den Seiten 34 und 35? Schreibe zu jedem Bild einen Satz.

**Die Überschrift verrät dir etwas über das Thema des Textes.**

**2 a.** Schreibe die Überschrift des Textes auf.
**b.** Schreibe auf, worum es in dem Text vermutlich geht.

**3** Lies nun den Sachtext einmal als Ganzes.

**Kuckuck, Kuckuck ruft's aus dem Wald – doch wie lange noch?**

Wenn der Kuckucksruf aus dem Wald erschallt, wird es Frühling. In vielen Liedtexten, die vom Frühling erzählen, kommt auch der Kuckuck vor.
Neben zahlreichen Liedern gibt es auch viele Geschichten
5 und Legenden zu diesem bekannten Vogel. Manche Menschen zählen seine Rufe und wollen so herausfinden, wie viele Jahre sie noch leben, oder sie klopfen auf ihr Portemonnaie, damit das ganze Jahr über das Geld nicht ausgeht.
In Deutschland und Westeuropa sind die Kuckucksrufe jedoch
10 immer seltener zu hören. Der Kuckuck ist vom Aussterben bedroht und wurde deshalb 2008 zum Vogel des Jahres erklärt.

Warum ist der Kuckuck bedroht?
Hauptgrund für die Bedrohung ist die zunehmende Erwärmung der Meere und der Atmosphäre. Durch höhere Temperaturen
15 beginnt der Frühling auf der Nordhalbkugel der Erde früher. Wenn der Kuckuck von seiner langen Reise nach Europa zurückkehrt, hat der Frühling bereits eingesetzt. Schmetterlingsraupen, die zu den Hauptnahrungsmitteln des Kuckucks zählen, gibt es kaum noch. Aufgrund der wärmeren
20 Temperaturen haben sich aus den Raupen bereits Schmetterlinge entwickelt, wenn der Kuckuck im April Deutschland erreicht.

einen Sachtext mit dem Textknacker lesen

die Bilder

die Überschrift

1

Thema: Ruft es noch „Kuckuck" aus dem Wald?

Die Erhöhung der Temperaturen hat auch Auswirkungen
auf die Fortpflanzung des Kuckucks. Er legt seine Eier zum
Ausbrüten in die Nester fremder Vögel. Besonders wichtig
25 ist es, dass das Kuckucksei als Erstes ausgebrütet wird.
Nur dann kann der junge Kuckuck die Eier oder
die anderen Jungvögel über den Nestrand schieben und wird
als einziges Vogeljunges von den Wirtsvögeln aufgezogen.
Doch viele Wirtsvögel haben bereits
30 mit dem Brüten begonnen. So findet das Kuckucksweibchen
keine Nester mehr, in denen die Brut erst beginnt.

Doch wie kommt es zu der Erwärmung der Erde?
Viele Wissenschaftler vermuten, dass die globale Erwärmung
durch den Treibhauseffekt verursacht wird. Der Mensch
35 verstärkt die Erderwärmung in gefährlicher Weise.
Der Treibhauseffekt entsteht, wenn die Wärmestrahlung
der Sonne durch die Luftschichten der Erde
zurückgehalten wird und sich die Luft erwärmt –
wie in einem riesigen Treibhaus.

40 Die Fortpflanzung des Kuckucks ist stark gefährdet.
Aber auch für andere Tier- und Pflanzenarten ändern sich
die Lebensbedingungen durch die globale Erwärmung*.
Die Folgen des Klimawandels wie Wetteränderungen,
die verringerte Schneebedeckung und die Gletscherschmelze*
45 haben Einfluss auf unsere gesamte Umgebung. Aufgrund der
wärmeren Temperaturen überwintern viele Zugvögel nicht mehr
im Süden, Pflanzen blühen früher und einige Tiere wie der Igel
und die Fledermaus halten keinen Winterschlaf mehr.
Auch für diese Tiere hat der Klimawandel Folgen,
50 die wir Menschen noch nicht absehen können.

\* weltweiter Anstieg der Temperaturen

\* Schmelzen von großen, vereisten Flächen im Gebirge

## Absätze gliedern den Text.

**4** Was erfährst du in den einzelnen Abschnitten?
  **a.** Ordne den ersten beiden Absätzen je eine passende
  Zwischenüberschrift aus den Vorschlägen zu.
  **b.** Finde für die letzten drei Absätze selbst
  je eine Zwischenüberschrift.
  **c.** Schreibe alle Überschriften auf.
   **Tipp:** Lasse unter jeder Zwischenüberschrift Platz
   für weitere Notizen.

> Die Folgen der Erderwärmung für die Nahrungssuche
>
> Der Kuckuck – ein bekannter Vogel
>
> Der Kuckuck als eine bedrohte Tierart

Thema: Ruft es noch „Kuckuck" aus dem Wald?

**Manche Wörter sind zum Verstehen besonders wichtig, sie sind Schlüsselwörter.**

die Schlüsselwörter

**5** In den ersten beiden Absätzen sind Schlüsselwörter hervorgehoben.
    **a.** Schreibe sie jeweils unter die entsprechende Zwischenüberschrift.
    **b.** Finde im dritten, vierten und fünften Absatz selbst Schlüsselwörter.
       Schreibe sie unter die Zwischenüberschriften.

**Manche Wörter werden erklärt.**

die Worterklärungen

**6** In den Zeilen 32 bis 39 findest du eine Erklärung für das Wort **Treibhauseffekt**.
    **a.** Schreibe das Wort mit der Erklärung auf.
    **b.** Gibt es weitere Wörter, die du nicht verstehst? Versuche zunächst, Erklärungen im Text zu finden.
    **c.** Einige Worterklärungen stehen neben dem Text. Schreibe die Wörter zusammen mit ihren Erklärungen auf.

**Manchmal gibt es Bilder am Rand, die dir helfen, den Text zu verstehen.**

**7** Schreibe die Nummer des Bildes zusammen mit der passenden Textstelle auf.

**Suche Wörter, die du nicht verstanden hast, im Lexikon.**

**8** Schreibe die Wörter zusammen mit ihren Erklärungen auf.

nachschlagen ➤ S. 226–227

**Nun kannst du zusammenfassen, was im Text steht.**

den Text zusammenfassen

**9** Schreibe einen kurzen Text.
    Fasse zusammen, was besonders wichtig und interessant ist.
    Gehe dazu den Textknacker Schritt für Schritt entlang.

Thema: Ruft es noch „Kuckuck" aus dem Wald?

# Einen Sachtext mit Grafiken lesen

**Der folgende Sachtext informiert über den Treibhauseffekt.**

**1** Lies die Überschrift.
Schreibe auf, worum es in dem Text vermutlich geht.

**2** Sieh dir die Grafiken an.
Beschreibe die Grafiken.
Wie unterscheiden sich die beiden Grafiken?

**3** Lies den Text einmal als Ganzes.

einen Text und
Grafiken
mit dem Textknacker
lesen

### Die Bedrohung der Erdatmosphäre

Die Erde wird durch eine Gashülle, die Atmosphäre, geschützt.
Ohne die Atmosphäre wäre kein Leben auf der Erde möglich.
Diese Hülle schützt einerseits die Erde vor der Strahlung aus dem
Weltall, andererseits speichert sie einen Teil der Sonnenstrahlen
und verhindert dadurch sehr kalte Temperaturen auf der Erde.
So beträgt die durchschnittliche Temperatur an der Erdoberfläche
+15 Grad Celsius, ohne die schützende Hülle läge sie bei –18 Grad
Celsius. Ein Teil der Sonnenstrahlen entweicht wieder ins Weltall.

gesunde Atmosphäre

Doch die Atmosphäre ist durch Abgase wie Kohlendioxid bedroht.
In den letzten Jahrzehnten hat der Ausstoß von Kohlenstoffdioxid
durch den Auto- und Flugverkehr und durch Industrieanlagen
zugenommen. Kohlendioxid ist ein so genanntes Treibhausgas,
das die Atmosphäre nach und nach verschmutzt,
so dass die Sonnenstrahlen nicht ins All entweichen können.
Auf der Erde wird es dadurch wärmer. Die Folgen für die Natur
und den Menschen sind jetzt schon unübersehbar.

verschmutzte Atmosphäre

Nur die Menschen können diese Entwicklung aufhalten.
So werden z. B. umweltfreundliche Autos entwickelt und
Sonnen- und Windenergie zur Stromerzeugung genutzt.
Um sich selbst und die Natur zu schützen, kann aber auch
jeder Einzelne aktiv werden. Wer Strom spart, z. B. das Licht
in Räumen ausschaltet, in denen sich keiner aufhält, die Heizung
nicht unnötig aufdreht und das Fahrrad oder den Bus benutzt,
anstatt mit dem Auto zu fahren, hilft mit, den Ausstoß von
Kohlendioxid zu vermeiden und kann damit unsere Erde schützen.

Thema: Ruft es noch „Kuckuck" aus dem Wald?

**Grafiken erklären Textstellen näher.**

**Grafiken verstehen**

**4** Sieh dir die Grafik neben dem ersten Absatz genau an.
    **a.** Lies die Bildunterschrift.
    **b.** Lies die dazu passenden Stellen im Text noch einmal.
    **c.** Erkläre mit eigenen Worten, was auf der Grafik dargestellt ist.

**5** Lies nun den zweiten Absatz.
    **a.** Sieh dir die Grafik neben dem zweiten Absatz an. Beschreibe sie schriftlich.
    **b.** Vergleiche den zweiten Absatz mit der Grafik und der Bildunterschrift.

**Zum dritten Absatz gibt es keine Grafik.**

**6** Im Tandem!
    **a.** Lest den dritten Absatz genau.
    **b.** Schreibt eine passende Überschrift für diesen Absatz auf.

**Überschriften und Schlüsselwörter aufschreiben**

> **Starthilfe**
> Was man gegen den Treibhauseffekt tun kann! …

    **c.** Schreibt Schlüsselwörter zur Überschrift auf.
    **d.** Wie könnte eine Grafik aussehen, die den dritten Absatz näher erklärt? Sprecht darüber.

**Z 7** **a.** Zeichne eine Grafik für den dritten Absatz.
    **b.** Präsentiere die Grafik anschließend in der Klasse.

**eine Grafik zeichnen**

**Der Sachtext informiert nicht nur, er fordert auch zum Handeln auf.**

**8** **a.** Schreibt auf, wozu der Leser aufgefordert wird.
    **b.** Belegt die Aufforderungen durch Textstellen.

**Z 9** Welche Aufforderungen lassen sich ergänzen? Schreibe sie auf.

**Z 10** Wie denkt ihr über die Aufforderungen im Text?
    **a.** Bildet Gruppen.
    **b.** Diskutiert in der Gruppe über die Aufforderungen.
    **c.** Fasst die Ergebnisse der Diskussion schriftlich zusammen.
    **d.** Vergleicht eure Diskussionsergebnisse mit denen der anderen Gruppen.

**diskutieren**

# Zu einer Textaussage Stellung nehmen

**Die Klasse 6c hat den Text „Die Bedrohung der Erdatmosphäre"
auf Seite 37 gelesen. Es beginnt eine Diskussion.**

- Ich möchte nicht, dass die Erde vertrocknet. Das ist doch unser einziger Lebensraum!
- Ich finde es toll, dass es früher warm wird.
- Der Klimawandel betrifft uns alle. Wir müssen etwas tun!
- Was willst du denn tun? Das ist nun mal so. Wir können gar nichts tun.
- Auf das Autofahren kann ich gut verzichten.
- Die Tiere könnten doch ihre Lebensweise ändern.
- Mir tun die Tiere leid, die vom Aussterben bedroht sind.

**1** a. Schreibe auf, worum es in der Diskussion geht.
b. Schreibe die Äußerungen pro und kontra in einer Tabelle auf.

**2** Was hältst du davon, selbst mitzuhelfen, das Klima zu schützen?
Schreibe deine Meinung auf.

> **Starthilfe**
> Ich finde, dass …

**Wenn du zu einem Thema Stellung nehmen möchtest,
begründe deine Meinung mit Argumenten.**

**3** Sammle Argumente zu deiner Meinung und schreibe sie auf.

> **Starthilfe**
> Wenn wir Energie sparen, können wir auch Kosten sparen.
> Wir können den Klimawandel nur aufhalten, wenn jeder hilft, …
> Es macht im Alltag keine große Mühe, …

mit Argumenten begründen

**Nun kannst du Stellung nehmen.**

**4** Im Tandem!
a. Welche Meinung vertrittst du? Formuliere sie.
b. Begründe deine Meinung mit mehreren Argumenten.

Stellung nehmen

Stellung nehmen
➤ S. 301

Thema: Ruft es noch „Kuckuck" aus dem Wald?

# Extra Grammatik: Meinungen formulieren und begründen

**Mit den folgenden Satzanfängen kannst du Meinungsäußerungen einleiten.**

**1** Mit welchen Sätzen drückst du Zustimmung aus?
Mit welchen widersprichst du?
   **a.** Übertrage die angefangene Tabelle in dein Heft.
   **b.** Trage die angefangenen Sätze in die passende Spalte ein.

*zustimmen und widersprechen*

| die gleiche Meinung vertreten | eine andere Meinung vertreten |
|---|---|
| – Ich stimme dir in dem Punkt zu, dass … <br> – … | – Ich denke nicht, dass … <br> – … |

*Starthilfe*

   **c.** Schreibe weitere einleitende Sätze in die Tabelle.

**2** Ergänze die dass-Sätze.
Schreibe die Satzgefüge auf.

*Starthilfe*
Ich meine auch, dass wir andere zum Handeln auffordern sollten.
…

*die eigene Meinung formulieren*

**Z 3** Im Tandem!
   **a.** Lies deiner Partnerin oder deinem Partner die ergänzten Sätze von Aufgabe 2 vor.
   **b.** Entscheide für jeden Satz, ob du die gleiche oder eine andere Meinung vertrittst.
   **c.** Schreibe deine eigene Meinung zu jedem Satz auf.
     **Tipp:** Verwende dabei die einleitenden Sätze aus Aufgabe 1.

40   Thema: Ruft es noch „Kuckuck" aus dem Wald?

**Die Klasse 6c möchte dazu beitragen, den Treibhauseffekt
zu verringern und hat Vorschläge zum Klimaschutz gesammelt.
Ihre Vorschläge haben die Schülerinnen und Schüler begründet.**

Meinungen begründen

| | |
|---|---|
| 1 Wir benutzen öfter das Rad. | A Sonst geht zu viel Wärme verloren. |
| 2 Wir lassen das Licht nicht unnötig brennen. | B Wir wollen keine Energie verschwenden. |
| 3 Wir trennen unseren Müll. | C Viele Materialien kann man wiederverwerten. |
| 4 Wir lüften nur bei abgestellter Heizung. | D Autoabgase verschmutzen die Atmosphäre. |

**4** Ordne den Aussagen 1 bis 4 jeweils eine Begründung zu.

**Eine Begründung ist besser zu verstehen, wenn sie durch
eine Konjunktion mit einer passenden Aussage verbunden ist.**

Begründungen
mit Konjunktionen
verbinden

die Konjunktion **denn**

**5** Schreibe die Sätze auf.
  **a.** Verbinde die einander zugeordneten Sätze
    mit der Konjunktion **denn**.
  **b.** Setze in jedem Satz ein Komma vor **denn**.

**Auch mit der Konjunktion weil kannst du Begründungen
formulieren.**

**6** **a.** Formuliere die denn-Sätze in weil-Sätze um. Schreibe sie auf.
  **b.** Setze in jedem Satz ein Komma vor **weil**.
  **c.** Wo steht das Verb? Unterstreiche es in den weil-Sätzen.

die Konjunktion **weil**

**W** **Ihr möchtet zum Energiesparen an eurer Schule beitragen.
Wählt eine der folgenden Aufgaben aus.**

**7** **a.** Schreibt Energiesparvorschläge für eure Klasse auf.
  **b.** Begründet eure Vorschläge mit weil- und denn-Sätzen.

**8** Formuliert einen Aufruf für die Schule.

einen Aufruf formulieren

**9** **a.** Überlegt gemeinsam, was getan werden könnte.
  **b.** Verfasst einen Brief an die Schulleitung, in dem
    ihr euer Anliegen vorbringt.

in einem Brief andere
überzeugen ➤ S. 301

Thema: Ruft es noch „Kuckuck" aus dem Wald?

[Z] **Weiterführendes:**
# Eine Versuchsanleitung schreiben

Mit einem Versuch lässt sich der Treibhauseffekt gut nachvollziehen.

| | | |
|---|---|---|
| A | auf beide Pappen ein Thermometer legen | 1  |
| B | über jede Pappe eine Glasschüssel stülpen | 2  |
| C | eine der Glasschüsseln mit einem dunklen, dünnen Tuch verdecken | 3  |
| D | zwei helle Pappen an einen sonnigen Platz legen | 4  |

**1** Welche Materialien braucht ihr für den Versuch? Schreibe eine Liste mithilfe der Abbildungen.

**Starthilfe**
Materialien: zwei Thermometer, …

*eine Materialliste schreiben*

**2** Die Abbildungen 1 bis 4 zeigen die einzelnen Schritte der Durchführung.
  **a.** Ordne die Notizen A bis D den Bildern zu.
  **b.** Schreibe die Notizen in der richtigen Reihenfolge auf.

*den Versuchsverlauf verstehen*

5

„saubere Erdatmosphäre"    „verschmutzte Erdatmosphäre"

**3** Abbildung 5 zeigt das Ergebnis des Versuchs. Erkläre das Ergebnis. Schreibe die Erklärung auf.

*den Versuch erklären*

42   Thema: Ruft es noch „Kuckuck" aus dem Wald?

**Nun kannst du die Versuchsanleitung formulieren.**

1 Für den Versuch werden zwei helle Pappen, zwei Thermometer, ... benötigt.

4 ... über jedes Thermometer ...

3 ... auf beide Pappen ...

2 Die Pappen werden ... gelegt.

5 ... mit einem dunklen dünnen Tuch ...

6 Die Temperaturen werden nach ... abgelesen.

7 Das Ergebnis wird ... und erklärt.

**4** Schreibe einen Entwurf.
Ergänze die Textausschnitte mithilfe deiner Notizen zu Aufgabe 2.

**5** Überarbeite deinen Entwurf.
Überlege dir passende Satzanfänge für die Textausschnitte.

> **Starthilfe**
> zuerst, anschließend, ...

**6** Schreibe die Versuchsanleitung vollständig auf.

**7** Formuliere eine Überschrift.
Schreibe eine Versuchsfrage auf, die du mithilfe des Versuchs beantworten kannst.

> **Starthilfe**
> Wie entsteht der Treibhauseffekt?
> Wie kann man nachweisen, dass ...?
> ...

**Z 8** Im Tandem!
**a.** Führt den Versuch mithilfe eurer Versuchsanleitung durch.
**b.** Schreibt eure Beobachtungen auf.
**c.** Schreibt euer Ergebnis auf und erklärt es.

*die Versuchsanleitung schreiben*

eine Versuchsanleitung schreiben ➤ S. 51–54

*den Versuch durchführen*

Thema: **Ruft es noch „Kuckuck" aus dem Wald?**

# Das kann ich!

## Sachtexte und Grafiken erschließen
## Stellung nehmen

**In diesem Kapitel hast du gelernt, Informationen aus Grafiken zu entnehmen.**

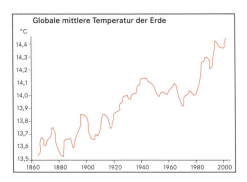

**1** Worüber informiert die Grafik im Allgemeinen?
Lies die Überschrift und benenne das Thema.

**2** Welche Informationen erhältst du im Einzelnen?
  **a.** Beantworte die folgenden Fragen schriftlich:
  – Welche Angaben stehen unter der waagerechten Achse?
  – Was stellt die rote Linie dar? Wie verändert sie sich?
  **b.** Notiere weitere Fragen zur Grafik und beantworte sie.

**Der Sachtext auf Seite 37 informiert darüber, warum es auf der Erde immer wärmer wird.**

**3 a.** Lies den Text auf Seite 37 noch einmal.
  **b.** Erkläre in eigenen Worten, wie der Treibhauseffekt entsteht.

**Nun bist du gut informiert und kannst in einer Diskussion begründet Stellung nehmen.**

**4 a.** Schreibe deine Meinung zu folgender Frage auf:
  **Ist es möglich, die Erderwärmung aufzuhalten?**
  **b.** Sammle Begründungen für deine Meinung. Schreibe sie auf.

**5** Bildet eine Gesprächsrunde.
  **a.** Nehmt mithilfe eurer Aufzeichnungen aus Aufgabe 4 Stellung.
  **b.** Ergänzt eure Aufzeichnungen mit weiteren Begründungen.

---

**eine Grafik erschließen**
Grafiken mit dem Textknacker lesen ➤ S. 37–38

**einen Sachtext mit dem Textknacker lesen**
➤ S. 34–37

**Informationen aus Sachtexten entnehmen**

**Stellung nehmen**
Stellung nehmen ➤ S. 39–40

Thema: Ruft es noch „Kuckuck" aus dem Wald?

# Den Textknacker anwenden

## Eine Grafik verstehen

Erst seit wenigen Jahrzehnten gefährdet der Mensch durch sein Verhalten das Klima der Erde.
Die Erde jedoch existiert schon seit Milliarden von Jahren.
Die großen Zeiträume seit der Entstehung des Weltalls werden in der folgenden Grafik veranschaulicht.

den Textknacker anwenden

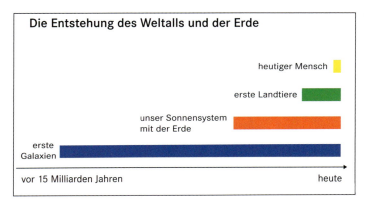

**1** Lies die Überschrift der Grafik und benenne das Thema.

**2** Sieh dir die Grafik genauer an.
Welche Zeitpunkte werden am Anfang und am Ende des Zeitstrahls angegeben?

Informationen entnehmen

**3** Schreibe auf, was nacheinander entstanden ist.
Schreibe untereinander.

> **Starthilfe**
> 1. erste Galaxien
> 2. …

**4 a.** Beantworte nun die folgenden Fragen.
– Wofür stehen die farbigen Balken?
– Warum haben die Balken unterschiedliche Längen?
– Welcher Balken ist der kürzeste?
**b.** Schreibe weitere Fragen auf.
**c.** Schreibe die entsprechenden Antworten dazu.

Fragen zur Grafik stellen und beantworten

**Z 5** Fasse zusammen, was in der Grafik dargestellt ist.
Schreibe die Zusammenfassung auf.

den Inhalt der Grafik zusammenfassen

Arbeitstechniken anwenden: Den Textknacker anwenden

# Einen Sachtext mit dem Textknacker lesen

Von der Entstehung der Erde und des Weltalls handelt auch der folgende Sachtext. Mit dem Textknacker knackst du ihn.

Bilder erzählen dir viel, schon bevor du mit dem Lesen anfängst.

**1** Was erzählt dir das Bild auf Seite 46?
Schreibe es in einem Satz auf.

Die Überschrift verrät dir etwas über das Thema des Textes.

**2** a. Schreibe die Überschrift des Textes auf.
b. Schreibe auf, worum es in dem Text vermutlich geht.

**3** Lies den Sachtext einmal als Ganzes.

einen Sachtext mit dem Textknacker lesen

## Die Entstehung des Weltalls

Niemand weiß genau, wie das Weltall entstanden ist.
Fast alle Astronomen* glauben heute daran, dass es
in einer unglaublich heftigen Explosion, die man Urknall nennt,
aus einem winzigen Kern entstanden ist.
5 Seitdem dehnt sich das Weltall immer weiter aus.

Wann aber hat der Urknall stattgefunden? Astronomen gehen
derzeit davon aus, dass es vor etwa 15 Milliarden Jahren geschah.
Wenige Millionen Jahre nach dem Urknall entstanden die ersten
Sterne. Sterne entwickeln sich nie allein, sondern in Gruppen.
10 So entstanden vor ungefähr 14 Milliarden Jahren die ersten
Galaxien. Eine Galaxie besteht aus vielen Milliarden Sternen.

Unsere Galaxie, die Milchstraße (ca. 200 Milliarden Sterne), gibt
es seit ungefähr 13,5 Milliarden Jahren und unser Sonnensystem
seit etwa 4,5 Milliarden Jahren. So alt sind auch die Erde,
15 der Mars und andere Planeten, die unsere Sonne umkreisen.
Vor 350 Millionen Jahren entwickelten sich die ersten Landtiere
und vor 65 Millionen Jahren starben die Dinosaurier aus.
Die ersten menschenähnlichen Wesen gab es vor
ungefähr 7 Millionen Jahren. Den Homo sapiens* gibt es erst
20 seit ungefähr 250 000 Jahren.

*Forscher, die sich mit dem Weltall und den Sternen beschäftigen

*der Homo sapiens: die wissenschaftliche Bezeichnung für den heutigen Menschen

Arbeitstechniken anwenden: Den Textknacker anwenden

**Absätze gliedern den Text.**

**4** Schreibe zu jedem Absatz eine Überschrift auf.
Lasse darunter jeweils eine Zeile frei.

> **Starthilfe**
> 1. Eine Vermutung zur Entstehung des Weltalls
> 2. ...
> ...

**Manche Wörter sind zum Verstehen besonders wichtig,
sie sind Schlüsselwörter.**

**5** Schreibe Schlüsselwörter aus jedem Absatz unter
die jeweilige Überschrift.

**Manche Wörter werden am Rand oder im Text erklärt.**

**6** Für welche Wörter findest du Erklärungen im Text oder am Rand?
Schreibe diese Wörter mit ihrer Erklärung auf.

**Du kannst weitere unbekannte Wörter im Lexikon nachschlagen.**

**7** Schreibe die Wörter zusammen mit ihren Erklärungen auf.

**Der Sachtext erklärt die Grafik auf Seite 45 näher.**

**8** Vergleiche die Angaben aus dem Text mit der Grafik auf Seite 45.

Grafik ➤ S. 45

**a.** Schreibe die passenden Jahreszahlen rechts
neben deine Notizen zu Aufgabe 3 auf Seite 45.

> **Starthilfe**
> 1. erste Galaxien – vor 14 Milliarden Jahren
> 2. ...

**Z** **b.** Welche zusätzlichen Zeitangaben enthält der Text?
Ergänze sie in deinen Notizen.
Du kannst sie auch in einer Grafik veranschaulichen.

**Nun kannst du zusammenfassen, was im Text steht.**

**9** Schreibe einen kurzen Text als Zusammenfassung.

einen Text
zusammenfassen

Arbeitstechniken anwenden: Den Textknacker anwenden

47

# Mit einem Flugblatt Stellung nehmen

## Gemeinsam planen und vorbereiten

Die Klasse 6 c hat sich mit dem Thema „Klimawandel" beschäftigt.
Nun will sie mit einem Flugblatt zum Energiesparen aufrufen.

Flugblätter können wir an **viele Menschen** verteilen. Aber wir haben darauf **wenig Platz** für alle Informationen.

Deshalb sollten wir genau überlegen, **wie wir das Flugblatt gestalten**.

Ja. Jeder sollte **etwas** für den Klimaschutz **tun**.

Wir wollen **andere** auf das Problem **aufmerksam machen**.

Wie wäre es mit einem **Flugblatt**? Eine **größere Anzahl** zu kopieren, ist nicht zu teuer.

**1** Welche Schreibziele setzen sich die Schülerinnen und Schüler? Schreibt sie auf.
- **a.** Welche Vorteile eines Flugblattes werden genannt? Welche Nachteile werden genannt?
- **b.** Ergänzt im Gespräch weitere Vorteile und Nachteile.

*Schreibziele festlegen*

**2** Prüft, ob ein Flugblatt geeignet ist, die Schreibziele zu erreichen.

Wenn ihr auch ein Flugblatt gestalten wollt, solltet ihr
die Arbeitsschritte gut planen. Ein Arbeitsplan hilft euch dabei.

*einen Arbeitsplan schreiben*

| Namen: | | | | |
|---|---|---|---|---|
| Arbeitsplan für: Ein Flugblatt zum Thema „Energie sparen" | | | | |
| Datum | Arbeitsschritt | Verantwortliche | erledigt | Bemerkungen |
| ... | das Thema aussuchen ... | | | Wir haben uns für dieses Thema entschieden, weil ... |

**3** **a.** Bildet Gruppen mit drei oder vier Mitgliedern.
   **b.** Schreibt den angefangenen Arbeitsplan auf und ergänzt ihn.

48    Planen, schreiben, überarbeiten: Mit einem Flugblatt Stellung nehmen

## Sammelt Informationen zum Thema. Hier einige Stichworte:

*Informationen sammeln*

– *Flugblatt zum Thema „Energie sparen"*
  *Klimawandel durch Erderwärmung: z. B. Temperaturen steigen, Pflanzen ...*
– *Luftverschmutzung durch Abgase: z. B. von Autos, ...*
– *Pflanzen und Tiere sind bedroht: z. B. ...*
– *umweltbewusst handeln: z. B. Energie sparen, auf Flugreisen verzichten ...*

**4** **a.** Schreibt die Stichworte ab, die ihr verwenden wollt,
und ergänzt sie.
**Tipp:** Lest in den Texten auf den Seiten 34, 35 und 37 nach.
**b.** Notiert mithilfe der Stichworte erste Einfälle dazu,
wie ihr selbst zum Klimaschutz beitragen könnt.

*mehr über Ursachen und Folgen des Klimawandels*
*➤ S. 34–35, 37*

## Für die weitere Planung müsst ihr zunächst festlegen, an wen sich euer Flugblatt richtet.

*den Entwurf planen*

| Wer sind die Leserinnen und Leser? | Was wissen sie? |
|---|---|
| Was müssen wir erklären? | Was macht sie neugierig? |

**5** Wie könnt ihr das Interesse der Leserinnen und Leser wecken?
Tauscht euch über die Fragen aus.

**6** Worüber möchtet ihr informieren?
Wählt Informationen aus eurer Informationssammlung aus.

## Wozu möchtet ihr die Leserinnen und Leser auffordern?

*Aufforderungen formulieren*

**7** Formuliert Aufforderungen für den Text eures Flugblattes.
Verwendet Aufforderungssätze.

> **Starthilfe**
> So kannst auch du etwas tun:
> – Benutze öfter das Rad!
> – Überzeuge andere davon, dass ...

**8** Findet eine Überschrift, die das Interesse
der Leser weckt.

> **Starthilfe**
> Rettet den Kuckuck!
> Raus aus dem Treibhaus! ...

**9** Schreibt einen Textentwurf für euer Flugblatt.

*den Text entwerfen*

Planen, schreiben, überarbeiten: **Mit einem Flugblatt Stellung nehmen**

# Mit der Checkliste überarbeiten

Mithilfe einer Checkliste könnt ihr euren Entwurf überprüfen und anschließend überarbeiten.

*mit einer Checkliste arbeiten*

| Checkliste: Ein Flugblatt gestalten | Ja | Nein |
|---|---|---|
| – Weckt die Überschrift das Interesse der Leserinnen und Leser? | ■ | ■ |
| – Sind die Informationen für die Leser verständlich? | ■ | ■ |
| – ... | ■ | ■ |

**1** a. Übertragt die angefangene Checkliste in euer Heft.
b. Tragt weitere Checkfragen ein.

**2** Überprüft den Entwurf eures Flugblattes mit der Checkliste.

*den Entwurf überprüfen und überarbeiten*

**3** a. Überarbeitet euren Text.
b. Achtet auf die Rechtschreibung.

**Gestaltet das Flugblatt so, dass es übersichtlich ist und zum Lesen anregt.**

*das Flugblatt gestalten*

**4** Hebt wichtige Wörter und Wortgruppen hervor. Unterstreicht sie oder gestaltet sie farbig.

**5** a. Schneidet aus Zeitschriften passende Fotos aus oder zeichnet selbst Bilder.
b. Fügt sie in euer Flugblatt ein.

**Z 6** Lest noch einmal auf Seite 48 nach, welche Schreibziele ihr mit einem Flugblatt verfolgen könnt.
Entscheidet dann,
a. wie viele Kopien ihr benötigt, wo und wann ihr das Flugblatt verteilen wollt.
b. Kopiert und verteilt anschließend euer Flugblatt.

**Z 7** Statt eines Flugblatts könnt ihr auch ein Plakat gestalten.
a. Legt fest, wer die Adressaten eures Plakats sein sollen.
b. Plant und gestaltet das Plakat.

*ein Plakat gestalten*

50   Planen, schreiben, überarbeiten: **Mit einem Flugblatt Stellung nehmen**

# Eine Versuchsanleitung schreiben

## Einen Versuch vorbereiten und durchführen

Durch den Treibhauseffekt erwärmt sich das Klima auf der Erde. Dass die Temperaturen durch die Wirkung von Kohlenstoffdioxid höher steigen, könnt ihr mit einfachen Mitteln nachweisen.

Kohlenstoffdioxid entsteht zum Beispiel, wenn ihr Essig und Backpulver mischt.

**1** Seht euch die Abbildungen an.

**2** Welche Materialien braucht ihr für den Versuch? Beschreibt sie genau.

> zwei Erlenmeyerkolben, zwei Gummipfropfen mit Öffnung, ...
>
> eine Materialliste schreiben

**3** Bereitet die Durchführung des Versuchs vor.
  a. Schreibt alle benötigten Materialien mit den entsprechenden Mengenangaben auf.
  b. Besorgt die Geräte und die Materialien.

**Starthilfe**
> Materialien:
> zwei Erlenmeyerkolben, ...

Planen, schreiben, überarbeiten: Eine Versuchsanleitung schreiben

Die Abbildungen zeigen die Schritte 1 bis 5 des Versuchs.

**4** Im Tandem!
Beschreibt die Schritte 1 bis 5 mündlich.

> **Starthilfe**
> Man liest ... ab,
> man verschließt den
> Erlenmeyerkolben mit ...,

die Durchführung beschreiben

**Den Versuch könnt ihr am besten zu zweit durchführen.**

**5** a. Führt die Schritte 1 bis 5 noch einmal durch.
b. Notiert die Temperaturen (Schritt 1 und Schritt 5).
c. Um wie viel Grad ist die Temperatur gestiegen? Schreibt es auf.

**Nun führt ihr alle Schritte noch einmal durch.**

**6** Die Abbildung zeigt, was ihr tun müsst,
bevor ihr die Schritte wiederholt.
a. Beschreibt die Abbildung.
b. Führt aus, was darauf zu sehen ist.

**7** a. Führt die Schritte 1 bis 5 noch einmal durch.
Verwendet dabei den befüllten Erlenmeyerkolben,
den zweiten Pfropfen und die zweite Lampe.
b. Notiert die Temperaturen.
c. Vergleicht sie mit den Ergebnissen der Aufgaben 5 b und c.

**8** Beschreibt die Schritte der Reihe nach schriftlich.

**9** Tauscht euch über die Versuchsanleitung aus.
– Welche Schritte konntet ihr durchführen?
– Welche Informationen haben gefehlt?

die Anleitung auswerten

Planen, schreiben, überarbeiten: Eine Versuchsanleitung schreiben

# Eine Versuchsanleitung schreiben

Mithilfe einer verständlichen Anleitung können andere
den Versuch verstehen und durchführen.

Wichtig ist die richtige Reihenfolge der Schritte.

> A  *Zu Beginn liest man die Temperatur auf dem Thermometer ab.*
> B  *Danach bestrahlt man den Erlenmeyerkolben 10 Minuten lang*
>    *mit einer Lampe.*
> C  *Man befestigt anschließend das Thermometer in der Öffnung*
>    *des Pfropfens.*
> D  *Schließlich liest man die Temperatur wieder ab.*
> E  *Dann verschließt man einen leeren Erlenmeyerkolben mit einem Pfropfen.*

**1**    **a.** Ordne die Sätze A bis E den Abbildungen auf Seite 52 zu.
       **b.** Schreibe die Schritte in der richtigen Reihenfolge auf.
       **c.** Welche Wörter geben Hinweise zur Abfolge der Schritte?
          Unterstreiche sie in jedem Satz.

*die Schritte in der richtigen Reihenfolge beschreiben*

**2**   Schreibe in einem Entwurf die Anleitung zu Ende.

> **Starthilfe**
> Nun füllt man zunächst das Backpulver und
> den Essig in den anderen Erlenmeyerkolben. …

Damit der Versuch gelingt, sind genaue Angaben
in der Versuchsanleitung wichtig.

Man füllt nun in den anderen Erlenmeyerkolben Backpulver
und Essig.
Zügig verschließt man ihn mit dem Pfropfen.
Damit das Kohlenstoffdioxid nicht entweicht, steckt man
das Thermometer anschließend gleich in die Öffnung des Pfropfens.
Man stellt den Erlenmeyerkolben unter die Lampe und
bestrahlt ihn von oben.

*genaue Angaben machen*

**3**   Auf welche Fragewörter geben die hervorgehobenen Wörter
     Antwort? Schreibe die Fragen auf.

> **Starthilfe**
> Welchen? Wie? …

Eine Überschrift gibt den Lesern Hinweise
zum Thema oder zur Fragestellung des Versuchs.

*eine Überschrift finden*

**4**   Schreibe eine passende Überschrift auf.

Planen, schreiben, überarbeiten: Eine Versuchsanleitung schreiben

# Mit der Checkliste überarbeiten

Eine Anleitung muss für die Leser verständlich sein.

**1** Welche Informationen brauchen die Leser, um den Versuch durchführen zu können? Sprecht darüber.
**Tipp:** Verwendet eure Ergebnisse von Seite 52.

Mithilfe einer Checkliste könnt ihr überprüfen, ob eure Versuchsanleitung verständlich und vollständig ist.

*mit der Checkliste überprüfen*

| Checkliste: Eine Anleitung schreiben | Ja | Nein |
|---|---|---|
| – Werden alle Materialien und Mengenangaben genannt? | ☐ | ☐ |
| – ... | ☐ | ☐ |

**2** Übertrage die angefangene Checkliste in dein Heft und ergänze weitere Fragen.

Du hast verschiedene Möglichkeiten, um auszudrücken, was man nacheinander tun muss.

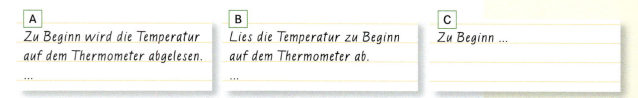

A: *Zu Beginn wird die Temperatur auf dem Thermometer abgelesen. ...*

B: *Lies die Temperatur zu Beginn auf dem Thermometer ab. ...*

C: *Zu Beginn ...*

**3** Welche weitere Möglichkeit gibt es?
**Tipp:** Lies die Beispielsätze zu Aufgabe 1 auf Seite 53 noch einmal.

**W 4** a. Wähle eine der Möglichkeiten A oder B.
b. Schreibe die Anleitung in der Form deiner Wahl vollständig auf.

**5** Überprüfe deine Anleitung mit der Checkliste aus Aufgabe 2.

**6** a. Überarbeite deine Anleitung, falls du Fragen mit „Nein" beantwortet hast.
b. Achte auf die Rechtschreibung.

*die Anleitung überarbeiten*

# Spurensuche

- Berichten
- Kurzreferat: Sich und andere informieren

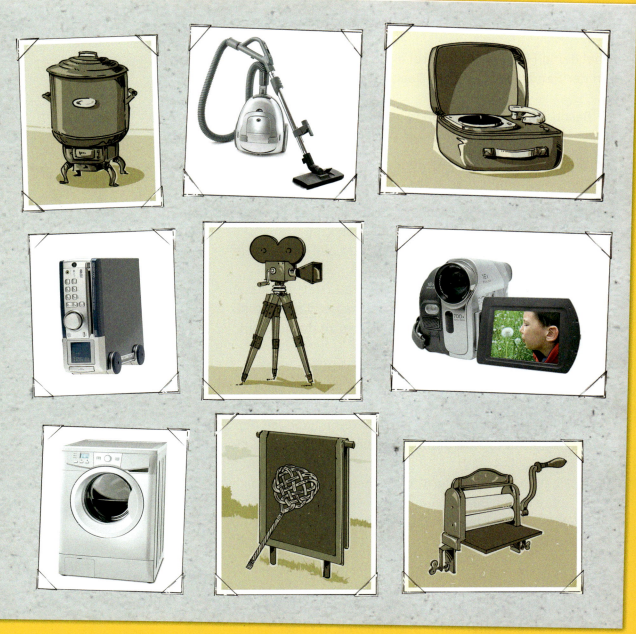

Alltagsgegenstände früher und heute

# Von alten Zeiten berichten

**Die Abbildungen und Fotos auf Seite 55 zeigen Gegenstände aus früheren Zeiten und von heute.**

**1**  a. Beschreibt die Abbildungen auf Seite 55.
   b. Ordnet Gegenstände von früher und heute einander zu.
   c. Erzählt, was ihr über diese Gegenstände wisst.

> Starthilfe
> Mit der Stereoanlage kann man ...

**Gegenstände beschreiben**

**Amelie und Finn haben die drei alten Gegenstände von der Randspalte auf dem Dachboden der Großeltern gefunden.**

**2**  Beschreibe die Gegenstände genauer.

1

**Die Großeltern erklären Amelie und Finn, was das für Gegenstände sind und was man früher damit gemacht hat:**

– Sie erleichterte das Auswringen der Wäsche nach dem Waschen.
– Der alte Plattenspieler! Dass es den noch gibt!
– Mit dem Teppichklopfer habe ich früher den Staub aus den Teppichen geklopft.
– Am Abend nach der Arbeit haben wir alle davorgesessen.
– Das war ziemlich anstrengend, jedes nasse Wäschestück zwischen die Rollen zu legen, die Kurbel zu drehen und so das Wasser herauszudrücken.
– Ach ja, die alte Wringmaschine meiner Mutter.
– Zuerst musste ich die Möbel vom Teppich wegrücken. Dann wurde der Teppich aufgerollt, runtergeschleppt in den Hof und über die Teppichstange gehängt. Und dann habe ich den Teppich geklopft, bis der ganze Staub draußen war.

2

3

**3**  Was haben die Großeltern zu welchen Gegenständen gesagt?
   a. Schreibe die Bezeichnungen der Gegenstände auf.
   b. Ordne die passenden Sätzen zu.
      Schreibe die Sätze auf.

**Aussagen zuordnen**

**In diesem Kapitel geht ihr auf Spurensuche. Am Ende des Kapitels könnt ihr über die Ergebnisse berichten und sie in einem Kurzreferat präsentieren. Das Zeichen in der Randspalte führt euch schrittweise dorthin.**

56    Thema: Spurensuche

**Großmutter schlägt ein altes Fotoalbum auf.**
„Seht mal," sagt sie, „hier bin ich als Kind mit meiner Mutter und hier mit meiner Tante beim Wäschewaschen."

**4** Was berichtet die Großmutter über das Wäschewaschen?   berichten
  a. Lies die Sprechblasen und die Informationen in den Kästen.
  b. Ergänze den Bericht der Großmutter.

> Auf dem Waschbrett haben wir früher die Wäsche gerubbelt. Die Finger taten mir immer ganz schön weh. Und schrumpelig wurden sie davon auch, denn Wäscherubbeln ging so: ...

> Das ist ein Waschkessel. Den musste meine Tante lange vorheizen. Erst dann schüttete sie ...

Das Waschbrett:
- den Waschtrog mit Seifenlauge füllen
- das Waschbrett an den Rand des Waschtrogs legen
- die Wäsche mit der Hand am Waschbrett reiben: von oben nach unten

Der Waschkessel:
- Wasser in den Waschkessel füllen
- den kleinen Ofen im unteren Teil des Waschkessels anheizen
- Seife in das heiße Wasser schütten
- die Wäsche in der Seifenlauge kochen
- die Wäsche mit einem Stab aus dem heißen Wasser holen

**Z 5** Berichte, wie früher Wäsche gewaschen wurde.
  a. Lies noch einmal die Informationen in den beiden Kästen.
  b. Schreibe einen kurzen Bericht über das Wäschewaschen.
  c. Formuliere eine Überschrift, die neugierig macht.

**Starthilfe**
Ein Waschtag zu Großmutters Zeiten
Wäschewaschen war früher
nicht einfach ...

Thema: Spurensuche

# Einen Zeitungsbericht lesen

Der Zeitungsbericht informiert über den Alltag früher.
Mit dem Textknacker könnt ihr den Bericht knacken.

Ihr bearbeitet zunächst die Aufgaben 1 und 2 von Seite 59 und lest erst dann den Text.

einen Zeitungsartikel mit dem Textknacker lesen

### Geschichte am Rubbelbrett[1] erlebt
### 30.06.2005
Von Michael Kremer

**Jung und Alt trafen sich gestern bei der Arbeiterwohlfahrt zum großen Waschtag auf dem Gelände des Josef-Kremer-Hauses.**

**Hilden.** Kochwäsche und Buntwäsche trennen, den Rest erledigt die vollautomatische Waschmaschine. Nur das lästige Bügeln deutet noch an, warum *ein Waschtag in früheren Zeiten harte Arbeit* war.
Genau diese Zeiten rief die Arbeiterwohlfahrt gestern auf dem Gelände des Josef-Kremer-Hauses in Erinnerung. Dort war großer Waschtag, was von der Heiligenstraße aus an den aufgehängten Wäscheleinen nicht zu übersehen war. Der Waschtag fand unter dem Motto „Geschichte erleben" statt und war wahrlich ein Erlebnis vor allem für die Kinder. [...]
Sie durften selbst die in einer Ausstellung zusammengetragenen Utensilien[2] ausprobieren und ihre mitgebrachte Kleidung wie anno dazumal waschen.
Die älteren Mitglieder der Hildener Erzählrunde „überwachten" dabei die Einhaltung der richtigen Waschabfolge: Erst die Wäsche im Holzzuber[3] oder in der Zinkwanne[4] einweichen, was früher am Vorabend des großen Waschtages erledigt wurde. Nach der Vorwäsche auf dem Rubbelbrett (sehr beliebt bei den Kindern) wurde gebleicht[5], gekocht und mindestens dreimal gespült – alles von Hand. Nach dem Schleudern, moderne Haushalte hatten dafür eine Wäschemangel, kam die Wäsche zum Trocknen auf die Leine und musste dann vor dem Bügeln noch gestärkt werden. Kein Wunder, dass bei derart viel Arbeit nur einmal im Monat gewaschen wurde. [...]
Ermöglicht wurde die Mitmach-Ausstellung durch zahlreiche Hildener, die alte Wasch-Utensilien zur Verfügung stellten. Im Keller oder auf dem Dachboden hatten sie nicht nur Zinkwannen und Rubbelbretter entdeckt, auch Rührlöffel, Wäschestampfer und eine Wäschepresse fanden so den Weg zum Treff der Generationen. Beim Anblick der Geräte war nachvollziehbar, wie es zu dem ebenfalls ausgestellten Beitrag aus der Erzählrunde kam: „Jeden Tag ein frisches Hemd? Das gab es früher nicht."

[1] Waschbrett mit rauer Oberfläche;   [2] Geräte, Materialien;   [3] großer Behälter aus Holz;
[4] Wanne aus Metall;   [5] aufgehellt

**1** Im Tandem!
 Was erzählt euch das Bild in dem Zeitungsbericht?
 Schreibt auf, worum es in dem Zeitungsbericht vermutlich geht.

die Bilder

**2** Wie lautet das Thema?
  a. Lest die Überschrift und den Vorspann (Zeile 1–4).
  b. Schreibt auf, was ihr vom Inhalt des Berichts erwartet.

die Überschrift und der Vorspann

**3** Lest nun den Zeitungsbericht als Ganzes.

**4** Der Zeitungsbericht ist in vier Absätze unterteilt.
  a. Lest den Zeitungsbericht Absatz für Absatz.
  b. Schreibt für jeden Absatz eine Überschrift auf.

die Absätze

**5** Notiert Schlüsselwörter, also die wichtigsten Wörter.
  a. Notiert die Schlüsselwörter aus dem ersten Absatz.
  b. Findet Schlüsselwörter in den weiteren Absätzen.
     Schreibt sie auf.

die Schlüsselwörter

**6** Welche Wörter werden unter dem Text erklärt?
 Schreibt die Wörter mit ihren Erklärungen auf.

die Worterklärungen

**7** Sucht Wörter, die ihr nicht verstanden habt, im Lexikon.
 Schreibt die Erklärungen auf.

nachschlagen ➤ S. 226–227

### Ein Zeitungsbericht informiert und beantwortet diese W-Fragen:

das Textverständnis überprüfen

> Leitfragen:
> – **Wer** hat etwas getan oder war daran beteiligt?
> – **Was** ist geschehen?
> – **Wann** ist es geschehen?
> – **Wo** ist es geschehen?
> – **Wie** ist es geschehen?

**8** Werden alle Leitfragen in dem Zeitungsartikel beantwortet?
  a. Prüft mithilfe eurer Aufzeichnungen zu den Aufgaben 4 bis 7,
     ob ihr alle W-Fragen beantworten könnt.
  b. Ergänzt eure Aufzeichnungen.

**Z 9** Schreibe eine kurze Zeitungsmeldung.
 Beantworte dabei die W-Fragen.

eine Zeitungsmeldung schreiben

Thema: Spurensuche

# Über einen Museumsbesuch berichten

Die Klasse 6a war am 26. November 2009 auf Spurensuche im Museum für Kommunikation in Berlin. Einige Schülerinnen und Schüler erzählen, was ihnen gefallen hat.

### Moritz erzählt:
„Am besten haben mir die Filmkameras in der dritten Etage gefallen. Mein Opa war früher Kameramann und zeigt mir ab und zu Fotos. Da gab es auch solche Kameras wie im Museum.
Ich habe im Museum eine alte Kamera im Schaufenster gesehen, mit der mein Opa früher auch gearbeitet hat. Sie ist von 1951 und sieht etwas anders aus als die modernen Kameras: Sie steht auf Holzfüßen und ist kleiner als die Kameras, die man heute aus dem Fernsehen kennt."

### Fatih erzählt:
„Selina und ich haben den Bagger ausprobiert, der am Eingang steht. Ich habe mich in das Baggerhäuschen gesetzt. Drinnen gab es laute Geräusche aus den Lautsprechern, wie auf einer Baustelle, sodass ich gar nicht verstehen konnte, was Selina sagte.
Draußen war ein Bildschirm, den ich nicht sehen konnte. Der hat eine Baggerkralle und drei Würfel gezeigt, die ich stapeln sollte. Selina hat mir dann Handzeichen gegeben und ich habe im Baggerhäuschen die Hebel und Knöpfe bewegt. Mithilfe der Handzeichen von Selina konnte ich die Würfel auf dem Bildschirm stapeln – das war echte Teamarbeit!"

### Leonie erzählt:
„Eigentlich gehe ich nicht gern ins Museum – da kann man sich ja nur was angucken. Aber hier war das anders:
Die Museumspädagogin zeigte uns in der zweiten Etage eine riesige Postkutsche, die in Einzelteilen an der Decke befestigt ist. Darunter standen Kisten mit Einzelteilen, sodass wir unsere eigene Postkutsche bauen konnten. Das hat Spaß gemacht!
Und dann durften wir uns verkleiden. Ich habe mich als Kutscher verkleidet und durfte sogar das Posthorn blasen.
Das war eine richtige Zeitreise."

**1** Schreibe wichtige und interessante Informationen aus den Äußerungen in Stichworten auf.

Thema: Spurensuche

**Sandra möchte für die Schülerzeitung einen Bericht über den Museumsbesuch schreiben. Sie hat Leitfragen formuliert.**

> *Leitfragen für den Bericht über den Museumsbesuch*
> *– Wann war der Museumsbesuch?*
> *– Wer nahm an dem Museumsbesuch teil?*
> *– Wo waren die Schülerinnen und Schüler?*
> *– Was erlebten die Schülerinnen und Schüler?*
> *– Was haben die Schülerinnen und Schüler erfahren?*

**2** Beantworte die Leitfragen. Notiere Stichworte.

Leitfragen beantworten

**3** Welche weiteren Informationen aus den Äußerungen von Seite 60 könnten für die Leser interessant sein? Wähle wichtige Informationen aus deinen Stichworten aus.

**Bevor Sandra mit dem Schreiben beginnt, ordnet sie die gesammelten Informationen.**

**4** In welcher Reihenfolge möchtest du über den Museumsbesuch berichten?
**a.** Ordne deine Notizen und Ideen.
**b.** Notiere in Stichworten, was du nacheinander schreiben möchtest. So vergisst du nichts Wichtiges.

**5** Schreibe einen interessanten Bericht.

den Bericht schreiben und überarbeiten

---

**Arbeitstechnik**

**Für die Schülerzeitung berichten**

Ein Bericht soll **knapp**, **genau** und im **Präteritum** geschrieben sein.
Er gibt Antworten auf die **W-Fragen**:
**Wann? Wo? Wer? Was? Wie? Welche Folgen/Ergebnisse?**
Für die Schülerzeitung kannst du deinen Bericht noch ergänzen:
– Ein Erlebnisbericht für die Schülerzeitung darf auch **lustige oder spannende Begebenheiten** enthalten.
– Du kannst auch **persönliche Meinungen und Bewertungen** einfügen.

---

**6** Überprüfe und überarbeite anschließend deinen Bericht.
**a.** Fertige dazu eine Checkliste an.
**b.** Überarbeite deinen Bericht mithilfe der Checkliste.

Starthilfe

Checkliste
- Habe ich knapp und genau berichtet?
- Habe ich ...

**Z 7** In der Schülerzeitung ist nur Platz für sechs Zeilen. Kürze den Bericht, ohne dass wichtige Informationen fehlen.

Thema: Spurensuche

# Ein Kurzreferat vorbereiten und halten

Das Leben früher unterscheidet sich in vielen Bereichen von dem heutigen. Darüber könnt ihr euch gegenseitig informieren, z. B. in Kurzreferaten.

**1** Sammelt Ideen für Kurzreferate an der Tafel.

**Ideen sammeln**

Das Kurzreferat könnt ihr in sechs Schritten vorbereiten.

### 1. Schritt: Das Thema aussuchen

**2** Gruppenarbeit!
    **a.** Wählt ein Thema aus, das ihr vorstellen möchtet.
    **b.** Notiert erste Ideen und Fragen zum Thema in einer Mind-Map.

mehr zur Mind-Map
➤ S. 299

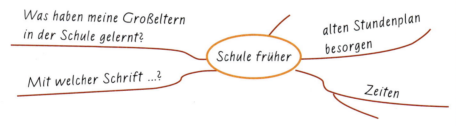

### 2. Schritt: Informationen beschaffen

**3** Sucht und fragt in der Bücherei nach geeigneten Büchern.
    **Tipp:** Informationen zu einem Buch findet ihr im Inhaltsverzeichnis und im Klappentext.

**sich informieren**

**4** Sucht mithilfe von Suchmaschinen im Internet nach Informationen zu eurem Thema.
    – Wertet die angezeigten Links aus: Geht es in der Beschreibung tatsächlich um euer Thema?
    – Klickt die Seiten an, die euch geeignet erscheinen.
    – Lest die Seiten überfliegend.
    – Druckt nur wenige, wirklich geeignete Texte aus.

im Internet recherchieren
➤ S. 228–229

Thema: Spurensuche

**3. Schritt:** Informationen aus Texten entnehmen

Der Textknacker hilft euch, die gefundenen Texte zu verstehen.

Der folgende Sachtext informiert über die Schule früher.

den Textknacker anwenden

**5** a. Seht euch die Bilder an und lest die Überschrift. Worum geht es vermutlich in dem Text?
b. Lest nun den Sachtext als Ganzes.

**Was das Klassenzimmer verrät ...**

In einem Klassenzimmer am Anfang der 50er Jahre waren die Möbel aus Holz: die Tische, der Boden, die Tafel, das Lehrerpult, das Rechenbrett. Plastik gab es nicht in diesem Raum. Dass man zum Bauen
5 natürliche Stoffe verwendete, war selbstverständlich. Die Schülerinnen und Schüler saßen auf Holzbänken, die fest mit den Tischen verbunden waren. Die Lehrkraft saß oft oben an einem Pult. So hatte sie alles im Blick. Das war wichtig, denn in vielen
10 Klassen saßen mehr als 40 Kinder in den Reihen. Besonders in den Grundschulen auf den Dörfern unterrichtete man oft mehrere Klassen zusammen: Die zweite Klasse musste zum Beispiel still rechnen, während die 1. Klasse laut das Zusammenzählen übte.
15 Die Holztische waren bei den Schülerinnen und Schülern sehr beliebt, denn man konnte kleine Kerben einschnitzen, die als Löcher für Minigolf dienten. Wenn der Lehrer oder die Lehrerin nicht aufpasste, spielte man mit kleinen Papierkugeln oder mit Murmeln.
20 Zum Schreiben benutzten die kleineren Kinder oft Schiefertafeln und Griffel. Damit konnte man zwar nicht besonders gut und schön schreiben, aber es wurde kein Papier verschwendet. Außerdem konnte man die Schiefertafeln in allen Fächern
25 verwenden.
Die Größeren schrieben mit Tinte auf Papier. Auch das war nicht ganz einfach: Die Holztische als Schreibunterlage waren sehr uneben. Es gab auch noch keine modernen Füller, sondern nur einfache Federhalter. Die Tintenfässchen standen in
30 einer kleinen Vertiefung des Holztisches.

Thema: Spurensuche

**Nun könnt ihr wichtige Informationen notieren.**

**6** Schreibt die Überschrift auf.

**7** Schreibt zu jedem Absatz etwas auf.
    **a.** Notiert Schlüsselwörter.
    **b.** Schreibt für jeden Absatz eine Zwischenüberschrift auf.

*die Absätze
zusammenfassen*

**8** Welche Wörter werden durch die Bilder erklärt?
    Schreibt die Wörter mit den Erklärungen auf.

*Wörter erklären*

**Für das Kurzreferat legt ihr am besten Karteikarten an.
Auf den Karteikarten notiert ihr in Stichworten die wichtigsten
Informationen aus euren Texten.**

**9** Sammelt Informationen zu eurem Thema und wertet sie aus.
    **a.** Lest die gefundenen Texte mit dem Textknacker.
    **b.** Notiert jeweils das Wichtigste auf Karteikarten.

*Wichtiges notieren*

nachschlagen ➤ S. 226–227

im Internet recherchieren
➤ S. 228–229

> *Schule früher*
> *Anfang der 50er Jahre*
> *Klassenzimmer: alle Möbel aus Holz, ...*
>
> *...*

## 4. Schritt: Das Kurzreferat gliedern und die Stichworte ordnen

**Damit die Zuhörer dem Kurzreferat gut folgen können,
müsst ihr die Inhalte in Abschnitte unterteilen und sinnvoll ordnen.**

**10** Bereitet nun eure Karteikarten für das Kurzreferat vor.
    **a.** Überlegt, wie ihr das Kurzreferat gliedern wollt.
        Legt eine sinnvolle Reihenfolge fest.
    **b.** Ordnet dann eure Stichworte. Nummeriert die Abschnitte.
        **Tipp:** Ihr könnt dazu die folgenden Leitfragen verwenden.

*Stichworte ordnen*

> **Leitfragen:**
> – Über welches Thema informiert ihr?
> – Über welche Zeit informiert ihr?
> – Welche Teilthemen möchtet ihr vorstellen?
> – Worin unterschied sich das damalige Leben
>   vom heutigen?

**64**    Thema: Spurensuche

## 5. Schritt: Überschrift, Einleitung und Schluss formulieren

Nun braucht ihr für euer Referat noch eine Überschrift. Überlegt euch außerdem eine gute Einleitung und einen passenden Schluss.

**11** Formuliert eine Überschrift, die neugierig macht.

> **Starthilfe**
> Mit Federhalter und Rechenbrett
> Schule damals und heute

die Überschrift formulieren

**12** Sagt in der Einleitung, worum es in eurem Kurzreferat geht.

die Einleitung formulieren

**13** Notiert Stichworte für zwei Schlusssätze.
**Tipp:** Du kannst z. B. notieren, was du besonders interessant fandest.

den Schluss notieren

## 6. Schritt: Den Vortrag vorbereiten und üben

**14** Prüft und überarbeitet eure Notizen für das Kurzreferat:
– Sind die Notizen übersichtlich?
– Wo solltet ihr überflüssige Informationen streichen?
– Wo wollt ihr etwas ergänzen oder genauer erklären?

die Notizen überarbeiten

Das Kurzreferat wird anschaulich, wenn die Zuhörerinnen und Zuhörer eure Gliederung, Fotos und andere Materialien sehen können. Ihr könnt zum Beispiel eine Folie vorbereiten.

**15** Plant genau, wie eure Folie aussehen soll.
  **a.** Notiert die Überschrift des Kurzreferats.
  **b.** Schreibt die wichtigsten Informationen in Stichworten auf.
  **c.** Wählt Abbildungen, die zum Thema passen.
  **Tipp:** Schreibt einen Entwurf zur Gestaltung der Folie.

eine Folie vorbereiten

**16** Gestaltet eure Folie.
  **a.** Kopiert die Abbildung auf eine Folie.
  **b.** Beschriftet die Folie.
  **Tipp:** Ihr könnt die Folie auch am Computer gestalten.

**17** Übt, das Kurzreferat möglichst frei vorzutragen.

frei vortragen

Thema: Spurensuche

# Extra Grammatik: Im Präteritum berichten

**Wie lebte man früher? Wie lebt man heute?
Auch die Zeitformen in einem Bericht machen es deutlich.**

Früher benutzte man Reisigbesen zum Fegen.
Sie wurden von Besenbindern in Heimarbeit hergestellt.
Besenbinder waren oft Bauern, die von ihrem kleinen Stück
Land nicht leben konnten.
5 Wenn die Arbeit auf den Feldern ruhte, fertigten sie ihre
Besen. Wenn sie im Sommer als fahrende Händler durch
die Dörfer zogen, musste der Hof von ihren Frauen und
den Kindern versorgt werden.
Reisigbesen kann man auch heute noch ganz einfach
10 herstellen: Man bündelt trockene Birkenreiser, schneidet sie
in Form und umwickelt sie fest mit Draht.
Für den Stiel schlugen die Besenbinder junge Eschenstämmchen,
es funktioniert aber auch mit einem alten Besenstiel. Den Stiel
spitzt man an und rammt ihn in das zusammengebundene Bündel.
15 Schon ist der Reisigbesen fertig.

**1** Der Text enthält Verben im Präteritum und im Präsens.
   **a.** Ordne die hervorgehobenen Verbformen in eine Tabelle.
   **b.** Ergänze jeweils die fehlende Verbform und den Infinitiv.

*Präsens und Präteritum erkennen*

**Starthilfe**

| Präsens | Präteritum | Infinitiv |
|---------|------------|-----------|
| benutzt | benutzte | benutzen |
| … | … | … |

**2** Die Verben **müssen** und **können** sind Modalverben.
   **a.** Finde die Sätze mit den Formen von **müssen** und **können**.
   **b.** Schreibe die Formen zusammen mit den dazugehörenden anderen Verbformen ab.

*Modalverben erkennen*

**Z 3 a.** Schreibe einen kurzen Bericht zum Thema
   **Licht machen: früher und heute**.
   **Tipp:** Du kannst die Wortgruppen
   in der Randspalte verwenden.

*einen Vorgang beschreiben*

– den Glaszylinder abnehmen
– den Docht der Lampe anzünden
– die Helligkeit mit dem Rädchen regeln
– Petroleum nachfüllen
– den Schalter drücken

**Starthilfe**
Früher benutzte man …
Man nahm zuerst …

   **b.** Trage die Verbformen in die Tabelle von Aufgabe 1 ein.

**Der Artikel für die Schülerzeitung berichtet über eine Spurensuche.**

### Jung trifft Alt

Am 15.04. dieses Jahres _____ es endlich so weit. Nach langen Planungen und Vorbereitungen _____ wir endlich unsere Interviewpartner: vier Senioren vom Gesprächskreis „Kaffeekränzchen". Zuerst _____ wir ein bisschen schüchtern und wir _____ ganz schnell nach unseren Fragebögen. Wir _____ uns, dass wir Fragen aufgeschrieben hatten. Die Senioren _____ sich gut aus und _____ viel zu erzählen. Sie _____ es schön, etwas aus der alten Zeit zu erzählen. Stellt euch vor, auf unserem Schulgelände _____ früher Pferde. Der Vormittag mit unseren Interviewpartnern _____ leider zu schnell zu Ende.

über Vergangenes im Präteritum berichten

**4.** Schreibe den Artikel ab und ergänze die richtigen Verbformen.
Du findest sie im Präteritumstern.

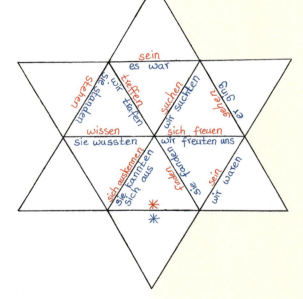

### Spielidee: Der Präteritumstern

**Z 5** Im Tandem!
So könnt ihr das Präteritum üben.
– Übertragt den Stern auf ein Blatt.
– Schreibt die Verbformen in die Dreiecke.
– Schneidet den Stern aus.
– Schneidet ihn in die einzelnen Dreiecke.
– Tauscht eure Dreiecke aus.
– Setzt den Stern wieder richtig zusammen.
– Kontrolliert gegenseitig, ob alles richtig ist.

**Bei diesen Verben ändert sich im Präteritum der Wortstamm:**

| helfen schreiben wissen bitten fangen schneiden schlafen ziehen |
|---|

**6 a.** Ordnet die Verben nach dem Alphabet.
Schreibt sie untereinander auf.
**b.** Ergänzt die Präteritumformen in einer Tabelle.

Starthilfe

| Infinitiv | 1. Person Singular | 3. Person Plural |
|---|---|---|
| bitten | ich bat | ... |
| ... | ... | ... |

Thema: Spurensuche

### Z Weiterführendes:
### Ein Kurzreferat vorbereiten und halten

Der Computer hat das Leben der Menschen sehr beeinflusst.
In einem Kurzreferat kannst du darüber berichten.

**1. Schritt: Das Thema aussuchen**

das Thema auswählen

1 Notiere erste Ideen und Fragen zum Thema „Die Bedeutung des Computers heute".

**2. Schritt: Informationen beschaffen**

sich zu einem Thema informieren

2 Suche nach Informationen zum Thema.

im Internet recherchieren
➤ S. 228–229

**3. Schritt: Informationen aus Texten entnehmen**

3 Lies diesen Zeitungsartikel mithilfe des Textknackers.

den Textknacker anwenden

### Der Computer – eine der bedeutendsten Erfindungen des 20. Jahrhunderts

Die Geschichte des Computers beginnt 1938: Der deutsche Ingenieur Konrad Zuse baute in diesem Jahr den ersten programmgesteu-
5 erten Rechner Z1. Jedoch stammt der eigentliche Name
10 von dem ersten elektronischen Rechenautomat (ENIAC = Electronic Numerical Integrator and Computer) ab, den amerikanische Wissenschaftler 1945 entwickelten.
15 Die Erfindung des Mikroprozessors[1] ermöglichte es, dass Computer immer kleiner und leistungsfähiger wurden. Vor allem das Internet hat seit Mitte der 90er Jahre zu einer Verbreitung
20 der Computer beigetragen. So sind Computer in den Industrieländern in nahezu jedem Haushalt zu finden und kaum mehr aus dem Alltag wegzudenken. Der Begriff wurde vom englischen Verb
25 „compute" abgeleitet und bedeutet „etwas (be)rechnen". Computer sind programmgesteuerte elektronische Rechenanlagen, die Informationen speichern und Rechenoperationen ausführen können. Zu einem
30 Computer gehören Hardware und Software. Hardware bezeichnet die Bauteile des Computers: den Prozessor, den Monitor und die Tastatur. Die Software umfasst das Betriebssystem und die Anwendungs-
35 programme.
Computer sind heutzutage weit mehr als Rechenmaschinen. Sie werden neben der Textverarbeitung als Musikanlage, Fernseher oder Heimkino genutzt.
40 Menschen kaufen online ein, managen ihr Bankkonto oder planen ihre Reise mit dem Computer. Nachrichten werden

empfangen, Fotos bearbeitet und verwaltet, Informationen recherchiert und selbst
45 der Alltag kann zeitlich mithilfe des Computers organisiert werden.
Der Computer ist auch zu einem Ort geworden, an dem man anderen Menschen virtuell begegnet, ob im
50 gemeinsamen Spiel, in Chatrooms, über Webcams[2] oder per Mail.
Viele Menschen könnten sich ein Leben ohne den Computer nicht mehr vorstellen. Aber es gibt auch Stimmen, die vor
55 dem Einfluss des Computers auf das Alltagsleben warnen. Heute weiß man, dass Computerspielen und das stundenlange Surfen im Internet süchtig machen können. Eltern verstehen
60 ihre Kinder nicht, die sich stundenlang in Chaträumen bewegen und dort persönliche Daten preisgeben. Die Angst vor dem Missbrauch der Daten nimmt zu. Und es ist die Menge an Informationen,
65 die kaum überschaubar ist.
Trotz aller Befürchtungen hat der Computer das Alltagsleben erleichtert. Es liegt in der Verantwortung des einzelnen Menschen, wie sehr er sein Leben von dem Computer
70 beeinflussen lässt.

[1] zentraler Teil eines Computers, der das Rechen- und das Steuerwerk enthält
[2] Kamera, deren Bilder direkt ins Internet übertragen werden können

### 4. Schritt: Das Kurzreferat gliedern

**4** Schreibe wichtige Informationen auf Karteikarten und ordne diese.

*Informationen sammeln und ordnen*

### 5. Schritt: Überschrift, Einleitung und Schluss formulieren

**5** a. Notiere eine Überschrift, die neugierig macht.
b. Formuliere die Einleitung und den Schluss.

*Das Kurzreferat formulieren*

### 6. Schritt: Den Vortrag vorbereiten und üben

*den Vortrag vorbereiten*

**6** Bereite für dein Kurzreferat eine Folie vor.
  a. Plane genau, wie deine Folie aussehen soll:
   – Wie soll die Überschrift heißen?
   – Welche Schlüsselwörter möchtest du aufschreiben?
   – Welche Bilder möchtest du auf die Folie aufdrucken?
   – Wie möchtest du die Folie gestalten?
   – Was möchtest du besonders hervorheben?
  b. Beschrifte nun deine Folie.

**Überschrift**

Das Wichtigste in Kürze
- Stichworte
- Stichworte
- Stichworte
- Stichworte
- Stichworte

Bild

Zusatzinformationen

**7** Übe nun, dein Kurzreferat möglichst frei vorzutragen.

*ein Kurzreferat frei vortragen*
➤ S. 302

Thema: Spurensuche

69

# Das kann ich!

## Berichten
## Kurzreferat: Sich und andere informieren

In diesem Kapitel seid ihr auf Spurensuche gegangen und habt gelernt, wie ihr darüber berichten könnt.

Begebt euch weiter auf Spurensuche: Wie wurde früher z. B. ein Handzettel für eine Präsentation auf Papier gebracht und vervielfältigt?

**1** Welche Maschinen wurden früher zum Schreiben und Kopieren verwendet?
    **a.** Informiert euch über diese Maschinen.
    **b.** Schreibt einen Bericht für die Schülerzeitung über die Maschinen und über das Kopieren.
    Berichtet auch darüber, wo und bei wem ihr nachgefragt und welche Informationen ihr jeweils erhalten habt.
    **Tipp:** Beachtet die Arbeitstechnik „Berichten" auf Seite 61.

*einen Bericht schreiben*

Die Ergebnisse eurer Spurensuche könnt ihr auch in Kurzreferaten präsentieren.

**2** Bereitet ein Kurzreferat vor.

*ein Kurzreferat vorbereiten*
*➤ S. 62–65*

**3** Tragt das Kurzreferat vor.

*ein Kurzreferat frei vortragen*
*➤ S. 233*

**4** Mithilfe von Beobachtungskarten könnt ihr eure Kurzreferate auswerten.
Formuliert Fragen und notiert sie auf Karteikarten.

| *Ist das Kurzreferat sinnvoll gegliedert?* | *Sind die Materialien lesbar?* | *…* |

**5** Beobachtet und bewertet nun die Kurzreferate.
    **a.** Verteilt die Beobachtungskarten an die Zuhörenden.
    **b.** Achtet bei den Vorträgen besonders auf euren Beobachtungsauftrag und macht euch Notizen.
    **c.** Wertet die Kurzreferate anschließend gemeinsam aus.

Thema: **Spurensuche**

# Präsentieren: Kurzreferat

## In sechs Schritten zum Kurzreferat

Alina und Onur möchten ihrer Klasse in einem Kurzreferat das Thema „Wie früher ein Buch entstand" vorstellen.

### 1. Schritt: Das Thema aussuchen

**1** Alina und Onur sammeln ihre Ideen in einer Mind-Map.
  a. Besprecht die Ideen von Alina und Onur.
  b. Sammelt weitere Ideen und Fragen.

mehr zur Mind-Map ▶ S. 299

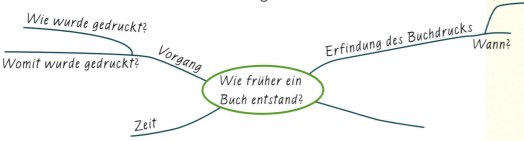

### 2. Schritt: Informationen beschaffen

**2** Wo könnt ihr euch über das Thema informieren? Ergänzt eure Mind-Map.

### 3. Schritt: Informationen aus Texten entnehmen

Alina und Onur haben einen interessanten Text im Internet gefunden. Mit dem Textknacker knackt ihr den Text.

**3** Lest den folgenden Sachtext mit dem Textknacker.

einen Sachtext mit dem Textknacker lesen

### Ein Buch entsteht

Vor etwa 600 Jahren wurden Bücher noch nicht gedruckt, sondern von Mönchen aufwändig und kunstvoll mit der Hand abgeschrieben und Seite für Seite mit wunderschönen Zeichnungen verziert. Später ritzte man den gesamten Text in Holzbretter, bestrich
5 diese mit Farbe und druckte auf einfache Weise komplette Seiten, aus denen man dann ganze Bücher binden konnte.

Erst 1440 erfand Johannes Gensfleisch zum Gutenberg ein völlig neues Druckverfahren. Statt ganzer Texte schnitzte er einzelne Buchstaben aus Holz. Jeden einzelnen Buchstaben
10 drückte er in Tonsand, sodass ein Abdruck entstand. In den Abdruck goss er geschmolzenes Blei, welches zu einem fertigen Buchstaben, der so genannten Letter, erstarrte. Auf diese Art konnte er viele Buchstaben und Satzzeichen ohne großen Aufwand herstellen. Da die Lettern alle gleich groß waren, konnten
15 sie problemlos zu einem Wort, zu einer Zeile und schließlich zu einer ganzen Seite zusammengesetzt werden. Diese Druckvorlage schwärzte Gutenberg mit Druckerschwärze und bedruckte mit einer Handpresse dann das Papier.
20 Nachdem er genügend Blätter einer Seite bedruckt hatte, nahm er die einzelnen Wörter wieder auseinander und setzte aus den Lettern neue Wörter und Seiten zusammen. So konnte er mit denselben Lettern die Seiten
25 eines ganzen Buches drucken.

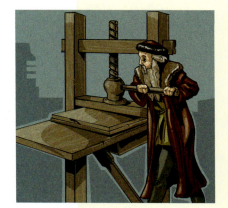

**Auf Karteikarten notieren Alina und Onur in Stichworten das Wichtigste aus dem Text.**

**4** Schreibt die wichtigsten Informationen aus dem Text in Stichworten auf Karteikarten.

*Informationen sammeln*

### 4. Schritt: Das Kurzreferat gliedern und die Stichworte ordnen

**Damit die Zuhörer dem Kurzreferat gut folgen können, müssen Alina und Onur die Inhalte sinnvoll ordnen.**

**5** Ordnet die Karteikarten für das Kurzreferat.
  a. Überlegt, wie ihr das Kurzreferat gliedern wollt.
  b. Ordnet dann eure Karteikarten. Nummeriert die Abschnitte.

*Informationen gliedern und ordnen*

### 5. Schritt: Überschrift, Einleitung und Schluss formulieren

**Nun brauchen Alina und Onur noch eine Überschrift, eine gute Einleitung und einen passenden Schluss.**

**6** Formuliert eine Überschrift, die Einleitung und den Schluss.

**6. Schritt:** Den Vortrag vorbereiten und üben

Alina meint: „Wir sollten während des Referats Wichtiges
an die Tafel schreiben."
Onur nickt: „Tolle Idee! Aber wir könnten auch eine Folie zeigen.
Die könnten wir in Ruhe vorbereiten."

*eine Folie vorbereiten*

**7** Bereitet für euer Kurzreferat eine Folie vor.
   **a.** Plant genau, wie eure Folie aussehen soll:
      – Wie soll die Überschrift heißen?
      – Welche Stichworte möchtet ihr aufschreiben?
      – Welche Bilder möchtet ihr auf die Folie aufdrucken?
      – Wie möchtet ihr Überschrift, Stichworte und Bilder anordnen?
      – Was möchtet ihr besonders hervorheben?
   **b.** Beschriftet nun eure Folie.

**8** Übt nun, euer Kurzreferat möglichst frei vorzutragen.

Die Zuhörer notieren sich Stichworte zum Vortrag.
Die Klasse 6 b hat dazu eine Checkliste geschrieben und
sie im Klassenraum aufgehängt.

*den Vortrag beobachten
und bewerten*

| Checkliste: Ein Kurzreferat frei vortragen | Ja | Nein |
|---|---|---|
| – Haben sich die Vortragenden so hingestellt, dass alle sie sehen konnten? | ▪ | ▪ |
| – Haben die Vortragenden frei gesprochen und wenig abgelesen? | ▪ | ▪ |
| – Haben ... | ▪ | ▪ |

**9** Schreibt eine eigene Checkliste.
   **Tipp:** Verwendet die Arbeitstechnik „Ein Kurzreferat
   frei vortragen" auf Seite 233.

*ein Kurzreferat frei vortragen*
➤ *S. 233*

Die Zuhörer beobachten Alina und Onur während des Vortrags
und bewerten ihn zum Schluss mithilfe ihrer Checkliste.

**10** **a.** Notiert während des Vortrags, was euch auffällt.
    **b.** Bewertet den Vortrag mithilfe der Checkliste.
    **c.** Sprecht über die Beurteilung:
       Was war gut? Was könnte man besser machen?
    **d.** Gebt auch Tipps zur Verbesserung des Vortrags.

Arbeitstechniken anwenden: **Präsentieren**

73

# Berichten

## Über einen Unfall berichten

### Ein Unfall mit Sachschaden

sich über einen Unfall informieren

Die Klasse 6 c der Schule am Waldpark in Bottrop nahm
vom 14. bis 18. Juni 2010 im Freilichtmuseum in Kommern
am Projekt „Schüler wohnen im Museum" teil.
Am dritten Tag ihres Aufenthalts, am Mittwochvormittag,
5  gingen Lorena, Boris und Lennart mit einem kleinen Handwagen,
der dem Museum gehörte, zum Holzsammeln in den Wald
auf dem Museumsgelände. Sie mussten etwa 1 km gehen, bis sie
zu einer Lichtung kamen. Dort sammelten sie trockene Äste und
Zweige, die auf dem Boden lagen. Sie wollten mit dem Wagen
10 viel Holz transportieren, aber die Zweige und Äste ließen sich
nur locker stapeln. Sie waren sehr sperrig.
Lennart hatte eine Idee: „Ich steige auf den Wagen und springe
auf den Ästen herum. Dann passt mehr Holz in den Wagen."
Plötzlich krachte es laut. Was war das? Zum Glück hatte sich
15 niemand verletzt. Die beiden hinteren Räder des Handwagens
standen schräg und der Wagen ließ sich nicht mehr ziehen.
Was sollten Lennart, Lorena und Boris tun? Das hatte Lennart nicht
gewollt. Die Hinterachse war gebrochen. Wie sollten sie nun noch
pünktlich wieder in der Unterkunft sein? Lorena sah erschrocken
20 auf die Uhr, es war schon 10:45 Uhr und das Holz wurde in der
Küche gebraucht. Es blieb ihnen nichts weiter übrig, als etwas Holz
auf dem Arm zu tragen und zur Unterkunft zurückzugehen.
Dort angekommen, fragte ihre Lehrerin, Frau Klagen: „Was ist denn
passiert, wo ist der Handwagen?" Lennart fasste sich ein Herz und
25 berichtete über seinen Unfall. „Das ist doch nicht so schlimm.
Deine Eltern haben eine Haftpflichtversicherung abgeschlossen.
Sonst hättet ihr gar nicht mitfahren dürfen. Die Versicherung wird
die Reparatur sicher bezahlen, denn Lennart hat ja den Wagen
nicht mit Absicht kaputt gemacht." Da war Lennart erleichtert.
30 „Aber etwas Arbeit hast du trotzdem noch", fuhr Frau Klagen fort,
„du musst nämlich einen Bericht schreiben, damit die Versicherung
weiß, was passiert ist."

## Was war geschehen?

> den Inhalt mit eigenen Worten wiedergeben

**1** Gib mit eigenen Worten wieder, was an dem Mittwochvormittag geschah.

**Bevor die Versicherung den Sachschaden bezahlen kann, braucht sie genaue Informationen über den Unfallhergang. Dafür wird ein Bericht geschrieben.**

**2** Beantworte die folgenden Fragen zum Schreibziel schriftlich:
– Wer schreibt den Bericht?
– Für wen wird der Bericht geschrieben?
– Wozu dient der Bericht?

> **Starthilfe**
> Lennart schreibt einen Bericht für …
> Mit dem Bericht soll …
> …

**Im Text findest du wichtige Informationen für den Bericht. Einige Informationen sind aber auch unwichtig.**

**3** Im Tandem!
Welche Informationen sind für den Bericht wichtig?
**a.** Lest noch einmal den Text auf Seite 74.
**b.** Findet im Text wichtige Informationen.
   Begründet, warum diese Informationen wichtig sind.
**c.** Notiert die wichtigen Informationen in Stichworten.
**Tipp:** Die Bilder helfen euch.

> wichtige Informationen notieren

> **Starthilfe**
> – Am … gingen … zum Holzsammeln
> – Handwagen, der …
> …

Planen, schreiben, überarbeiten: Berichten

# Den Bericht schreiben – Schritt für Schritt

**Beim Planen eines Berichts hilft das folgende Merkblatt mit wichtigen W-Fragen.**

**1** Lies das Merkblatt.

ein Merkblatt lesen

> **Merkblatt für einen Bericht über einen Unfall mit Sachschaden**
> In einem Bericht über einen Unfall mit Sachschaden müssen die folgenden W-Fragen genau beantwortet werden:
> – Was für ein Schaden ist entstanden?
> – Wo genau ist es zu dem Schaden gekommen?
> – Wann genau entstand der Schaden?
> – Welche Personen waren dabei, als der Schaden entstand?
> – Wer wurde dabei vielleicht verletzt?
> – Wie kam es genau zu dem Schaden?
> – Wer kann bezeugen, was geschah?

**2** Was genau ist am 16. Juni geschehen?
Beantworte die W-Fragen zu Lennarts Unfall.
Notiere Stichworte.

W-Fragen beantworten

**3** Im Tandem!
Überprüft eure Antworten gemeinsam.
**a.** Überprüft eure Stichworte von Aufgabe 2 und ergänzt sie.
– Habt ihr alle W-Fragen beantwortet?
– Gibt es in euren Notizen unwichtige Informationen?
**Tipp:** Ergänzt die Nachnamen der Beteiligten.
**b.** Schreibt alle Stichworte auf Karteikarten.

> Schaden: Hinterachse eines Handwagens gebrochen

> Ort des Schadens: ...

> Zeitpunkt: ...

> ...

76    Planen, schreiben, überarbeiten: Berichten

**Für den Bericht ist der genaue Ablauf des Geschehens wichtig.**

**4** **a.** Überlege, was nacheinander geschah.
**b.** Ordne deine Karteikarten in der passenden Reihenfolge.

die Stichworte ordnen

A
*Am Mittwoch, dem 16. Juni 2010, gegen ...*

B
*Lennart, Boris und Lorena*

C
*im Wald, der zum ...*

D
*...*

**Nun kannst du einen Bericht über Lennarts Unfall schreiben.**

**5** Schreibe mithilfe deiner geordneten Karteikarten einen Bericht.
Schreibe in vollständigen Sätzen.
**Tipps:**
– Ein Bericht soll sachlich sein.
– Der Bericht gibt Antwort auf die W-Fragen.
– Wenn man über etwas Vergangenes schriftlich berichtet, verwendet man das Präteritum.

den Bericht schreiben

Übungen zum Präteritum
➤ S. 284–285

Starthilfe

Es geschah am ..., dem ..., gegen ... im Wald auf dem Gelände des ...

**Mit einer Checkliste kannst du deinen Bericht überprüfen und anschließend überarbeiten.**

**6** Überprüfe deinen Bericht mithilfe der Checkfragen.

den Bericht überprüfen

| Checkliste: Einen Bericht über einen Unfall schreiben | Ja | Nein |
| --- | --- | --- |
| – Enthält der Bericht alle wichtigen Informationen? | ▢ | ▢ |
| – Gibt es in deinem Bericht auch unwichtige Informationen? | ▢ | ▢ |
| – Hast du die Reihenfolge der Angaben so dargestellt, dass sich Leserinnen und Leser genau vorstellen können, was passiert ist? | ▢ | ▢ |
| – Hast du unterschiedliche Satzanfänge gewählt? | ▢ | ▢ |
| – Hast du im Präteritum berichtet? | ▢ | ▢ |

**7** Überarbeite anschließend deinen Bericht.
Achte auf die Rechtschreibung.

den Bericht überarbeiten

Planen, schreiben, überarbeiten: **Berichten**

## Z Weiterführendes:
# Einen Bericht in der Ich-Form schreiben

einen eigenen Bericht schreiben

Ein Bericht wird oft in der Ich-Form geschrieben,
z. B. wenn jemand einen Schaden verursacht hat und
diesen der Versicherung meldet.
Für die Versicherung schreibt Lennart einen Unfallbericht.

**1** Versetze dich in Lennarts Situation und schreibe den Bericht.
**a.** Überlege, welche Informationen du in der Ich-Form
aufschreiben musst.
**b.** Schreibe den Bericht für die Versicherung.
**Tipp:** Du kannst den Bericht auch am Computer schreiben.

den Bericht schreiben

> **Starthilfe**
> Es geschah am ..., dem ..., gegen ... im Wald auf
> dem Gelände des ... Lorena, Boris und ich hatten
> den Auftrag, ...

**2** Überprüfe und überarbeite anschließend deinen Bericht.
Achte auch auf die Rechtschreibung.
**Tipp:** Lies die Arbeitstechnik „Berichten".

den Bericht überprüfen

> **Arbeitstechnik**
> ### Berichten
> Ein Bericht soll **genau** und **sachlich** geschrieben sein.
> Er soll **knapp**, **einfach** und **klar** sein.
> In einem Bericht werden die W-Fragen beantwortet:
> – **Wann** geschah es?
> – **Wo** geschah es?
> – **Was** geschah der Reihe nach?
> – **Wer** war beteiligt?
> – **Was** ist die **Folge**?
> Manchmal müssen auch weitere W-Fragen beantwortet werden,
> z. B. wer verletzt wurde oder welchen Schaden es gegeben hat.
> Ein Bericht wird meist im **Präteritum** geschrieben.

**Z 3** Hast du auch schon einmal ohne Absicht jemandem
einen Schaden zugefügt oder einen Schadensfall erlebt?
**a.** Berichte schriftlich, wie es zu diesem Schaden gekommen ist.
**b.** Ergänze fehlende Informationen durch ausgedachte Angaben.

einen eigenen Bericht schreiben

weitere Berichte
➤ S. 282–285

**Z 4** Im Tandem!
Tauscht eure Berichte aus und überprüft sie
mithilfe der Arbeitstechnik „Berichten".

einen eigenen Bericht schreiben

Planen, schreiben, überarbeiten: Berichten

# Spiel mit!

- Spielregeln vereinbaren
- Spielanleitungen schreiben

# Sich über Spiele verständigen

**Spiele gibt es weltweit. Auf der Seite 79 findet ihr einige Beispiele.**

**1** Welche der Spiele kennt ihr?
   a. Seht euch die Abbildungen an und lest die Namen der Spiele.
   b. Tauscht euch über die Spiele aus.
   c. Informiert euch über die Spiele, die ihr nicht kennt.
      Erklärt sie euch gegenseitig.

**2** Welche anderen Spiele kennt ihr?
   a. Schreibt die Namen auf Karteikarten.
   b. Erklärt euch gegenseitig die Spiele.

*Namen von Spielen sammeln*

**Spiele können allein, zu zweit oder in Gruppen, draußen und drinnen, auf dem Computer, mit und ohne Material gespielt werden.**

**3** Spiele könnt ihr nach bestimmten Merkmalen ordnen.
   a. Legt eine Tabelle an.
   b. Ordnet die Spielenamen auf den Karten in die Tabelle ein.

*Spiele ordnen*

**Starthilfe**

| Spiele für drinnen | Spiele für draußen |
|---|---|
| *Brettspiele*: Backgammon … | *Ballspiele*: Fußball … |
| *Kartenspiele*: … | *Pausenspiele*: … |
| *Computerspiele*: … | |

**4** Notiert weitere Merkmale, nach denen ihr Spiele ordnen könnt, z. B. Sprachspiele, Geschicklichkeitsspiele.

**Z 5** Welches Spiel spielst du am liebsten?
   Überlege dir ein Spiel, das du gern spielst.
   – Beschreibe Schritt für Schritt, wie es gespielt wird.
     Sage aber nicht, wie es heißt!
   – Die anderen erraten nun den Namen.
   – Wer ihn als Erster errät, darf danach sein Spiel beschreiben.

*ein Spiel beschreiben*

**Starthilfe**

Ich kenne ein Spiel, das ihr vielleicht kennt. Es …

**In diesem Kapitel lernst du, wie du Spielregeln mit anderen vereinbarst und eine Spielanleitung schreibst.
Das Zeichen in der Randspalte führt dich schrittweise dorthin.**

80    Thema: Spiel mit!

Timo, Malik, Katarina und Cem spielen „Mensch-ärgere-dich-nicht",
doch plötzlich unterbrechen sie ihr Spiel.

**6** Warum unterbrechen die vier ihr Spiel?
    **a.** Beschreibt die Situation.
    **b.** Sprecht über den Grund des Spielabbruchs.
    **c.** Diskutiert Lösungsmöglichkeiten.

ein Missverständnis klären

Manche Spiele sind weltweit bekannt, doch sie haben
nicht nur andere Namen, sondern werden auch
nach unterschiedlichen Regeln gespielt.

**Z 7** Welche anderen Spiele gibt es, die in verschiedenen Ländern
    unterschiedlich gespielt werden?
    **a.** Ordnet die Namen der Spiele den Abbildungen zu.
    **b.** Aus welchen Ländern stammen die Bezeichnungen?

**Z 8** Kennt ihr weitere Spiele,
    die unterschiedlich gespielt werden?
    Nennt sie und erklärt die Regeln.

**Starthilfe**
Rommé, Mühle ...

musical chairs
Boccia
Boule
Dame
Stuhltanz
Die Reise nach Rom
шашки
(gesprochen: schaschki)

Thema: **Spiel mit!**

## Spielregeln vereinbaren

**Malik, Katarina, Timo und Cem packen ein Spielemagazin aus.
Cem legt ein Brettspiel in die Mitte.**

„Oh, toll, Ludo, das kenne ich aus Gambia." Malik freut sich.
„Na, wir sagen Mensch-ärgere-dich-nicht, aber das ist ja egal",
erwidert Timo und verteilt die Spielsteine. Jeder erhält
vier von einer Farbe.
5 „Wer die höchste Zahl würfelt, fängt an", schlägt Timo vor.
Die anderen sind einverstanden. Malik würfelt eine Vier.
Danach würfelt er noch einmal. „Hey, Malik, nicht schummeln,
einmal reicht." Malik guckt erstaunt und gibt Katarina den Würfel.
„Wieso schummeln?", wundert er sich. Das Spiel geht weiter.
10 Nach ein paar Runden hat Malik seine zweite Figur im Spiel.
Er würfelt eine Drei und seine zweite Spielfigur landet
auf demselben Feld wie seine erste. Malik stellt beide Spielfiguren
nebeneinander. Die anderen lachen.
„Was gibt's denn da zu lachen?" Malik versteht die anderen nicht.
15 Jetzt würfelt Katarina. Sie will gerade an Maliks beiden Spielfiguren
vorbeiziehen, da protestiert Malik: „Das kannst du nicht, ich habe
doch eine Mauer gebaut und damit den Weg blockiert."
„Wieso eine Mauer gebaut? Das geht doch gar nicht, oder?"
Katarina schaut Cem an.
20 „Bist du blind? Da stehen doch meine zwei Steine auf einem Feld!"
Malik zeigt auf seine beiden Spielfiguren.
„Das ist doch Quatsch! Du willst nur nicht verlieren", entgegnet
Timo.
„Spielregeln sind doch wichtig", fügt Katarina hinzu. Malik ist sauer.

**„Hey, Malik, nicht schummeln, einmal reicht." (Zeile 7 und 8)**

**1** Schreibe die Regel auf, die Malik nicht kennt.

**2** Malik setzt eine Spielfigur neben seine andere auf ein Feld.
Diese Spielregel kennen die anderen nicht.
Schreibe auf, was diese Spielregel besagt.

**3** Timo behauptet, dass Malik nur nicht verlieren will.
  **a.** Äußert eure Meinung dazu und begründet sie.
  **b.** Sprecht darüber, wie die vier das Missverständnis klären können.

82  Thema: Spiel mit!

**Nach einigen Minuten hat Cem eine Idee.**

25 „Es sieht so aus, als ob wir das gleiche Spiel kennen, aber irgendwie
ist es doch anders", sagt Cem.
„Ja", sagt Malik, „das habe ich schon am Anfang gemerkt, aber ich
wollte ja nichts sagen."
„Dann können wir eben doch nicht zusammen spielen." Katarina
30 will das Spiel wieder einräumen. Doch Timo hält sie zurück:
„Klar können wir das. Wir brauchen uns doch nur abzusprechen."
„Also in Gambia würfeln wir am Anfang immer zweimal.
Aber das ist schon okay, ich würfele dann eben auch nur einmal",
erklärt Malik.
35 „Das mit den doppelten Spielsteinen finde ich gut", sagt Katarina,
„das könnten wir doch übernehmen. Wenn wir immer nach
denselben Regeln spielen, wird es doch langweilig."

**Malik, Katarina, Timo und Cem wollen gemeinsame Spielregeln
vereinbaren.**

**4** Sprecht darüber, warum es wichtig ist, sich auf gemeinsame
Spielregeln zu einigen.

**5** Welche Spielregeln vereinbaren die vier? Schreibe die Regeln auf.

Spielregeln vereinbaren

**W** Mit welchen Spielregeln spielt ihr „Mensch-ärgere-dich-nicht"?
Wählt aus den folgenden beiden Aufgaben eine aus.

**6** **a.** Informiert euch über die verschiedenen Spielregeln
zu „Mensch-ärgere-dich-nicht".
Schreibt die Spielregeln auf oder druckt sie aus.
**b.** Vergleicht eure Anleitungen.
**c.** Einigt euch auf Spielregeln und schreibt sie auf.

**7** Denkt euch eine eigene Spielanleitung
für „Mensch-ärgere-dich-nicht" aus.
**a.** Bildet kleine Gruppen und bringt ein Spiel pro Gruppe mit.
**b.** Denkt euch neue Regeln aus und
probiert sie aus.
**c.** Schreibt eure Spielanleitung auf.
**d.** Stellt eure Regeln der Klasse vor.

Spielregeln erfinden und
aufschreiben

> **Starthilfe**
> Wer zweimal hintereinander
> eine Sechs würfelt, darf…
> Wer eine Eins würfelt, darf …

Thema: **Spiel mit!**

83

# Eine Spielanleitung verstehen

**Zu einem der ältesten Spiele der Welt braucht ihr nicht viel.
Ihr könnt es im Sand mit Bohnen, Steinen, Murmeln,
auf einem Spielbrett oder aber auf dem Computer spielen.**

**1** Lest die folgende Spielanleitung.

**Ziel:** dem Mitspieler alle Steine wegzunehmen
**Anzahl der Spieler:** zwei
**Material:**
- 12 Kreise auf Papier oder 12 Kuhlen im Sand
- 36 kleine Steine/Murmeln/Bohnen

**Vorbereitung:**
- auf einen Zettel jeweils sechs Kreise in zwei Reihen zeichnen
  (oder 12 Kuhlen im Sand ausheben)
- kleine Steine sammeln (Murmeln oder Bohnen mitbringen)

**Durchführung:**
- Die Spieler setzen sich gegenüber. Jeder hat sechs Kreise vor sich.
- In jeden Kreis werden drei Steine gelegt.
- Es wird abwechselnd gespielt.
- Der erste Spieler nimmt aus einem seiner Kreise alle Steine heraus und verteilt sie von links nach rechts auf seine Kreise. Pro Kreis darf nur ein Stein abgelegt werden. Kein Kreis darf ausgelassen werden. Gibt es keine Kreise mehr zum Ablegen, wird wieder von links begonnen.
- Nun ist der andere Spieler dran. Auch er nimmt aus einem seiner Kreise alle Steine heraus und verteilt sie von links nach rechts.
- Die Spieler versuchen, den letzten Stein in einen leeren Kreis abzulegen. Gelingt das, dürfen alle gegenüberliegenden Steine des Gegenspielers weggenommen werden.
- Das Spiel ist beendet, wenn ein Spieler keine Steine mehr hat.

**Ihr versteht Spielanleitungen besser, wenn ihr sie ausprobiert.**

**2** Im Tandem!
Probiert das Spiel aus.
**Tipp:** Ihr könnt auch kleine Papierkugeln verwenden.

**Z 3** Es gibt verschiedene Bezeichnungen für das Spiel.
**a.** Informiert euch im Internet über die verschiedenen Namen.
**b.** Überlegt euch einen Namen für das Spiel.

eine Spielanleitung lesen

Spielbrett mit Steinen

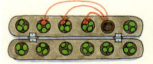

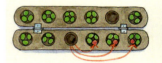

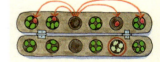

eine Spielanleitung ausprobieren

**Starthilfe**
Steineklau, Bohnenspiel, …

Thema: Spiel mit!

# Eine Spielanleitung schreiben

**Für Beştaş\*, ein türkisches Spiel, reichen ganz einfache Gegenstände, z. B. Steine, zum gemeinsamen Spielen aus.**

\*gesprochen: beschtasch

| |
|---|
| Beştaş |
| keine besonderen Vorbereitungen |
| Geschicklichkeitsspiel |
| zwei Spieler und mehr |
| Wer alle Runden geschafft hat, ist der Sieger. |
| fünf Steine auf den Boden werfen<br>Runde 1: – einen Stein hochwerfen und gleichzeitig einen Stein vom Boden aufheben<br>Runde 2: – einen Stein hochwerfen und dabei zwei Steine aufheben<br>Runde 3: – einen Stein hochwerfen und dabei drei Steine aufheben<br>Runde 4: – einen Stein hochwerfen und vier Steine aufheben<br>Runde 5: – mit den Fingern (Daumen und Zeigefinger) ein Tor bilden und die Steine nacheinander ins Tor stoßen<br>Runde 6: – alle fünf Steine hochwerfen und sie mit dem Handrücken auffangen |
| 5 Steine |

**1** Schreibe die Spielanleitung zu Beştaş.
   **a.** Ordne die Teile der Spielanleitung nach diesen Leitfragen:

> **Leitfragen:**
> – Wie heißt das Spiel?
> – Um welche Art von Spiel handelt es sich?
> – Was ist das Ziel des Spiels?
> – Wie viele Spieler können mitspielen?
> – Was brauchst du dazu?
> – Wie wird das Spiel vorbereitet?
> – Wie wird das Spiel gespielt?

eine Spielanleitung
gliedern und schreiben

   **b.** Schreibe die Anleitung auf ein Blatt oder am Computer.

**W** Hier erhaltet ihr Wahlaufgaben zur Arbeit in Gruppen:

**2** **a.** Einigt euch auf ein Pausenspiel.
   **b.** Legt die Spielregeln fest und schreibt sie auf.

**3** Erfindet ein neues Pausenspiel und schreibt eine Spielanleitung.

Thema: Spiel mit!

# Extra Grammatik: Aufforderungssätze

> **Info**
>
> In einer Spielanleitung kannst du mehrere Spieler auffordern: „Bildet einen Stuhlkreis." Du kannst auch einzelne Mitspieler auffordern: „Setze dich auf einen Stuhl."

Die folgende Spielanleitung enthält Aufforderungssätze:
Die Spielenden werden aufgefordert, etwas zu tun.

**1** Lies die Spielanleitung.

**Obstsalat – ein Bewegungsspiel**

- Bildet einen Stuhlkreis.
- Wähle einen Spieler aus, der sich in die Mitte stellt und keinen Stuhl hat.
- Frage die anderen: „Was kommt in einen Obstsalat?"
5  - Sucht euch nacheinander Obstsorten aus, nennt diese und merkt euch die ausgesuchte Obstsorte.
  Achtet jedoch darauf, dass mindestens drei Spieler dieselbe Sorte gewählt haben.
- Tauscht die Plätze, wenn eure Obstsorte von dem Spieler
10  in der Mitte aufgerufen wird. Findet ganz schnell einen neuen Stuhl.
- Gehe in die Mitte, wenn du keinen Stuhl mehr gefunden hast und nenne eine andere Obstsorte. Finde nun schnell einen freien Stuhl.
- Tauscht alle die Plätze, wenn „Obstsalat" ausgerufen wird.
15  **Tipp:** Wählt auch Obstsorten in anderen Sprachen aus.

**Die Aufforderungsform der Verben heißt Imperativ.
Es gibt sie im Singular (Einzahl) und im Plural (Mehrzahl).**

**2  a.** Ordne die Aufforderungsformen in eine Tabelle ein.
**b.** Ergänze die fehlenden Verbformen in den anderen Spalten.

**Aufforderungsformen erkennen und bilden**

*Starthilfe*

| Infinitiv | Imperativ Singular | Imperativ Plural |
|---|---|---|
| bilden | bilde | bildet |
| … | wähle aus | … |

**Z 3** Mit den Verben am Rand kannst du Aufforderungsformen bilden.
**a.** Schreibe den Infinitiv in die 1. Spalte der Tabelle.
**b.** Ergänze nun den Imperativ im Singular und im Plural.
**c.** Wähle drei Verben aus und bilde Aufforderungssätze.

> ablegen
> anfangen
> geben
> laufen
> werfen
> vergessen

Thema: Spiel mit!

# Extra Sprache und Stil:
## Missverständnisse klären

Lina spielt im Verein Peteka, ein Spiel aus Südamerika. In einer Sportstunde will sie es mit den anderen Kindern aus der Klasse spielen. Dabei geschieht Folgendes:

**Lina** (laut): Moritz, hör doch mal auf, den Federball mit zwei Händen zu schlagen!
**Moritz** (erschrocken): Aber du hast doch gesagt, dass wir wie beim Volleyball …
**Lina**: Ja, aber Peteka ist ganz anders.
**Amelie**: Lass doch Moritz mal ausreden!
**Lina**: Es gibt doch aber Spielregeln.
**Rico** (wütend): Woher sollen wir das denn wissen? Das musst du doch erklären.
**Lina**: Du sei still. Du übertrittst ja ständig die Mittellinie.
**Rico**: Welche Mittellinie?
**Lina**: Ach, es hat doch gar keinen Sinn, euch etwas zu zeigen …

**1** Gruppenarbeit!
Lest das Gespräch mit verteilten Rollen.
**Tipp:** Überlegt, wie sich die Schülerinnen und Schüler fühlen. Drückt diese Gefühle mit eurer Stimme und mit Mimik und Gestik aus.

*ein Gespräch vorlesen*

**2** Wer ist auf wen wütend? Warum?
  a. Begründet, warum einzelne Schülerinnen und Schüler wütend sind.
  b. Welche Sätze sind unfreundlich oder unhöflich? Lest diese Sätze vor.
  c. Formuliert diese Sätze neu.

*die Gesprächsbeiträge untersuchen, bewerten, neu formulieren*

Miteinander spielen macht Spaß, wenn alle fair miteinander umgehen.

**3** Wie könnte das Gespräch anders verlaufen?
  a. Schreibt das Gespräch neu auf.
  b. Spielt euer Gespräch der Klasse vor.
  c. Wertet die Gespräche aus. Was ist in euren Gesprächen anders?

*das Gespräch neu formulieren, vorspielen und auswerten*

Thema: Spiel mit!

87

# Das kann ich!

## Spielregeln vereinbaren
## Spielanleitungen schreiben

**In diesem Kapitel habt ihr einige Spiele kennen gelernt. Ihr habt neue Regeln erfunden und Spielanleitungen geschrieben.**

**1** Gestaltet ein Plakat zu einem Pausenspiel.
    **a.** Einigt euch auf ein Spiel, das ihr der Klasse vorstellen wollt.
    **b.** Vereinbart gemeinsam Spielregeln.
    **c.** Probiert die Spielregeln aus.
    **d.** Schreibt die Spielanleitung auf einen großen Papierbogen.
    **Tipp:** Mit Zeichnungen oder Fotos könnt ihr euer Plakat verschönern.

*ein Plakat gestalten*

*Spielregeln vereinbaren*
➤ S. 82–83

**Wichtig ist, dass eine Spielanleitung verständlich geschrieben ist.**

- Aber nicht vergessen, „Mau-Mau" zu rufen, wenn du alle Karten abgelegt hast.
- Gewinnen kann man, wenn man alle seine Karten abgelegt hat.
- Jeder Spieler erhält die gleiche Anzahl von Karten (oft fünf, sechs oder sieben), die er verdeckt aufnimmt.
- Hat man keine Karte, muss man aussetzen und eine Karte von dem Stapel ziehen.
- Die oberste Karte legt ihr offen daneben.
- Reihum legt jeder Spieler nun eine passende Karte offen auf die danebenliegende Karte.
- Du darfst nur eine Karte darauf ablegen, wenn diese im Wert oder in der Farbe übereinstimmt.
- Mitspielen können zwei und mehr Spieler.
- Das Spiel wird mit 32 Karten gespielt.

*eine Spielanleitung schreiben*

**2** Überarbeite diese Spielanleitung.
    **a.** Finde einen Namen für das Spiel.
    **b.** Schreibe eine Checkliste zur Gliederung der Spielanleitung.
    **Tipp:** Die Leitfragen von Seite 85 helfen dir dabei.

*mit einer Checkliste überarbeiten*

**3** Schreibe die Spielanleitung auf.
    Verwende dafür den Imperativ im Singular.

*Spielanleitung* ➤ S. 85

Thema: **Spiel mit!**

# Texte überarbeiten: Die Schreibkonferenz

Die Klasse 6 c plant eine Spielewand. Einige Schülerinnen und Schüler haben schon Spielanleitungen aufgeschrieben. Diese sollen nun in einer Schreibkonferenz überarbeitet werden.

mehr Spielanleitungen
➤ S. 84–86

## Regeln für die Schreibkonferenz

Eure Schreibkonferenz wird gelingen, wenn ihr euch an einige Regeln haltet. Die Schülerinnen und Schüler der Klasse 6 c tragen die Regeln zusammen:

- Danach kann man gemeinsam überlegen, wie man das genauer und besser schreiben kann.
- Ja, und die anderen müssen dabei gut zuhören.
- Also – wie war das noch? Jemand liest einen Text vor.
- Zum Schluss muss man den Text noch mal in Reinschrift schreiben, damit ihn andere gut lesen können.
- Dann sollte jeder sagen, was an dem Text wirklich gut gelungen ist.
- Wenn man etwas nicht verstanden hat, sollte man nachfragen.
- Dabei sollte man auch an einzelnen Sätzen arbeiten.

**1** Auch ihr kennt Regeln für die Schreibkonferenz.
   **a.** Wiederholt die Regeln. Bringt dazu die Sprechblasen in eine sinnvolle Reihenfolge.
   **b.** Schreibt zu jeder Regel kurze Stichworte auf.

die Regeln notieren

**Starthilfe**
Regel 1: Text vorlesen
Regel 2: …
Regel 3: …
Regel 4: …
Regel 5: …
Regel 6: …
Regel 7: …

Arbeitstechniken anwenden: Texte überarbeiten

# Eine Spielanleitung überprüfen

Ilka, Steffen und Marie schauen sich zunächst gemeinsam die Spielanleitung an, die überprüft werden soll.

**1** Lies die Spielanleitung.

*Gerätebrennball*
*Wir bilden zwei Mannschaften. Wir bestimmen ein großes viereckiges Spielfeld. Mannschaft A verteilt sich im Spielfeld und Mannschaft B steht draußen in einer Schlange. Der erste Spieler aus Mannschaft B wirft den Ball, soweit es geht, in das Spielfeld hinein. Der erste Spieler läuft schnell los. Der erste Spieler versucht, um das Spielfeld herumzulaufen. Wenn der Ball im Kasten ist, müsst ihr wechseln. Jetzt wirft der erste Spieler von Mannschaft A. Du musst schnell bis zum Bock laufen. Du musst dann schnell zum Kasten laufen und dann zur Matte an der Ziellinie.*

**2** Gruppenarbeit!
    **a.** Bildet Gruppen von drei oder vier Schülerinnen und Schülern.
    **b.** Kopiert den Text für alle in der Gruppe.
    **c.** Wählt jemanden aus, der die Spielanleitung laut vorliest. Die anderen hören zu.

*den Text vorlesen und zuhören*

**3** Benennt, was an der Spielanleitung gelungen ist. Begründet eure Entscheidung.

*über die Spielanleitung sprechen*

**4** Überlegt gemeinsam, was nicht gut verständlich ist.
    **a.** Markiert diese Stellen auf euren Kopien.
    **b.** Besprecht, woran gearbeitet werden sollte.

*die Spielanleitung überprüfen*

**5** Überarbeitet gemeinsam die Anleitung, bis sie euch gefällt.
    **Tipp:** Auf den Seiten 91 und 92 erhaltet ihr Tipps zum Überarbeiten.

*die Spielanleitung überarbeiten ➤ S. 91–92*

**6** Schreibt die Anleitung mit euren Überarbeitungen ab.

*die Spielanleitung schreiben*

Arbeitstechniken anwenden: **Texte überarbeiten**

# Tipps zum Überarbeiten

**Mit diesen Tipps könnt ihr die Spielanleitung auf Seite 90 überarbeiten und auch eure eigenen Spielanleitungen verbessern.**

**Tipp 1:** Schreibt den Namen und das Ziel des Spiels auf. Schreibt auch auf, wie viele Mitspieler, welche Materialien und welche Vorbereitung ihr für das Spiel braucht.

*Angaben ordnen*

**1** Überarbeitet den Anfang der Spielanleitung.
   **a.** Beantwortet dazu die Fragen aus den Sprechblasen.
   **b.** Schreibt mit diesen Angaben den Anfang der Spielanleitung.

- Was braucht man für das Spiel?
- Was ist das Ziel des Spiels?
- Wie muss das Spiel vorbereitet werden?
- Wie heißt das Spiel?
- Wie viele können mitspielen?

**Tipp 2:** Beschreibt jeden Spielschritt genau und verständlich. Bezeichnet die Mitspieler genau. Sagt, wie das Spiel endet.

*die einzelnen Spielschritte beschreiben*

– Der erste Spieler wirft den Ball, soweit es geht.
– Der erste Spieler läuft schnell los.
– Wenn der Ball im Kasten ist, müsst ihr wechseln.
– Jetzt wirft der erste Spieler von Mannschaft A.
– Du musst schnell bis zum Bock laufen.
– Du musst dann schnell zum Kasten laufen und dann zur Matte an der Ziellinie.

**2** Überprüft die Beschreibung mithilfe der folgenden Fragen:
   – Stimmt die Reihenfolge der Spielschritte?
   – Fehlt ein Schritt?
   – Sind die einzelnen Spielschritte genau beschrieben?
   – Sind die Mitspieler immer genau bezeichnet?
   – Wie endet das Spiel? Wer gewinnt?

Arbeitstechniken anwenden: **Texte überarbeiten**

**Tipp 3: Entscheidet, wen ihr ansprechen wollt.**

- *Der erste Spieler läuft schnell los.*
- *Wenn der Ball im Kasten ist, müsst ihr wechseln.*
- *Jetzt wirft der erste Spieler von Mannschaft A.*
- *Du musst schnell bis zum Bock laufen.*

eine einheitliche Form der Aufforderung wählen

**3** In der Spielanleitung sollte die Form der Ansprache immer gleich sein.
   a. Entscheidet euch für eine Form.
   b. Schreibt die Sätze neu auf.

**Info**

In einer Spielanleitung könnt ihr
– eine Gruppe oder eine einzelne Person auffordern:
   **Teilt** zuerst zwei Mannschaften **ein**.
   **Teile** zuerst zwei Mannschaften **ein**.
   **Ihr teilt** zuerst die Mannschaft **ein**.
   **Du teilst** zuerst die Mannschaft **ein**.
– über euch selbst oder andere sprechen:
   **Wir teilen** zuerst zwei Mannschaften **ein**.
   **Die Gruppe teilt** zuerst zwei Mannschaften **ein**.
– unpersönlich schreiben:
   **Man teilt** zuerst zwei Mannschaften **ein**.

**Tipp 4: Gestaltet die Sätze abwechslungsreich.**

*Du musst schnell bis zum Bock laufen.*
*Du musst dann schnell zum Kasten.*

*Der erste Spieler wirft den Ball, ....*
*Der erste Spieler läuft schnell los.*

abwechslungsreiche Satzanfänge wählen

Zuerst ...
Danach ...
Später ...
Darauf ...
Schließlich ...
Nun ...

**4** Wählt unterschiedliche Satzanfänge und schreibt die Sätze auf.
   **Tipp:** Ihr könnt die Sätze auch umstellen.

**Tipp 5: Wählt eine passende Überschrift.**

**5** Findet eine passende Überschrift.

eine passende Überschrift wählen

**Tipp 6: Denkt daran, Rechtschreibfehler stören beim Lesen!**

**6** Überprüft zum Schluss die Rechtschreibung.
   **Tipp:** Wenn ihr die Anleitung am Computer geschrieben habt, hilft euch das Rechtschreibprogramm des Computers.

Rechtschreibfehler korrigieren

# Sich verständigen – mit und ohne Worte

- Zeichen verstehen
- Szenisch darstellen

# Sich durch Zeichen verständigen

**Wir verständigen uns nicht nur durch Worte, sondern auch durch Zeichen.**

**1** Beschreibt die Situation auf dem großen Foto (A). Was drücken die Personen hier vermutlich mit Gestik, Mimik und Zeichen aus?

**2** Welche weiteren Arten von Zeichen sind auf Seite 93 abgebildet?
   **a.** Beschreibt die Fotos B bis D.
   **b.** Vergleicht die Zeichen.

Zeichen verstehen

**3** Wofür könnten die Zeichen jeweils stehen?
   **a.** Schreibt Vermutungen zu der Bedeutung der Zeichen auf.
   **b.** Tauscht euch über eure Vermutungen aus.
   **Tipp:** Was die Zeichen bedeuten, erfahrt ihr in diesem Kapitel.

**Zeichen können verschiedene Bedeutungen haben. Wenn man diese nicht kennt, können Zeichen auch missverstanden werden.**

**Diese Zeichen werden z. B. in Süditalien verwendet.**

1   2   3   4

**4** Was könnten die Zeichen auf den Abbildungen 1 bis 4 bedeuten?
   **a.** Schreibt eure Vermutungen auf.
   **b.** Vergleicht sie.

Zeichen deuten

**Das bedeuten die Zeichen:**
Das ist schön! (CH)         Ruhe! (EI)
Pass auf! (Z)                Das ist ja lächerlich! (EN)

**5** Ordnet die Aussagen den Abbildungen 1 bis 4 zu.
   **Tipp:** Die Buchstaben in Klammern ergeben ein Lösungswort.

In diesem Kapitel lernt ihr Zeichen und ihre Bedeutungen verstehen. Außerdem lernt ihr, eine Szene zu gestalten und zu spielen. Das Zeichen in der Randspalte führt euch Schritt für Schritt dorthin.

Thema: Sich verständigen – mit und ohne Worte

Gespräche führen kann man auch ohne gesprochene Worte.
Mit der Gebärdensprache können sich z. B. gehörlose Menschen
fließend miteinander verständigen.

**6** Die Schülerin und der Schüler verständigen sich mit Gebärden.   Gebärden verstehen
   a. Beschreibt die Gebärden.
   b. Besprecht, was sie bedeuten könnten.
   c. Stellt die Gebärden selbst dar.

**7** a. Stellt weitere Gebärden dar, wenn ihr welche kennt.
   b. Klärt, was sie bedeuten.

Auch Schilder auf der Straße oder in Gebäuden sind Zeichen.
Manchen seid ihr noch nie begegnet. Trotzdem versteht ihr sie.

**8** Was bedeuten die Schilder?   Schilder verstehen
   a. Schreibt Stichworte zu den folgenden Fragen auf:
      – Wo könnten die Schilder jeweils stehen?
      – Worauf weisen sie hin?
   b. Welche Schilder sind leicht zu verstehen? Welche schwerer?
      Begründet eure Einschätzung.

**Z 9** Bringt Abbildungen von weiteren Zeichen mit.
   Schreibt auf, was sie bedeuten.

Thema: Sich verständigen – mit und ohne Worte

# Sich über Zeichen und Bräuche informieren

**Zeichen können in verschiedenen Ländern Verschiedenes bedeuten.**

**1** Lies den Text mithilfe des Textknackers.

den Textknacker anwenden

### So viele Zeichen, so verschiedene Bedeutungen

Zeichen, die uns bekannt sind, bedeuten in anderen Ländern manchmal etwas anderes.
Wenn Deutsche mit dem Kopf nicken, bedeutet es „Ja". Entsprechend schütteln sie mit dem Kopf, wenn sie „Nein"
5   sagen möchten. Griechen senken ihren Kopf nur ganz leicht, wenn sie „Ja" sagen möchten. Sie heben ihn ganz kurz, um „Nein" zu sagen. Wenn Türken schnell mit dem Kopf schütteln, heißt das: „Wie bitte? Was?"
Wenn man in Deutschland jemandem „Geh weg!" sagen möchte,
10  kann man es auch mit der Hand „sagen": Man hebt sie hoch und hat dabei den Handrücken oben. Dann lässt man die Hand fallen und wiederholt es. In Italien und in der Türkei bedeutet dieses Zeichen aber: „Komm her!"
Auch beim Essen geben wir Zeichen. Wenn man mit dem Essen
15  fertig ist, legt man in Deutschland das Messer und die Gabel nebeneinander auf den Teller. Legt man sie aber über Kreuz, so bedeutet es: „Ich möchte noch etwas!"
Türken legen ihren Teelöffel auf das Teeglas und wollen damit sagen, dass sie keinen Tee mehr möchten.
20  So viele Zeichen, so verschiedene Bedeutungen …

**2** Um welche Zeichen geht es im Text? Schreibe Stichworte dazu auf.

den Text erschließen

**3** Was bedeuten die Zeichen in den verschiedenen Ländern? Ordne die Zeichen und ihre Bedeutung in einer Tabelle.

Zeichen verstehen und deuten

| Zeichen | Deutschland | Griechenland | Türkei | Starthilfe Italien |
|---|---|---|---|---|
| - mit dem Kopf nicken | „Ja" | – | – | – |
| - den Kopf leicht senken | … | „Ja" | … | … |

96  Thema: Sich verständigen – mit und ohne Worte

**Auch durch Bräuche können Menschen sich untereinander verständigen. Manchmal sind wir erstaunt über Bräuche, die wir nicht kennen.**

**Arzu ist zum ersten Mal bei einer deutschen Familie zu Besuch. Ilka war noch nie bei einer türkischen Familie zu Hause.**

sich über unterschiedliche Bräuche informieren

| | |
|---|---|
| Als ich meine Schuhe auszog und vor der Tür stehen ließ, guckten alle so komisch. | Vor der Tür standen viele Schuhe. |
| Ilka begrüßte ihre Oma nur mit „Hallo, Omi". | Arzu küsste die Hand ihrer Oma und drückte ihre Hand dann gegen die Stirn. |
| Jeder hat sich ein Stück Kuchen genommen. Ich nicht, ich habe gewartet. | Der Tisch war überhaupt nicht gedeckt. Dann bekam ich einen Teller voller Kuchen. |
| Keiner fragte, ob ich noch ein Stück Kuchen probieren wollte. | Als ich ein Stück Kuchen übrig ließ, fragte Arzus Mutter, ob er mir nicht geschmeckt hätte. |

**Arzu und Ilka haben sich gegenseitig besucht.**

**4**  a. Schreibt in Stichworten auf, wovon Ilka und Arzu erzählen.
b. Schreibt die unterschiedlichen Bräuche auf.

> **Starthilfe**
> Türkische Familie: Die Schuhe werden vor die Tür gestellt.
> Deutsche Familie: ...

**5** Welche weiteren Bräuche kennt ihr?
Informiert eure Mitschülerinnen und Mitschüler darüber.

Thema: Sich verständigen – mit und ohne Worte

# Eine Geschichte über Zeichen und Bräuche

**Zeichen und Bräuche, die wir nicht kennen, versuchen wir oft zu deuten. Wenn wir sie anders verstehen, als sie gemeint sind, können leicht Missverständnisse entstehen. Davon handelt die folgende Geschichte.**

\* Hacivat und Karagöz sind bekannte Schattenfiguren aus der Türkei.

### Andere Länder, andere Bräuche

Hacivat und Karagöz\* besuchen die Kampmanns.
Weil Karagöz immer alles falsch versteht, erklärt ihm Hacivat, was in deutschen Familien anders ist.
Hacivat: Also, Schuhe werden nicht ausgezogen.
5  Karagöz: Was wird nicht eingefroren?
Hacivat: Na, deine Schuhe.
Karagöz: Warum sollen die denn auch eingefroren werden?
　　　　　Allah, Allah\*...
Hacivat: Die Schuhe werden doch nicht eingefroren.
10　　　　 Ausgezogen, Karagöz, ausgezogen.
Karagöz: Ja, wie bei uns.
Hacivat: Nein, eben nicht. Du ziehst sie nicht aus.
　　　　　Ansonsten benimm dich!

\* Lieber Gott!

Als sie bei den Kampmanns vor der Tür stehen, werden sie herzlich
15  begrüßt. Herr Kampmann hebt seine Hand mit der Handfläche nach oben hoch und lässt sie dann wieder fallen. „Kommt rein!", möchte er damit sagen. Karagöz schaut seinen Gastgeber wütend an.
Karagöz: Hej, Hacivat, der Mann sagt, wir sollen gehen.
Hacivat: Nein, das heißt: „Komm!"
20  Karagöz: Du bist wohl schon zu lange in Deutschland!
　　　　　Kennst du die Handzeichen nicht? Wir sollen gehen.
　　　　　Ich geh dann jetzt wieder. Ich fahre zurück nach Istanbul!

Hacivat hält aber seinen Freund zurück und zieht ihn
in die Wohnung. Die beiden finden im Wohnzimmer einen nett
25  gedeckten Tisch vor. Auch zwei Kuchen stehen in der Mitte.
Als sich die beiden hinsetzen, kommt Petra, die Tochter,
mit einer Sahne-Sprühflasche herein. Karagöz hält sofort
seine Hände auf und schaut lächelnd Petra an.
Petra: Mama, ich glaube, Türken nehmen Sahne in die Hand.
30  Frau Kampmann: Ja, dann gib ihm etwas.

Thema: Sich verständigen – mit und ohne Worte

So sprüht Petra Karagöz eine kleine Portion Sahne
in die offenen Handflächen.
Karagöz: Hacivat, das sieht aber gar nicht wie Kolonya* aus.
Hacivat: Das ist es ja auch nicht, Schafskopf! Das ist Sahne.
35         Die macht man sich auf den Kuchen! Es gibt hier
        kein Parfüm, mit dem man sich die Hände reinigt.
        Hier waschen sich die Menschen nur die Hände,
        bevor sie essen.
Karagöz: Ja, warum sprüht sie mir dann in die Hände?
40        Jetzt muss ich ins Bad.

* Limonenparfüm

Karagöz entschuldigt sich und steht auf. Das Bad ist im Flur.
Er macht sich auf die Suche und läuft an der Toilette vorbei.
Herr Kampmann bemerkt es und geht hinterher. Er zeigt ihm
die Toilettentür. Karagöz liest WC, winkt ab und geht weiter.
45 Herr Kampmann hält ihn zurück und öffnet die Tür.
Karagöz erkennt das Bad und betritt es.
Anschließend kommt er aufgeregt zurück.
Karagöz: Du, Hacivat, ich hab das Bad erst nicht gefunden.
        An der Tür stand nur WC und nicht 00.
50        Aber Herr Kampmann hat es mir gezeigt.
Hacivat rollt nur mit den Augen.

Frau Kampmann hat Tee gekocht, weil sie weiß, dass ihre Gäste
lieber Tee als Kaffee trinken.
Nach zwei Gläsern hat Karagöz genug und legt den Teelöffel
55 auf das Glas. Petra, die Tochter, geht in die Küche und kommt
mit der Teekanne zurück. Sie nimmt den Löffel weg und gießt
Karagöz' Glas wieder voll. Karagöz schaut Petra ärgerlich an.
Karagöz: Ich wollte doch keinen Tee mehr!
Petra: Warum haben Sie das nicht gesagt?
60 Karagöz: Hab ich doch! Ich habe den Löffel auf das Glas gelegt.
Jetzt versteht Petra.
Karagöz hat einige Dinge gelernt, die Kampmanns ebenfalls.

**Während des Besuchs kommt es zu Missverständnissen.**

**1** Lies die Geschichte noch einmal Absatz für Absatz
   und schreibe Stichpunkte zu den folgenden Fragen auf:
    – Was verstehen die Kampmanns nicht?
    – Was versteht Karagöz nicht?

Fragen zum Text
beantworten

Thema: Sich verständigen – mit und ohne Worte

**2** Erzähle die missverständlichen Situationen nach.
Nimm die Abbildungen auf den Seiten 98 und 99 zu Hilfe.

Textstellen nacherzählen

**W** **Wählt aus den folgenden beiden Aufgaben eine aus.**

**3** Gruppenarbeit!
Lest die Geschichte mit verteilten Rollen.
  a. Einigt euch darauf, wer welche Figur und wer den Erzähler liest.
  b. Lest eure Textstellen zunächst jeder leise für sich.
  c. Lest die Geschichte anschließend laut.

mit verteilten Rollen lesen

### Die Missverständnisse könnt ihr gut in Standbildern darstellen.

**4** Wählt ein Missverständnis aus.
Baut ein Standbild. Nutzt dazu die Arbeitstechnik.

Textstellen mithilfe von Standbildern verstehen

> **Arbeitstechnik**
>
> **Ein Standbild bauen**
>
> Mit einem **Standbild** kann man eine Situation, ein Gefühl oder auch einen Begriff darstellen. So könnt ihr vorgehen:
> – Klärt, welche **Situation** ihr darstellen wollt.
> – **Eine „Bildhauerin" oder ein „Bildhauer" formt** das Standbild: Position der Personen, Haltung, Gestik, Gesichtsausdruck.
> – Die „Statuen" bleiben mit dem gewünschten Gesichtsausdruck in der geformten Haltung stehen.
> – Anschließend wird das Standbild **erklärt**.
> – Die **Betrachter** sehen sich das Standbild von allen Seiten an. Sie geben eine Rückmeldung, wie sie das Standbild gedeutet haben.
> – Die „Statuen" **beschreiben** dann, wie sie selbst **sich gefühlt** haben.

### Die Missverständnisse entstehen, weil Karagöz und die Kampmanns Zeichen und Bräuche nicht kennen oder anders deuten.

**5** Was bedeuten die Zeichen und Bräuche in Deutschland, was in der Türkei?
  a. Lies in der Geschichte noch einmal nach.
  b. Trage Zeichen, Bräuche und ihre Bedeutung in die Tabelle ein.

Informationen aus dem Text entnehmen und ordnen

Starthilfe

| Zeichen/Brauch | Bedeutung | |
|---|---|---|
| | in der Türkei | in Deutschland |
| eine Hand mit der Handfläche nach oben heben ... | jemanden wegschicken | jemanden ... |

100  Thema: Sich verständigen – mit und ohne Worte

# Spielszenen gestalten und spielen

**Die Geschichte „Andere Länder, andere Bräuche" könnt ihr gut als Spielszenen gestalten.**

Andere Länder, andere Bräuche ▶ S. 98–99

**1** Bereitet in Gruppen die Spielszene vor.
  a. Wählt eine Textstelle aus, die ihr als Spielszene gestalten wollt.
  b. Schreibt auf, was die Figuren sagen.
    **Tipp:** Ihr könnt den Text auch ergänzen oder umschreiben.
  c. Überlegt, wie etwas gesagt wird und was genau jemand tut.
  d. Schreibt das Gespräch mit den Regieanweisungen auf.

eine Spielszene schreiben
Szenisches Spiel, szenisch interpretieren
▶ S. 107–110

> *Petra nimmt den Löffel von der Tasse und gießt sie wieder voll.*
> *Karagöz (ärgerlich): Ich wollte doch keinen Tee mehr!*
> *Petra (verwirrt): Warum haben Sie das nicht gesagt? ...*

**2** Übt das gemeinsame Spiel und spielt die Szene vor.
  a. Legt fest, wer welche Rolle spielt.
  b. Drückt beim Spielen die Gefühle der Figuren durch Betonung, Körpersprache und Gesichtsausdruck aus.

eine Spielszene einüben und spielen

**3** Schreibt als Zuschauer Stichworte zu den folgenden Fragen auf:
  – Wie hat die Szene auf euch gewirkt?
  – Welche Gefühle haben die Spieler ausgedrückt?
  – Wie unterscheidet sich die Spielszene von der Textstelle?

die Spielszene auswerten

**Z 4** Gestaltet mithilfe der Arbeitstechnik weitere Textstellen als Spielszenen und vergleicht sie anschließend.

> **Arbeitstechnik**
> **Szenisches Spiel, szenisch interpretieren**
> – Legt fest, welche **Figuren** es gibt und wer welche **Rolle** spielt.
> – Notiert, was die Figuren **sagen**, **denken** und wie sie sich **fühlen**.
> – Schreibt, wo nötig, **Regieanweisungen** auf.
> – **Übt** nun das gemeinsame Spiel. Drückt die Gefühle der Figuren durch **Betonung**, **Körpersprache** und **Gesichtsausdruck** aus.

**Z 5** Was haben die Figuren voneinander erfahren?
Hacivat und Karagöz laden nun die Kampmanns zu sich ein.
Gestaltet und spielt in einer Szene, wie dieser Besuch verläuft.

Thema: Sich verständigen – mit und ohne Worte

# Extra Rechtschreibung und Stil:
# Die wörtliche Rede verwenden

**Geschichten über die Begegnung von Menschen wirken lebendiger, wenn sie wörtliche Rede enthalten.**

**1** Lies den Text.

Hacivat unterhält sich mit seinem Freund Karagöz über den trockenen Sommer. Hacivat sagt, dass es schon lange nicht geregnet habe. Karagöz versteht „gesegnet" und will wissen, was gesegnet sei. Sein Freund wiederholt das Wort „geregnet".
5  Jetzt hat es Karagöz verstanden. Er meint, dass es vielleicht bald regnen würde. Hacivat stimmt seinem Freund zu und erzählt, dass seiner Mutter das Knie schmerze. Wenn das passiere, ändere sich das Wetter.

Karagöz versteht „am Herzen" und will wissen, ob sie
10  operiert werden müsse. Hacivat ist verärgert und meint, er habe jetzt keine Lust mehr, sich mit seinem Freund zu unterhalten. Karagöz wundert sich und fragt, warum er den Mund halten solle. Hacivat ist wütend, verabschiedet sich und geht.

**Maria und Nihat haben sich den Text gegenseitig vorgelesen.**

Nihat: „Ich würde die Geschichte lebendiger erzählen."
Maria: „Wie würdest du das denn machen?"
Nihat: „Na, ich würde die Figuren sprechen lassen."

**2** Lies den Text noch einmal leise für dich.
Lies dabei die hervorgehobene Textstelle als wörtliche Rede.

> **Starthilfe**
> „Es hat schon lange nicht geregnet."

**3 a.** Schreibe weitere Textstellen als wörtliche Rede auf.
**b.** Prüfe, ob du die Anführungszeichen gesetzt hast.

> **Starthilfe**
> Karagöz will wissen: „Was ist gesegnet?"

Figurenrede in wörtlicher Rede formulieren

Wörtliche Rede
▶ S. 306

**Z 4** Im Tandem!
Lest die Geschichte mit verteilten Rollen vor.

**Der folgende Text enthält wörtliche Rede.**
**Es fehlen aber einige Satzzeichen.**

Michael besucht seinen Freund John. Giancarlo und Kenan
sind auch da. John sagt: Akwaaba▮ Die Kinder wundern sich.
Kenan fragt: Was heißt das▮ In Ghana heißt das Willkommen,
sagt John. Kenan sagt: In der Türkei sagen wir Merhaba▮
Was sagt ihr in Italien dazu▮ Giancarlo sagt: Ciao.
Und Michael sagt: Wir sagen nur Hallo▮

**Zeichen setzen**

**5** Lies den Text laut und betont.

**6** Schreibe den Text ab.
   **a.** Kennzeichne die Textstellen in wörtlicher Rede
      durch Anführungszeichen. Lass Lücken
      an den gekennzeichneten Stellen.
   **b.** Setze passende Satzschlusszeichen
      in die Lücken ein.

> **Starthilfe**
> John sagt: „Akwaaba!"

Satzarten und
Zeichensetzung
➤ S. 305

**Nihat findet den Text langweilig,**
**denn viel zu oft kommt das Wort sagt vor.**

**7** Ersetze das Verb **sagen** durch treffende Verben.
   **a.** Sammle andere Verben für **sagen** in einer Wörterliste.
      Ergänze die Wörterliste am Rand durch weitere Wörter.
   **b.** Wähle passende Verben aus.
      Schreibe den Text mit den neuen Verben auf.

**wörtliche Rede mit**
**passenden Verben**
**einleiten**

> meinen
> erwidern
> feststellen
> …

**Die Mitschüler sprechen über Zeichen und ihre Bedeutungen.**

Ayla: „Zeichen sind nicht immer gleich."
Janine: „Warum nicht?"
Miguel: „Weil Zeichen verschiedene Bedeutungen haben."
Sascha: „Man kann sich besser verständigen, wenn man sich
die unterschiedlichen Bedeutungen gegenseitig erklärt."

**8** Ergänze bei den Personen passende Verben.
   **a.** Lies die Äußerungen von Ayla, Janine, Miguel und Sascha.
   **b.** Schreibe die Äußerungen in wörtlicher Rede und
      mit Begleitsätzen auf.

> **Starthilfe**
> Ayla meint: „Zeichen …"
> Janine …: „…

Thema: Sich verständigen – mit und ohne Worte

**Z Weiterführendes:
Einen Sachtext lesen**

**einen Sachtext mit dem Textknacker lesen**

Der Textknacker
➤ S. 298

**Sich verständigen – mit und ohne Worte**

Wenn wir einer Mitschülerin oder einem Mitschüler
etwas sagen möchten, dann benutzen wir meistens die Sprache.
Fatlinda sagt z. B. zu einer Mitschülerin: „Sprich lauter."
Sie kann das aber auch durch eine Geste ausdrücken,
5  wenn sie ihre Hand hinter das Ohr legt und der Mitschülerin
so zeigt, dass sie etwas nicht verstanden hat. Wenn Fatlindas
Lehrer im Unterricht den Zeigefinger auf seine Lippen legt,
wissen alle Schülerinnen und Schüler, dass sie jetzt still sein sollen.
Er könnte auch sagen: „Seid bitte leiser."
10 Allerdings wissen wir manchmal nicht, wie wir die Gesten,
die wir sehen, verstehen sollen. Wenn Valentin im Unterricht gähnt,
kann es sein, dass er noch müde ist; seine Lehrerin könnte aber
auch denken: „Der gähnt jetzt bestimmt, weil er den Unterricht
so langweilig findet."
15 Manchmal drücken unsere Gesten bzw. unsere Mimik absichtlich
etwas anderes aus als das, was wir mit Worten sagen. Wenn Karian
behauptet: „Wir haben überhaupt keine Hausaufgaben auf"
und dabei mit einem Auge zwinkert, kann es sein, dass er
das Gegenteil meint.
20 In verschiedenen Ländern können Gesten ganz unterschiedlich
gemeint und verstanden werden. Ein amerikanischer Rechtsanwalt
hielt einmal eine Rede vor japanischen Beamten und war
ganz niedergeschlagen, da nach seinem Eindruck alle Zuhörer
geschlafen hatten. In Japan gilt es als Zeichen
25 höchster Aufmerksamkeit, bei einer Rede die Augen zu schließen
und leicht zu nicken. So hatte der amerikanische Redner
seine japanischen Zuhörer missverstanden.
Es gibt auch Sprachen, die ganz ohne gesprochene Worte
auskommen, wie z. B. die Gebärdensprachen. Hakans Freund Kevin
30 ist gehörlos, kann sich aber allen Menschen mitteilen,
die seine Sprache verstehen. Er verwendet dazu Gebärden:
Seine Hände bewegen sich, als würden sie tanzen oder Bilder
in die Luft malen. In Kevins Schule benutzen alle Schüler und
Lehrer die Gebärdensprache im Unterricht.
35 Mit der Gebärdensprache kann man aber über alles Mögliche
„sprechen", z. B. auch über die Party am letzten Wochenende,
den Mathetest oder über das nächste Fußballspiel.

Gebärde für „verstehen"

Meist wird eine Gebärde benutzt, um ein ganzes Wort
auszudrücken. Wenn Kevin die Gebärde für ein bestimmtes Wort
40 nicht kennt, verwendet er ein Hilfsmittel: Er buchstabiert
das gemeinte Wort mit dem Fingeralphabet. Die Buchstaben werden
mit der rechten (bei Linkshändern mit der linken) Hand
vor der Brust oder etwas rechts vom Körper ausgeführt.
Allerdings gibt es viele Gebärdensprachen auf der Welt.
45 Selbst in Deutschland und Österreich sind sie unterschiedlich.
Wenn Gehörlose nicht dieselbe Gebärdensprache verwenden,
benötigen sie ebenso wie hörende Menschen einen „Dolmetscher".

**1** Sprecht in der Klasse über die folgenden Fragen:
— Welche Möglichkeiten gibt es, sich ohne Worte zu verständigen?
— Wie kann Valentins Lehrerin herausfinden, warum Valentin
gegähnt hat?
— Warum widersprechen sich Karians Mimik und seine Aussage?
— Was tun Menschen, die eine Gebärdensprache benutzen,
wenn sie eine bestimmte Gebärde nicht kennen?
— Wie verständigen sich Menschen, die nicht dieselbe Sprache
sprechen?

*Fragen zum Text beantworten*

**Z 2** Was hast du über die verschiedenen Möglichkeiten
der Verständigung ohne Worte erfahren?
Fasse die wichtigsten Textaussagen zusammen.

*den Inhalt des Textes zusammenfassen*

**W** Versucht nun selbst, euch ohne Worte miteinander zu verständigen.
Wählt eine der folgenden Aufgaben aus.

*sich ohne Worte verständigen*

**3** Teile deiner Partnerin oder deinem Partner ohne Worte mit,
dass …
— du jetzt etwas essen möchtest,
— du wissen möchtest, wie spät es ist,
— du dich heute Nachmittag mit ihm verabreden möchtest.

**4** a. Buchstabiert das Wort **Zeichen** mithilfe des Fingeralphabets.
b. Buchstabiert so viele Wörter wie möglich mit den Buchstaben
**C, E, H, I, N, Z** des Fingeralphabets.

*Zeichen deuten*

Thema: Sich verständigen – mit und ohne Worte

105

# Das kann ich!

## Zeichen verstehen
## Szenisch darstellen

**Ihr habt erfahren, dass es verschiedene Arten von Zeichen gibt.**

**1** Die Personen auf den Fotos verständigen sich durch Zeichen.
  **a.** Beschreibt die Zeichen.
  **b.** Besprecht, was sie bedeuten könnten.
  **c.** Schreibt in Stichworten Situationen auf, in denen ihr die Zeichen verwenden würdet.
  **d.** Vergleicht die Situationen.

**2** Im Tandem!
  **a.** Stellt weitere Zeichen in der Klasse vor.
  **b.** Erklärt ihre Bedeutung.

**3** Erkläre anhand eines Beispiels, warum Zeichen missverstanden werden können.

**Ihr habt außerdem eine Spielszene gestaltet und gespielt.**

**4** Gestaltet eine Spielszene zu den Fotos.
  **a.** Sammelt Ideen:
   – Welche Figuren kommen vor?
   – Was sagen und tun die einzelnen Figuren?
  **b.** Schreibt den Sprechtext und die Regieanweisungen auf.
  **c.** Übt das gemeinsame Spiel mit verteilten Rollen. Achtet auf die Körpersprache und den Gesichtsausdruck.

**5** Spielt eure Szene in der Klasse vor.

---

**Zeichen deuten**

Zeichen deuten ➤ S. 94–95

sich durch Zeichen verständigen ➤ S. 105

**über die Bedeutung von Zeichen sprechen**

**eine Spielszene gestalten**

Spielszenen gestalten und spielen ➤ S. 101

**eine Spielszene spielen**

Thema: Sich verständigen – mit und ohne Worte

# Eine Szene gestalten und spielen

## Eine Geschichte szenisch gestalten

Auch wenn man die gleiche Sprache spricht, entstehen manchmal Missverständnisse. Davon handelt die folgende Geschichte.

der Textknacker
➤ S.298

**1** Was erfährst du noch über die Geschichte, bevor du sie liest?
   a. Sieh dir das Bild an und lies die Überschrift.
   b. Besprich deine Vermutungen mit einer Partnerin oder einem Partner.

**Der Schlüssel**   Carlo Manzoni

Signor\* Veneranda steht vor einer Haustür, sieht
die dunklen Fenster und pfeift\*.
Im dritten Stock öffnet ein Herr das Fenster und ruft:
„Haben Sie keinen Schlüssel?"
5 „Nein, ich habe keinen Schlüssel!", ruft Signor Veneranda zurück.
„Ist die Haustür zugeschlossen?", ruft der Herr am Fenster wieder.
„Ja, sie ist zu!", antwortet Herr Veneranda.
„Dann werfe ich Ihnen den Schlüssel runter", ruft der Herr
am Fenster.
10 „Warum?", ruft Signor Veneranda zurück.
„Dann können Sie die Haustür aufschließen", antwortet der Herr
am Fenster.
„Also gut!", ruft Signor Veneranda. „Wenn Sie wollen, dass ich die
Haustür aufschließe, dann werfen Sie mal Ihren Schlüssel runter!"
15 „Warum will ich das?", ruft der Herr am Fenster. „Sie wollen
doch ins Haus!"
„Ich? Nein! Warum denn?", ruft Signor Veneranda zurück.
„Wohnen Sie denn nicht hier?", ruft der Herr am Fenster.
„Ich? Nein! Wer sagt das?", ruft Signor Veneranda zurück.
20 „Und warum wollen Sie dann den Schlüssel?", schreit
der Herr am Fenster.
„Wenn Sie wollen, dass ich die Tür aufschließe", schreit
Signor Veneranda zurück, „dann brauche ich doch
einen Schlüssel!"
25 „Ich will das doch gar nicht!", schreit der Herr am Fenster.

\* Signor: Herr (italienisch)

\* Pfeifen bedeutete früher in einigen Gegenden: „Öffne mir bitte die Tür."

Da öffnet ein Herr im ersten Stock das Fenster.
„Was soll denn dieses Schreien?", schreit er. „Man kann ja nicht schlafen!"
„Wir müssen schreien", schreit Signor Veneranda,
30 „sonst verstehen wir uns nicht, ich und der Herr da oben im dritten Stock!"
„Aber was will der Herr im dritten Stock denn?", schreit der Herr im ersten Stock.
„Das weiß ich auch nicht!", schreit Signor Veneranda.
35 „Erst will er mir einen Schlüssel runterwerfen, damit ich die Haustür aufschließe; dann will er wieder nicht, dass ich die Haustür aufschließe. Fragen Sie ihn doch mal!
Auf Wiedersehen!"

**2** Untersuche die Geschichte mithilfe der folgenden Fragen:
– Wer sind die Hauptpersonen und in welcher Situation sind sie?
– Welchen Wunsch hat Signor Veneranda?
– Welchen Wunsch hat der Herr im dritten Stock?
– Was hindert die beiden daran, sich zu verständigen?
– Wie reagieren Signor Veneranda und der Herr im dritten Stock jeweils auf das Missverständnis?
– Wie endet die Geschichte? Gelingt es den beiden, sich zu verständigen?

**die Geschichte verstehen**

Handlungsbausteine:
– Hauptperson/ Situation
– Wunsch
– Hindernis
– Reaktion
– Ende

**3** Wie wirkt die Geschichte?
a. Lest die Geschichte erst leise jeder für sich, anschließend laut und mit verteilten Rollen.
b. Vergleicht die Wirkung der Geschichte beim lauten und leisen Lesen.

**die Wirkung untersuchen**

### Die Geschichte könnt ihr auch gut als Spielszene gestalten.

**4** Schreibt die Geschichte in eine Spielszene um.
a. Lest die Geschichte noch einmal genau. Achtet darauf, was die Personen sagen und wie sie es sagen.
b. Überlegt:
– Was tun die Personen?
– Wie drücken sie ihre Gefühle aus?
c. Schreibt den Sprechtext mit den Regieanweisungen auf.

**die Spielszene schreiben**

**Starthilfe**
Herr im dritten Stock (öffnet ein Fenster, ruft erstaunt): …

Arbeitstechniken trainieren: **Eine Szene gestalten und spielen**

# Eine Szene einüben und spielen

**Probt eure Spielszene, bevor ihr sie vorspielt.**

**1** Legt gemeinsam fest, wer welche Rolle spielt.

*die Rollen verteilen*

**2** Bereite deine Rolle zunächst allein vor.
   a. Unterstreiche deinen Sprechtext und die Regieanweisungen für deine Rolle.
   b. Lerne den Text für deine Rolle auswendig.
   c. Überlege, wie du die Handlungen, Gedanken und Gefühle in deiner Rolle darstellen kannst.
   d. Notiere deine Einfälle zu passender Betonung, Körpersprache und Gesichtsausdruck neben die einzelnen Textstellen.

*eine Rollen einüben*

**3** Probt die Spielszene gemeinsam.
   a. Spielt die ganze Szene einmal, ohne zu unterbrechen.
      **Tipp:** Haltet euren Text zunächst in der Hand, damit ihr nachlesen könnt, wenn ihr etwas vergessen habt.
   b. Besprecht Teile der Szene, die ihr ändern wollt.
   c. Probt die besprochenen Teile mehrmals.

*das gemeinsame Spielen proben*

> **Starthilfe**
> Du musst erstaunt aussehen, wenn du sagst …

**Die letzte Probe vor der Aufführung ist die Generalprobe.
In einer Generalprobe wird ohne Unterbrechung und mit allen Requisiten gespielt, die in der Aufführung verwendet werden.**

*eine Generalprobe vorbereiten und durchführen*

**Z 4** Besorgt Kostüme.
   a. Schreibt auf, wie die Figuren angezogen sein sollen.

> **Starthilfe**
> Herr im ersten Stock: Schlafanzug
> Signor Veneranda: …

   b. Legt fest, wer welche Kleidungsstücke mitbringt.

**Z 5** Gestaltet euer Bühnenbild.
   a. Überlegt, wie ihr das Haus darstellen wollt, vor dem Signor Veneranda steht.
   b. Besorgt die Materialien und baut euer Bühnenbild.

**Z 6** Spielt die ganze Szene in den Kostümen vor dem Bühnenbild.

Arbeitstechniken trainieren: Eine Szene gestalten und spielen

109

# Eine Spielszene vorspielen und auswerten

Nun könnt ihr euren Zuschauern die Szene vorspielen.
Die Zuschauer können euch wichtige Hinweise zu eurer Szene
und zu eurem Spielen geben.

**1** Spielt eure Szene in der Klasse vor.

die Szene vorspielen

**2** Die Zuschauerinnen und Zuschauer schreiben Stichworte
zu den folgenden Fragen auf:

die Szene beobachten
und auswerten

– Wie hat die Szene auf dich gewirkt?
– Welche Unterschiede zwischen der Geschichte und
  der Spielszene sind dir aufgefallen?
– Wie haben die Spielerinnen und Spieler ausgedrückt,
  dass sich Signor Veneranda und der Herr im dritten Stock
  missverstehen?
– Wurde Körpersprache von den Spielerinnen und Spielern
  passend eingesetzt?
– Welche Tipps kannst du den Spielerinnen und Spielern geben?

**3** Besprecht die Szene anschließend in der Klasse.
  **a.** Erklärt, wie ihr die Szene gestaltet habt.
  **b.** Sprecht über die Eindrücke der Zuschauer.
    Verwendet die Stichworte zu Aufgabe 2.

**4** Vergleicht die Spielszenen der einzelnen Gruppen miteinander.
  – Welche Gemeinsamkeiten gab es beim Spielen der Rollen?
  – Welche Gemeinsamkeiten und Unterschiede gab es
    in der Gestaltung der Kostüme und des Bühnenbildes?

Spielszenen vergleichen

**Z** Ihr könnt eure Spielszenen auch vor Eltern, vor Freunden,
vor anderen Klassen aufführen.

**5** Kündigt die Aufführung eurer Spielszene an.
  Gestaltet dazu Einladungen und Plakate.

Einladungen und Plakate
gestalten

**6** Führt eure Spielszenen vor Publikum auf.

110    Arbeitstechniken trainieren: Eine Szene gestalten und spielen

# Von Angst und Mut

- Erzähltexte lesen und verstehen
- Subjektives Sprechen und Schreiben

„Boy" von Ron Mueck

Das Kunstwerk mit dem Titel „Boy" wurde von Ron Mueck geschaffen und war 2001 auf einer Ausstellung in Venedig zu sehen.
Es ist circa fünf Meter hoch.
Der Künstler Ron Mueck wurde 1958 in Australien geboren.
Seine Eltern waren aus Deutschland eingewanderte Spielzeugmacher.

# Über Angst und Mut nachdenken

**Jeder Mensch kennt Angst. Aber wie ist Angst?**
**Das Foto auf Seite 111 zeigt eine Plastik des Künstlers Ron Mueck.**

*eine Plastik beschreiben*

**1** Beschreibt die Plastik.
   **a.** Wie sieht der Junge aus? Welche Körperhaltung hat er?
   **b.** Sprecht darüber, was der Junge denken und fühlen könnte.

**2** Überlegt gemeinsam, wie eine Plastik oder ein Kunstwerk zum Thema **Angst** oder zum Thema **Mut** aussehen könnte.

**3** Im Tandem!
   Was heißt Angst für euch?
   **a.** Schreibt einen Cluster zu dem Wort **Angst**.
   **b.** Was erscheint euch besonders wichtig?
      Unterstreicht diese Wörter in eurem Cluster.
   **c.** Stellt euren Cluster in der Klasse vor.

*einen Cluster schreiben*
Arbeitstechnik Cluster
➤ S. 299

Cluster:
- die Angst
  - … — …
  - …
  - …
  - die Dunkelheit — der Keller — knacken
  - die Dunkelheit — der Keller — …
  - ein einsamer Weg — der Schatten
  - das Fünfmeterbrett

**Angstgefühle sind manchmal schwer auszudrücken.**

**4** Schreibe einen Text über Angst.
   Du kannst auch ein Gedicht über Angst schreiben.
   Die folgenden Fragen helfen dir dabei.

*über Angst schreiben*

> **Leitfragen:**
> – Welche Farbe hat Angst?
> – Wie riecht Angst?
> – Wie hört sich Angst an?
> – Wie schmeckt sie?
> – Wie sieht sie aus?
> – Wie fühlt sie sich an?

**In diesem Kapitel liest du Erzähltexte und denkst über Gefühle nach. Am Ende des Kapitels kannst du die Erzähltexte miteinander vergleichen, Texte weiterschreiben und eigene Texte schreiben. Das Zeichen in der Randspalte führt dich Schritt für Schritt dorthin.**

**Es gehört Mut dazu, Angst zu überwinden.
In der folgenden Erzählung spielt Mut eine entscheidende Rolle.**

eine Erzählung
über Mut lesen

der Textknacker
➤ S. 298

### Mutig sein

Farid war der mutigste Schüler der Klasse. Eines Tages forderte Christin ihn zu einer Mutprobe auf: „Wetten, du traust dich nicht, der Frau Meyer den Füller wegzunehmen!" Farid überlegte kurz und entgegnete dann: „Und ob ich mich das traue, du wirst schon sehen."
5 In der Mathestunde war es dann so weit. Als Frau Meyer mit dem Rücken zur Klasse an der Tafel stand, schlich sich Farid nach vorn, steckte den Füller in seine Tasche und ging leise wieder zu seinem Platz. Allen stand der Atem still.
Als Frau Meyer am Ende der Stunde die Hausaufgaben
10 in das Klassenbuch eintragen wollte, bemerkte sie den Diebstahl. „Wer von euch hat meinen Füller genommen?", fragte sie.
Alle waren gespannt, was nun geschehen würde. Keiner sagte ein Wort.
Farid zögerte und hob dann den Arm. „Ich war es. Ich habe Ihren
15 Füller genommen, Frau Meyer", sagte er.

**5** Sprecht in der Klasse darüber, warum Farid wohl auf die Wette eingegangen ist.

**6** Wie hat Farid in dieser Geschichte Mut bewiesen? Begründet eure Meinung.

**7** Was ist für euch Mut?
Sammelt Beispiele an der Tafel.

> **Starthilfe**
> – seine Meinung äußern
> – ...

### Es gibt echten und falschen Mut.

| | |
|---|---|
| sich entschuldigen | vom Fünfmeterbrett springen |
| im Kaufhaus etwas stehlen | zu einem anderen Kind halten |
| schnell über die Autobahn rennen | |

**8** Was ist echter Mut? Was ist falscher Mut?
   **a.** Schreibt die Beispiele auf Kärtchen.
   **b.** Schreibt selbst weitere Beispiele auf.
   **c.** Ordnet die Kärtchen gemeinsam.

Thema: Von Angst und Mut

# Eine Erzählung lesen

**Die Erzählung von Ursula Wölfel handelt von einem Jungen, der seine Angst überwindet und mutig wird.**

eine Erzählung lesen

**Der Nachtvogel**   Ursula Wölfel

Ein Junge hatte immer große Angst, wenn er nachts allein
in der Wohnung sein musste. Seine Eltern gingen oft am Abend
fort. Dann konnte der Junge vor Angst nicht einschlafen.
Er hörte etwas rauschen, und das war, als ob jemand im Zimmer
atmete. Er hörte ein Rascheln und ein Knacken, und das war,
als ob sich etwas unter seinem Bett bewegte.
Aber viel schlimmer war der Nachtvogel.
Der Junge sah ihn immer ganz still draußen auf der Fensterbank
sitzen, und wenn unten ein Auto vorbeifuhr, schlug der Vogel
mit den Flügeln und der Junge sah den riesigen Schatten
von den Flügeln an der Zimmerdecke.
Der Junge erzählte seinen Eltern von der Angst. Aber sie sagten
nur: „Stell dich doch nicht an! Du bildest dir das alles nur ein."
Und sie gingen immer wieder am Abend fort, weil sie den Vogel
nicht sehen konnten, weil sie das alles nicht glaubten.
Einmal war der Junge wieder allein und es schellte
an der Wohnungstür. Der Junge wurde steif vor Angst.
Wieder schellte es. Es schellte und schellte.
Dann war es still, lange Zeit war es still.
Dann kratzte etwas an der Hauswand. Das war der Vogel!
Jetzt kletterte er mit seinen Krallen an der Mauer hoch.
Jetzt war er an der Fensterbank. Und jetzt schlug er
mit seinem Schnabel an die Scheibe! Einmal,
zweimal, immer wieder, immer lauter, und gleich würde
das Glas zerbrechen, gleich würde der Vogel ins Zimmer springen!
Der Junge packte die Blumenvase vom Tisch neben dem Bett.
Er schleuderte sie zum Fenster. Das Glas zersplitterte. Wind fuhr
ins Zimmer, dass der Vorhang hoch an die Wand schlug,
und der Vogel war fort.
Auf der Straße hörte der Junge seine Eltern rufen. Er rannte
auf den Flur, er fand im Dunkeln sofort den Lichtschalter und
den Knopf vom Türöffner. Er riss die Wohnungstür auf und lief
den Eltern entgegen. Er lachte, so froh war er, dass sie da waren.
Aber sie schimpften. Ihre schönen Ausgehkleider waren nass
vom Blumenwasser. „Was soll denn das wieder heißen?",

114   Thema: Von Angst und Mut

fragte der Vater. „Jetzt ist die Scheibe kaputt!" – „Und mein Mantel!
Sieh dir das an!", rief die Mutter.
„Der Nachtvogel war am Fenster", sagte der Junge.
„Der Nachtvogel hat mit seinem Schnabel ans Fenster gepickt."
40 „Unsinn!", sagte der Vater. „Wir hatten den Schlüssel vergessen
und du hast das Schellen nicht gehört. Da haben wir
mit einer Stange vom Bauplatz an dein Fenster geklopft."
„Es war der Nachtvogel, wirklich!", sagte der Junge.
„Der Nachtvogel war es!"
45 Aber die Eltern verstanden das nicht. Sie gingen immer wieder
am Abend fort und ließen den Jungen allein. Er hatte immer noch
Angst, er hörte noch immer das Rauschen und Knacken. Aber das
war nicht so schlimm. Denn der Nachtvogel kam nie mehr wieder,
den hatte er vertrieben.
50 Er selbst hatte ihn vertrieben, er ganz allein.

## Die Handlungsbausteine helfen dir, die Geschichte zu verstehen.

**1** Was sieht und hört der Junge, wenn er abends allein ist?
Notiere Stichworte zu seinen Beobachtungen und Gefühlen.

Starthilfe
– hört etwas rauschen (Zeile 4)

**Handlungsbausteine:**
- Hauptperson/ Situation
- Wunsch
- Hindernis
- Reaktion
- Ende

**2** Der Junge hat Angst, wenn er nachts allein ist.
Notiere in Stichworten, welchen Wunsch er hat
und welches Hindernis ihm im Wege steht.

**3** Der Junge ändert im Verlauf der Geschichte sein Verhalten.
Schreibe auf, was er tut, als die Angst immer größer wird.

## „Denn der Nachtvogel kam nie mehr wieder, …" (Zeile 48)

**4** Sprecht über die folgenden Fragen:
– Was bedeutet das für den Jungen?
– Warum ist dies auch eine Erzählung über Mut?

## Der Junge verjagt mutig den Nachtvogel. Aber seine Eltern verhalten sich ganz anders, als er es erwartet.

die Erzählung umschreiben

**Z 5** Schreibe die Erzählung ab Zeile 33 anders weiter.

Thema: Von Angst und Mut

# Zu einem Jugendbuchauszug schreiben

Am Anfang des Jugendbuches „Vorstadtkrokodile" muss Hannes eine Mutprobe bestehen, um in die Bande „Die Krokodiler" aufgenommen zu werden: Er soll auf das Dach einer alten Ziegelei klettern und auf dem First mit erhobenen Armen „Krokodil" rufen.

**Vorstadtkrokodile**   Max von der Grün

Immer mehr schwankte die Leiter, denn ihre Verankerung war an mehreren Stellen aus der Wand gerissen. Einige Sprossen waren so verrostet, dass Gefahr bestand durchzubrechen, wenn sie belastet wurden. Hannes wagte nicht, nach unten zu sehen, er sah nur nach
5 oben, wo er sein Ziel vor Augen hatte.
Endlich war Hannes am Dach angekommen. Er sah zum ersten Mal nach unten. Ihm wurde schwarz vor Augen, er machte sie sofort wieder zu, zehn Meter sind doch eine ganz schöne Höhe. Damit er nicht vor Angst aufschrie, presste er die Zähne aufeinander, so sehr,
10 dass ihm die Kiefer schmerzten. [...]
„Los! Weiter! Kletter doch auf das Dach", rief Olaf.
„Nur keine Angst haben, Milchstraße", rief Frank.
Maria sagte leise zu ihrem Bruder: „Lass ihn herunterkommen. Er wird abstürzen."
15 Aber Hannes kletterte schon von der Leiter über die Dachrinne auf das Dach, legte sich dort auf den Bauch und kroch langsam zum First hoch, wobei er sich mit den Händen an den Dachziegeln hochzog und mit den Füßen, wenn er einen Halt
20 gefunden hatte, abstützte. Das ging langsam, Zentimeter für Zentimeter nur kam er vorwärts, es war mühsam und kräfteraubend, er musste vorsichtig sein, denn im Laufe der Jahre waren viele Dachziegel morsch geworden, verwittert,
25 sodass seine Kletterei nicht ungefährlich war. Manchmal, wenn er glaubte, einen Halt gefunden zu haben, riss ein Dachziegel unter seinen Händen weg und klatschte unten auf den Hof.
Dann blieb Hannes vor Schreck liegen, ohne sich zu rühren.
30 Endlich war er am First angekommen.
Hannes keuchte, er ruhte sich ein paar Minuten auf dem Bauch liegend aus, dann setzte er sich vorsichtig auf, hob beide Arme und rief: „Krokodil! Krokodil! Ich hab es geschafft!"

116   Thema: Von Angst und Mut

**Hannes will auch zu den Krokodilern gehören und lässt sich auf eine Mutprobe ein.**

**1** Notiere Stichworte zu den Handlungsbausteinen.
- In welcher Situation befindet sich Hannes?
- Welchen Wunsch hat er?
- Was geschieht dann?

**Wie fühlt Hannes sich während seiner Mutprobe?**

**2** Notiere Stichworte zu Hannes' Gefühlen.
a. Nenne Textstellen, die belegen, wie Hannes sich fühlt.
b. Schreibe auf, was Hannes gedacht haben könnte.

**3** Was könnte Hannes am Abend in seinem Tagebuch über die Mutprobe erzählen?
Schreibe einen kurzen Text.
Schreibe in der Ich-Form.

**Maria, Olaf und Frank haben unterschiedliche Meinungen zu Mutproben und diskutieren darüber.**

**Z 4** Bereitet ein Rollenspiel vor: Olaf, Frank und Maria diskutieren über die Mutprobe.
a. Lest noch einmal die Zeilen 11 bis 14.
b. Notiert, welche Pro- und Kontra-Argumente die Figuren nennen könnten. Begründet die Meinungen eurer Figuren.
c. Überlegt, wie etwas gesagt wird oder was genau jemand tut. Notiert mögliche Regieanweisungen.
d. Schreibt das Gespräch mit den Regieanweisungen auf.

> Maria (ängstlich): „Hannes könnte abstürzen, weil die Dachziegel lose sind."
> Frank: „Krokodiler haben keine Angst."
> ...

**Z 5** Führt das Rollenspiel durch.
a. Wer spielt wen? Verteilt die Rollen.
b. Macht die Gefühle der Figuren deutlich: durch Betonung, Gestik und Mimik.

---

den Textauszug erschließen

eine Geschichte verstehen: die Handlungsbausteine
➤ S. 297

aus anderer Perspektive erzählen

ein Rollenspiel vorbereiten und durchführen

Thema: Von Angst und Mut

# Extra Grammatik: wenn-dann-Sätze

**Wenn ich ängstlich, mutig, fröhlich … bin, dann …**
Mit wenn-dann-Sätzen können wir ausdrücken, was wir bei Angst, Mut, Ärger, Freude, … empfinden.

> Wenn ich Angst habe, dann möchte ich mich verkriechen.

> Wenn ich fröhlich bin, dann summe ich mein Lieblingslied.

**1** Was empfindest du, wenn …?
Schreibe fünf wenn-dann-Sätze auf.
**Tipp:** In wenn-dann-Sätzen steht vor dem **dann** immer ein Komma.

wenn-dann-Sätze notieren

| Wenn ich | ängstlich wütend mutig fröhlich ärgerlich | bin, dann … |
|---|---|---|

**Auch Tiere zeigen Gefühle.**

Ein Kaninchen hat Angst. Es klopft dann mit seinen Hinterläufen.
Ein Hund freut sich. Er wedelt dann …
Ein Meerschweinchen fühlt sich wohl. Es …
Ein Igel hat große Angst. Er …
Eine Katze fühlt sich sehr wohl. Sie …
Ein Vogel ist aggressiv. Er …

wenn-dann-Sätze bilden

**2** Schreibe wenn-dann-Sätze über die Tiere auf.
   **a.** Ergänze zunächst, wie die Tiere Gefühle zeigen.
   **b.** Verknüpfe dann immer zwei Sätze miteinander.

> **Starthilfe**
> Wenn ein Kaninchen …
> …

**Z 3** Schreibe mindestens fünf eigene wenn-dann-Sätze auf.
   – Du kannst die Wortgruppen aus der Randspalte verwenden.
   – Du kannst auch eigene Sätze formulieren.

schlechte Laune haben
Bauchschmerzen haben
die Hausaufgaben vergessen
sich ganz klein fühlen
vor Freude in die Luft springen

# Extra Rechtschreibung:
# Verben werden zu Nomen

Du liegst nachts im Bett und hörst merkwürdige Geräusche:
ein Rascheln, ein Knacken, ein Rauschen, ein Knirschen,
ein Krachen, ein Ticken, ein Klappern, ...

Wissenswertes zu Nomen
➤ S. 307–308

**1** Schreibe auf, was du nachts hören könntest.
Achte dabei auf die Groß- und Kleinschreibung.

| | | |
|---|---|---|
| die Heizung | der Wecker | das Bett |
| der Vorhang | die Treppenstufen | die Tür |
| das Fenster | ... | |

rauschen
rascheln
knirschen
knarren
ticken
klappern
krachen

**Starthilfe**

Die Heizung rauscht. Daher kommt das Rauschen.
Der Wecker ...

**2** Im Tandem!
**a.** Übt die Sätze als Partnerdiktat.
**b.** Unterstreicht jeweils im zweiten Satz das Nomen
mit seinem Artikel.

Partnerdiktat ➤ S.261

Viele Menschen haben Angst, wenn sie nachts allein sind.
Es gibt verschiedene Möglichkeiten, damit umzugehen:

Ich lese.    Ich telefoniere mit meiner Freundin.
   Ich sehe fern.    Ich höre Musik.

**3** **a.** Schreibe die Sätze in dein Heft.
**b.** Schreibe immer eine Begründung mit **denn beim** ... dazu.
**Tipp:** Vor dem **denn** steht
immer ein Komma.

**Starthilfe**

Ich lese, denn beim Lesen ...

beim Lesen
beim Fernsehen
beim Telefonieren
beim Musikhören

**4** Und was machst du, wenn du Angst hast?
Schreibe vier weitere Sätze mit Begründung auf.

**Z** **5** **a.** Wie fühlst du dich bei diesen Tätigkeiten? Schreibe Sätze auf.

beim Aufräumen    beim Angeln    beim Surfen
   im Internet    beim Skaten

**Starthilfe**

Beim Aufräumen langweile ich
mich schrecklich. Beim ...

**b.** Ergänze weitere Sätze.

Thema: Von Angst und Mut

119

# Z Weiterführendes: „Mutmacher" schreiben

Wenn andere uns kränken oder verletzen, ist es manchmal schwer, mutig zu sein. Die folgenden Sätze sind richtige „Fertigmacher": Sie verletzen und kränken.

> Guckt mal, da kommt wieder unser Angsthase!

> Hau bloß ab, du Flasche!

> So eine dumme Antwort!

> Was hast du denn für bescheuerte Schuhe an?

**1**  **a.** Bildet einen Stuhlkreis und sprecht darüber, warum diese Sätze „Fertigmacher" sind.
    **b.** Nennt weitere „Fertigmacher".
    **c.** Sprecht darüber, wie man sich fühlt, wenn man selbst „Fertigmacher" sagt oder gesagt bekommt.

*über „Fertigmacher" sprechen*

**W** Mit „Mutmachern" können wir anderen Menschen zeigen, dass wir sie wichtig finden. Ihr könnt zwischen Aufgabe 2 und 3 wählen

> *Du kannst prima Witze erzählen!*

> *Dein Gedicht ist wirklich toll!*

> *Dir kann man Geheimnisse anvertrauen.*

**2** Schreibe deinem Nachbarn oder deiner Nachbarin einen „Mutmacher".

*„Mutmacher" schreiben*

**3** In Gruppenarbeit!
Schreibt „Mutmacher" für jedes Gruppenmitglied.
  – Jeder schreibt seinen Namen in die Mitte auf ein Blatt Papier.
  – Geht nun von Blatt zu Blatt und notiert für die betreffende Person einen „Mutmacher".
  – Lest euch die Ergebnisse gegenseitig vor.

**4**  **a.** Sprecht darüber, wie man sich fühlt, wenn man einen „Mutmacher" gesagt bekommt.
    **b.** Vergleicht eure Antworten mit den Antworten aus Aufgabe 1c.

*über „Mutmacher" sprechen*

**120** Thema: Von Angst und Mut

**W** Du kannst „Mutmacher" in ganz unterschiedlichen Formen
schreiben. Wähle aus den folgenden Möglichkeiten eine aus.

**Wunder des Alltags**  Hans Manz

Manchmal, da habe ich eine Angst.
Manchmal, da habe ich einen Zorn.
Manchmal, da habe ich eine Wut.

Manchmal, da habe ich keine Freude.
5 Manchmal, da habe ich kein Vertrauen.
Manchmal, da habe ich keinen Mut.

Aber manchmal,
da kommt plötzlich jemand
und fragt mich: „Komm, du, geht's dir nicht gut?"

ein Gedicht lesen und
abschreiben

**6** Verschenke das Gedicht an jemanden,
dem du Mut machen möchtest.
  **a.** Schreibe das Gedicht sorgfältig und sauber auf ein Blatt.
    **Tipp:** Ein Linienblatt kann dir dabei helfen.
  **b.** Verziere dein Blatt besonders schön.

Schrift üben – schreiben üben
➤ S. 230–231

**7** Du kannst auch ein eigenes Mutmachergedicht schreiben.
  **a.** Schreibe die Buchstaben eines Namens untereinander
    auf ein Kärtchen.
  **b.** Was magst du an der oder dem anderen besonders?
    Finde passende Wörter und Wortgruppen
    zu jedem Buchstaben.
  **Tipp:** Du kannst dein Gedicht verzieren und verschenken.
  Oder du kannst es der betreffenden Person vortragen.

ein eigenes Gedicht
schreiben

| E | HRLICH |
| B | ASKETBALL SPIELEN |
| R | ECHNEN |
| U | NSINN MACHEN |

„Mutmacher" kann man auch als kleine Botschaft verschenken.

**8 a.** Sammelt gemeinsam Ideen und schreibt sie auf.
  **b.** Überlegt, wem ihr „Mutmacher" schicken möchtet.
    Schreibt die „Mutmacher" auf und verschickt sie.

Thema: Von Angst und Mut

# Das kann ich!

## Erzähltexte lesen und verstehen
## Subjektives Sprechen und Schreiben

**Die Erzählung „Der Nachtvogel" und den Anfang des Jugendbuches „Vorstadtkrokodile" könnt ihr miteinander vergleichen.**

Der Nachtvogel ➤ S. 114–115
Vorstadtkrokodile ➤ S. 116

**1** Beantwortet die folgenden Fragen schriftlich.
– Worum geht es in den Texten?
– In welcher Situation stecken die Hauptfiguren?
– Wie fühlen sie sich?
– Was tun sie?

Erzähltexte vergleichen

> **Starthilfe**
> „Der Nachtvogel"
> – Angst vor Geräuschen
> – …
>
> „Vorstadtkrokodile"
> – Angst vor …
> – …

**Der Junge aus der Geschichte „Der Nachtvogel" hat Angst.**

**2** Stell dir vor, der Junge wäre ein guter Freund von dir. Schreibe ihm einen „Mutmacher".

„Mutmacher" schreiben
mehr zu „Mutmachern"
➤ S. 121

**Hannes, der Junge aus „Vorstadtkrokodile", hat seine Mutprobe zunächst bestanden. Doch beim Herunterklettern vom Dach rutscht er plötzlich ab.**

Im Abrutschen riss er noch ein paar Ziegel heraus, die mit lautem Knall auf den Hof fielen und dort auf dem Betonboden in tausend Stücke zerplatzten. Die Krokodiler aber konnten ihm nicht helfen. Sie sahen, vor Schreck gelähmt, nur hinauf auf das Dach.

**3** Wie könnte die Geschichte weitergehen? Schreibe eine Fortsetzung.

eine Geschichte weiterschreiben

**Jeder Mensch kennt Angst. Auch Mut hat jeder auf seine Weise.**

**4** Wann hattest du schon einmal Angst oder hast Mut bewiesen?
**a.** Schreibe mithilfe des Erzählplans eine kurze Geschichte.
**b.** Überarbeite deine Geschichte. Überlege, wie du sie noch spannender schreiben kannst.
**c.** Bildet einen Erzählkreis und lest die Geschichten vor.

eine eigene Geschichte schreiben

122  Thema: Von Angst und Mut

# Mit dem Erzählplan erzählen

## Zu einem Bild frei erzählen

Das Bild zeigt eine geheimnisvolle Umgebung – wo kann das sein?

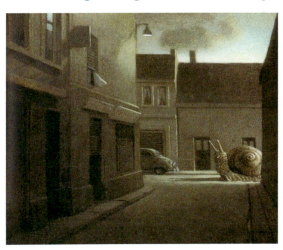

**1** Beschreibe, was du auf dem Bild siehst.

*ein Bild beschreiben*

**In Bildern stecken Geschichten.**
**Stelle dir vor, du wärst in dem Bild.**

**2** Plane deine Geschichte. Schreibe zunächst einen Erzählplan.
    **a.** Schreibe die Handlungsbausteine
        auf fünf Karteikarten.
    **b.** Notiere Fragen
        zu jedem Handlungsbaustein.

*die Geschichte planen*

*Hauptperson/Situation*
*Wo bin ich?*
*Wie ist das passiert?*

*Wunsch*
*Was will ich?*
*…*

**3** Beantworte die Fragen und notiere Stichworte
zu den einzelnen Handlungsbausteinen.

der Traum
das Filmset
das geheime Labor
der Züchter

**4** Im Tandem!
    **a.** Tausche deine Notizen mit einer Partnerin oder einem Partner.
    **b.** Ergänzt weitere Notizen an passender Stelle:
       – Wie fühlst du dich?
       – Welche Gedanken gehen dir durch den Kopf?
       – Woher kommt die Schnecke?

**5** Erzähle deine Geschichte mithilfe deiner Karteikarten.

*die Geschichte erzählen*

# Zu einem Zeitungsartikel erzählen:
# Den Aufbau planen

**In diesem Zeitungsartikel wird über einen Unfall berichtet.**

Feuerwehrleute befreiten eine Elfjährige aus einer misslichen Lage. Das Mädchen war auf das Dach eines verlassenen Fabrikgebäudes geklettert und dabei
5 durch die morschen Dachziegel gebrochen. Dass es mit seiner Jacke an einem Dachbalken hängen blieb, rettete es vor einem Fall in zehn Meter Tiefe. Warum es auf das Dach geklettert war, 10 ist noch nicht bekannt. Anwohner beobachteten zum Zeitpunkt des Unfalls mehrere Kinder auf dem Gelände, die jedoch wegrannten, bevor die Feuerwehr eintraf. 15 Es war wahrscheinlich eines von ihnen, das anonym bei der Feuerwehr anrief und den Unfall meldete.

**Marek und Karla möchten dazu eine Geschichte erzählen und haben sich Notizen zu den Handlungsbausteinen gemacht.**

*Hindernis*
*Kim in der Klemme:*
*Hund geht nicht weg*
*wackeliges Regenrohr*

*Wunsch*
*Kim will sich retten – wie?*
*läuft auf Fabrikgelände*
*klettert auf alte Wassertonne*

*Hauptperson/Situation*
*Kim hat für Grillabend Würstchen gekauft*
*begegnet Hund auf dem Rückweg*
*Hund sieht gefährlich aus, ohne Leine*

*Reaktion*
*Kim klettert aufs Dach*
*bricht durch die Ziegel*
*Was dann?*

*Ende*
*spielende Kinder hören Kim und rufen die Feuerwehr*
*Feuerwehr befreit Kim*

**1** Im Tandem!
Vergleicht die Notizen mit den Informationen im Zeitungsartikel.
– Welche Informationen wurden aus dem Artikel übernommen?
– Was haben Marek und Karla frei erfunden?
– Welche Information steht im Artikel am Anfang und für welchen Baustein haben Marek und Karla sie verwendet?
– Warum haben sie wohl so entschieden?

die Handlungsbausteine vergleichen

124    Planen, schreiben, überarbeiten: Mit dem Erzählplan erzählen

**Nun müssen Marek und Karla ihre Karteikarten
in eine Reihenfolge bringen.**

**2** Welcher Handlungsbaustein könnte am Anfang
der Geschichte stehen?
**a.** Entscheidet euch für einen Handlungsbaustein.
**b.** Formuliert eine passende Einleitung.

**3** Ordnet auch die übrigen Handlungsbausteine.

**4** Vergleicht eure Ergebnisse.

die Handlungsbausteine
ordnen

**Marek hat seine Karteikarten so geordnet, wie die Geschichte
von Anfang an passiert ist. Seine Erzählung beginnt so:**

> Letzten Freitag war das Wetter so schön, dass Kim und ihre Familie
> abends grillen wollten. Kims Mutter schickte sie zum Metzger,
> um Würstchen zu kaufen. Der Weg war nicht weit und Kim war
> bald auf dem Rückweg. Aber als sie gerade an der alten Fabrik vorbeilief,
> sah sie plötzlich vom Ende der Straße einen großen Hund auf sich
> zulaufen ...

**Karla hat eine andere Reihenfolge gewählt.
So beginnt ihre Erzählung:**

> Immer wieder sprang der Hund bellend an der alten Regentonne hoch,
> auf der ich hockte. Voller Angst klammerte ich mich an dem wackligen
> Regenrohr fest, das zum Dach hinaufführte. Was, wenn der Hund es
> doch noch schaffte, zu mir hinaufzuspringen? Wie war ich bloß
> in diese schreckliche Situation geraten? Warum verschwand
> der Hund nicht endlich? ...

**5** Vergleicht die beiden Anfänge miteinander und besprecht,
welcher euch besser gefällt. Begründet eure Meinung.

**Z 6** Schreibe nun eine eigene Erzählung zu dem Zeitungsartikel.
 – Du kannst Mareks oder Karlas Erzählung weiterschreiben.
 – Du kannst selbst eine Reihenfolge festlegen und
 einen eigenen Anfang für die Erzählung formulieren.

eine eigene Erzählung
schreiben

Planen, schreiben ... mit dem Erzählplan erzählen

# Die Erzählung überarbeiten

**Lisa hat diese Erzählung zu dem Zeitungsartikel geschrieben.**

> *Gestern spielte ich mit meinen Freunden Verstecken bei der alten Fabrik.*
> *Ich wollte mich auf dem Dach verstecken. Ich kann gut klettern und*
> *bin an der Regenrinne hochgestiegen. Ich habe mich auf das Dach*
> *gezogen und bin hochgeklettert, als unter mir ein paar Ziegel runter-*
> *fielen. Ich wäre fast runtergefallen, aber ich bin mit meiner Jacke an*
> *einem Dachbalken hängen geblieben. Die anderen Kinder haben Hilfe*
> *geholt und die Feuerwehr hat mich befreit.*

**1** Lest die Erzählung von Lisa und
sprecht über euren ersten Eindruck.

**Lisas Erzählung könnt ihr noch spannender erzählen.**

spannend erzählen

**2** Was geschieht in Lisas Erzählung?
Notiert Stichworte zu Lisas Erzählplan.

> **Starthilfe**
> Hauptperson: Lisa
> Situation: ist fast ...
> ...

**3** Welcher Handlungsbaustein fehlt?
Notiert Stichworte zu dem fehlenden Handlungsbaustein.
– Schreibt möglichst treffende Adjektive und Verben
  zu Lisas Gefühlen auf.
– Schreibt auf, welche Gedanken Lisa
  durch den Kopf gehen könnten.

> **Starthilfe**
> erschrocken, ängstlich, ...
> zittern, horchen, ...

> Handlungsbausteine:
> – Hauptperson/
>   Situation
> – Wunsch
> – Hindernis
> – Reaktion
> – Ende

**Überarbeitet nun Lisas Erzählung.**

**4** Notiert unterschiedliche Satzanfänge.

**5** Beschreibt mit treffenden Adjektiven,
  – wie das Gelände der alten Fabrik aussehen könnte,
  – wie diese Umgebung wirkt,
  – wie die Ziegel rutschen, dann fallen.

**6** Findet eine passende Überschrift.

**7** Schreibt die überarbeitete Erzählung auf.

Planen, schreiben, überarbeiten: **Mit dem Erzählplan erzählen**

### z Weiterführendes: Von persönlichen Erlebnissen in einem Brief erzählen

Du hast etwas Besonderes erlebt und möchtest davon in einem Brief erzählen.

**Alarm am Badesee**

Eine Schlange vertrieb gestern die Badegäste aus dem See. Ihr Besitzer hatte das Tier, eine kleine Anakonda, in einer abgelegenen Bucht frei schwimmen lassen. Dabei war ihm die Schlange entwischt.
5 Er rief die Polizei an, die sofort den Badestrand räumen ließ, obwohl der Mann versicherte, sein Tier sei völlig harmlos. Nach zweistündiger Suche gelang es einem dazugerufenen Tierpfleger aus dem nahe gelegenen Tierpark, die Anakonda im Schilf einzufangen. „Der Schlange geht es gut", versicherte er.
10 Der Besitzer muss jetzt möglicherweise mit einer Strafanzeige rechnen.

**1** Stelle dir vor, du bist an dem Nachmittag am See gewesen und hast die Aufregung und die Suche nach der Anakonda miterlebt. Erzähle deiner Freundin oder deinem Freund in einem Brief von diesem Erlebnis.

*einen Brief schreiben*

> **Starthilfe**
> Hallo, Johannes,
> ich muss dir unbedingt schreiben,
> was mir gestern passiert ist. ...

**Bist du sicher, dass Johannes deinen Brief spannend findet?**

**2** Überarbeite deinen Brief.
Nutze dazu die Arbeitstechnik.

*den Brief überarbeiten*

> **Arbeitstechnik**
> **Lebendig erzählen im Brief**
> – Kündige nach der **Anrede** an, dass du **etwas Besonderes** erzählen möchtest.
> – Erzähle nun von deinem Erlebnis.
> – Erzähle, wie alles begann. **Steigere langsam die Spannung** bis zum aufregendsten Augenblick. Erzähle am **Schluss**, wie es ausging.
> – Schreibe, wie du dich gefühlt hast.
> – Unterbrich deine Erzählung ab und zu durch einen Ausruf oder eine Frage, z. B.: „Ich wünschte, du wärst dabei gewesen!"
> – Beende deinen Brief mit einem schönen **Briefschluss**.

Planen, schreiben, überarbeiten: Mit dem Erzählplan erzählen

# Gedichte von Bäumen

## Gedichtformen kennen lernen

In diesem Kapitel lernst du ganz unterschiedliche Gedichte kennen, aber alle haben eines gemeinsam: Sie erzählen von Bäumen, so wie diese drei Gedichte.

**Der Apfelbaum ist aufgeblüht**  James Krüss

Der Apfelbaum ist aufgeblüht.
Nun summen alle Bienen.
Die Meise singt ein Meisenlied.
Der Frühling ist erschienen.

5 Die Sonne wärmt den Apfelbaum.
Der Mond scheint auf und nieder.
Die kleine Meise singt im Traum
die Apfelblütenlieder.

Die Bienen schwärmen Tag für Tag
10 und naschen von den Blüten.
Mag sie der Mai vor Hagelschlag
und hartem Frost behüten.

Der Apfelbaum ist aufgeblüht.
Der Winter ist vorbei.
15 Mit Blütenduft und Meisenlied
erscheint der junge Mai.

**Bruder Ahorn**  Josef Guggenmos

Ich lege mein Ohr
an den Ahorn, fast hör ich
es schlagen, sein Herz.

**Biologie**  Klaus Kordon

Dieser Baum ist knorrig\*,    \* krumm gewachsen
weil er alt ist.
Er ist verzweigt,
weil er viel erlebt hat.
5 Er ist nicht schön,
aber in seinen Zweigen
ist ein Nest.

**1**  a. Lies die Gedichte einmal leise, dann laut.
b. Welches Gedicht gefällt dir am besten? Begründe deine Wahl.

**Jeder Baum in diesen Gedichten ist etwas ganz Besonderes.**

**2** **a.** Beschreibe, was das Besondere an den Bäumen ist.
**b.** Zu welchem Gedicht passt das Foto? Begründe.

**3** **a.** Wähle ein Gedicht aus und zeichne den Baum,
der darin beschrieben wird.
**Tipp:** Gestalte bestimmte Textstellen in deinem Bild.
**b.** Präsentiere dein Bild den anderen. Lasse sie die Textstellen
herausfinden, die du in deinem Bild gestaltet hast.

*ein Gedicht gestalten*

**Jedes der drei Gedichte hat eine besondere Form.**

**4** Untersuche die drei Gedichte mithilfe der Tabelle.

*Merkmale eines Gedichtes zusammentragen*

|  | „Der Apfelbaum ..." | „Bruder Ahorn" | „Biologie" |
|---|---|---|---|
| Länge |  | kurz |  |
| Strophen | vier |  |  |
| Verse |  |  |  |
| Reim |  |  | kein Reim |

Starthilfe

**Kenntnisse über ein Gedicht können dein Urteil beeinflussen.**

**Z** **5** **a.** Welches der drei Gedichte gefällt dir nun am besten?
Begründe deine Entscheidung.
**b.** Lerne es auswendig.

*ein Gedicht auswendig lernen*
*➤ S. 302*

**W** **Wähle eine der folgenden Aufgaben.**

**6** Was ist für dich das Besondere an einem Baum?
Erstelle einen Cluster.

**Baum**
...  knorrig

**7** Schreibe ein Akrostichon oder ein Haiku.

*ein Akrostichon schreiben*

Akrostichon:

**B** ELAUBT
**A** UFRECHT
**U** ND
**M** ÄCHTIG

Haiku:

Die bunten Blätter
der Bäume tanzen umher
und ich dazwischen.

*ein Haiku schreiben*

Info

Ein Haiku besteht
aus drei Zeilen mit
insgesamt 17 Silben.

Gattungen: Gedichte von Bäumen

# Reime untersuchen

**Dieses Baumgedicht ist zu einem beliebten Volkslied geworden.**

**Am Brunnen vor dem Tore**  Text: Wilhelm Müller; Melodie: Franz Schubert

1. Am Brunnen vor dem Tore da steht ein Lindenbaum, ich träumt in seinem Schatten so manchen süßen Traum. Ich schnitt in seine Rinde so manches liebe Wort. Es zog in Freud und Leide zu ihm mich immer fort, zu ihm mich immer fort.

2. Ich musst' auch heute wandern vorbei in tiefer Nacht,
da hab ich noch im Dunkel die Augen zugemacht.
Und seine Zweige rauschten, als riefen sie mir zu:
Komm her zu mir, Geselle\*, hier find'st du deine Ruh!

3. Die kalten Winde bliesen mir grad ins Angesicht,
der Hut flog mir vom Kopfe, ich wendete mich nicht.
Nun bin ich manche Stunde entfernt von jenem Ort,
und immer hör ich's rauschen: Du fändest Ruhe dort!

> **Info**
> Dieses Lied stammt aus dem Liederzyklus „Die Winterreise". Franz Schubert (1797–1828) fühlte sich von den Gedichten Wilhelm Müllers (1794–1827) angesprochen und vertonte sie. Beide sind sich jedoch nie persönlich begegnet.

\* Freund

**1** Singt das Lied gemeinsam, vielleicht mit Begleitung.

**2** In dem Lied ist von einer Person die Rede, die einen Lindenbaum oft besucht hat.
  **a.** Warum sehnt sie sich nach dem Lindenbaum?
  **b.** Nenne passende Textstellen.

**3** Welche Wörter tragen besonders zum Klang von Liedern bei?
  **a.** Informiere dich in „Wissenswertes auf einen Blick".
  **b.** Schreibe für jede Strophe die Wörter auf, die sich reimen.

**Z 4** **a.** Informiere dich über Franz Schubert und seine Zeit im Internet.
  **b.** Stelle den Komponisten in einem Kurzreferat vor.

---

ein Lied singen

mit Textstellen belegen

Wissenswertes über Reime
➤ S. 296

im Internet recherchieren
➤ S. 228–229
Kurzreferat ➤ S. 232–233

Gattungen: Gedichte von Bäumen

Viele Bäume werden 100 und mehr Jahre alt. Linden und Eichen können sogar älter als 500 Jahre werden. Anhand der Jahresringe lässt sich das Alter eines Baumes erkennen.

### Alt möchte ich werden   Louis Fürnberg

Alt möchte ich werden wie ein alter Baum,
mit Jahresringen, längst nicht mehr zu zählen,
mit Rinden, die sich immer wieder schälen,
mit Wurzeln tief, dass sie kein Spaten sticht.

5 In dieser Zeit, wo alles neu beginnt,
und wo die Saaten alter Träume reifen,
mag wer da will den Tod begreifen –
ich nicht!

Alt möchte ich werden wie ein alter Baum,
10 zu dem die sommerfrohen Wandrer fänden,
mit meiner Krone Schutz und Schatten spenden
in dieser Zeit, wo alles neu beginnt.

Aus sagenhaften Zeiten möchte ich ragen,
durch die der Schmerz hinging, ein böser Traum,
15 in eine Zeit, von der die Menschen sagen:
Wie ist sie schön! O wie wir glücklich sind!

**Z 5** Was wünscht sich der Sprecher im Gedicht?
    **a.** Lies die passende Gedichtzeile vor.
    **b.** Erkläre die Wünsche mit deinen eigenen Worten.

**6** Erkläre, welche Baumteile der Sprecher bewundert und warum.

ein Gedicht erschließen

Auch in diesem Gedicht geben die Strophen und die Reime dem Gedicht eine Form.

die Form und den Inhalt untersuchen

**7** Untersuche das Reimschema des Gedichtes.
    **a.** Schreibe alle Reimwörter untereinander auf.
    **b.** Bezeichne alle Reimpaare mit jeweils gleichen Kleinbuchstaben.
    **c.** Um welches Reimschema handelt es sich?

Wissenswertes über Reime
➤ S. 296

**8** Untersuche den Aufbau und den Inhalt des Gedichtes.
    – Welche Verse wiederholen sich?
    – Welche Verse reimen sich?
    – Welchen Bezug zum Inhalt kannst du daran erkennen?

Gattungen: Gedichte von Bäumen

# Sprachliche Bilder untersuchen und deuten

**Bäume können auch alte Bekannte oder Freunde sein ...**

**Einkehr**   Ludwig Uhland

Bei einem Wirte wundermild*,
da war ich jüngst zu Gaste,
ein goldner Apfel war sein Schild
an einem langen Aste.

5 Es war der gute Apfelbaum,
bei dem ich eingekehret;
mit süßer Kost und frischem Schaum
hat er mich wohl genähret.

Es kamen in sein grünes Haus
10 viel leicht beschwingte Gäste.
Sie sprangen frei und hielten Schmaus
und sangen auf das Beste.

Ich fand ein Bett zu süßer Ruh'
auf weichen, grünen Matten.
15 Der Wirt, er deckte selbst mich zu
mit seinem kühlen Schatten.

Nun fragt' ich nach der Schuldigkeit,
da schüttelt er den Wipfel*.
Gesegnet sei er allezeit
20 von der Wurzel bis zum Gipfel!

\* nett und gastfreundlich

\* die obere Spitze

**1** Schreibe auf, wie der Baum in diesem Gedicht beschrieben wird.

**2** a. Bereite das Gedicht für einen Vortrag vor.
b. Trage es ausdrucksvoll vor.

**ein Gedicht vortragen**
ein Gedicht frei vortragen
➤ S. 302

Der Baum wird hier durch sprachliche Bilder veranschaulicht.

**3** Im Tandem!
a. Findet die passenden Textstellen für die sprachlichen Bilder:
– Womit wird der Apfelbaum verglichen?
– Welche Gäste besuchen den Apfelbaum noch?
b. Welche weiteren sprachlichen Bilder findet ihr?

**sprachliche Bilder entdecken**
Wissenswertes zu sprachlichen Bildern
➤ S. 296

Gattungen: Gedichte von Bäumen

Der Sprecher in diesem Gedicht drückt seine Bewunderung für Bäume ganz anders aus.

**Bäume**  Georg Maurer

Das Licht macht ihr grün,
die Erde schlank,
den Wind gesprächig,
den Himmel blank

5 und nennt euch Pappeln,
Esche und Erle,
frauliche Ulmen
und eichene Kerle.

Die Sträucher umsummen
10 eure Füße.
Von ganzem Herzen
euch meine Grüße!

**4** Bereite das Gedicht für einen Vortrag vor.
  a. Überlege, welche Grundstimmung in diesem Gedicht zum Ausdruck kommt.
  b. Trage das Gedicht so vor, dass die Grundstimmung deutlich wird.

**ein Gedicht vortragen**
ein Gedicht frei vortragen
➤ S. 302

**5** Wofür bewundert der Sprecher die Bäume?
  a. Schreibe auf, wie die Bäume das Licht, die Erde, den Wind und den Himmel verändern.

> **Starthilfe**
> grünes Licht
> …

  b. Erkläre die sprachlichen Bilder der ersten Strophe.
  – Wodurch wird das Licht grün, die Erde schlank, …

**sprachliche Bilder erklären**

**6** Welche sprachlichen Bilder werden in der dritten Strophe verwendet? Erkläre sie.

**Z 7** Schreibe die erste Strophe des Gedichtes neu. Finde andere Adjektive und neue sprachliche Bilder. Erkläre sie.
**Tipp:** Die Verse müssen sich nicht reimen.

**eine Gedichtstrophe neu schreiben**

> **Starthilfe**
> Das Licht macht ihr golden,
> …

Gattungen: Gedichte von Bäumen

**Z Weiterführendes:
Sprachliche Bilder in Sprichwörtern deuten**

Nicht nur Gedichte, auch viele Sprichwörter zeugen
von der Bedeutung des Baumes.

> Der Apfel fällt nicht weit vom _____.
> Die Bäume mit tiefen _____ sind die, die hoch wachsen.
> Fälle nicht den Baum, der dir _____ spendet.
> Einen alten Baum _____ man nicht.

die Wurzeln
der Schatten
verpflanzt
der Stamm

**1** a. Schreibt die Sprichwörter mithilfe des Wortmaterials aus der Randspalte vollständig auf.
b. Erklärt euch gegenseitig die Bedeutung dieser Sprichwörter.

Sprichwörter zu Ende schreiben

**2** Schreibt weitere Sprichwörter über Bäume auf, vielleicht auch in anderen Sprachen.

**3** Erzähle eine Geschichte zu einem Sprichwort.

Dieses Sprichwort hat in vielen Sprachen eine ähnliche Bedeutung.

Los árboles no dejan ver el bosque.

מרב עצים לא רואים את היער.
(gesprochen: Merow ezim lo ro'im et haja'ar.)

Du siehst den Wald vor lauter Bäumen nicht.

За деревьями и леса не видно.
(gesprochen: Sa derevjami i lessa ne widno.)

You can't see the wood for the trees.

**4** a. Lest das Sprichwort in den verschiedenen Sprachen laut.
b. Erklärt die Bedeutung.
**Tipp:** Am besten erzählt ihr dazu ein Beispiel aus dem Alltag.

**5** Die Wörter mit der gleichen Bedeutung sind farbig hervorgehoben.
a. Ordnet jedem Satz die richtige Sprache zu.
b. Schreibt die Wörter mit der gleichen Bedeutung zusammen auf.
c. Besprecht, welche Besonderheiten euch auffallen.

hebräisch
englisch
russisch
deutsch
spanisch

Gattungen: Gedichte von Bäumen

Auch in dem chinesischen Sprichwort geht es um Bäume.

**Pflanze Bäume!**
Wenn du für ein Jahr planst, dann säe Korn.
Wenn du für ein Jahrhundert planst, dann pflanze Bäume!

**6** Im Tandem!
   **a.** Überlegt gemeinsam, was das Sprichwort bedeutet.
   **b.** Erzählt dazu ein Beispiel aus dem Alltag.

Mit dem „Tag des Baumes", dem „Baum des Jahres" und
dem „Baum des Jahrtausends" wird der Baum weltweit geehrt.
Der folgende Artikel berichtet über eine dieser Ehrungen.

**Am 25. April ist der Tag des Baumes**

Etwa 30 000 verschiedene Baumarten wachsen auf der Erde.
Bäume sind im Leben der Menschen nicht wegzudenken,
sie spenden mit ihren Früchten Nahrung, liefern mit ihren Stämmen
Bau- und Brennholz und produzieren Sauerstoff, ohne den wir
5  nicht leben könnten. Julius Sterling Morton erkannte bereits 1872
die Bedeutung der Bäume und forderte einen „Arbor Day".
Er begründete seine Idee mit den Worten: „Andere Festtage dienen
der Erinnerung, der Tag des Baumes weist in die Zukunft!"
Der „Tag des Baumes" wurde das erste Mal 1872 gefeiert. Inzwischen
10  gibt es diesen Festtag in vielen Ländern. In Deutschland wurde
dieser Tag zum ersten Mal am 25. April 1952 gefeiert.
Viele Veranstaltungen zum Schutz der Bäume werden seitdem
von der Schutzgemeinschaft Deutscher Wald an diesem Tag
durchgeführt. Seit 1989 ist der 25. April dem jeweiligen
15  „Baum des Jahres" gewidmet.

**Z 7** Notiert Gründe, warum der „Tag des Baumes"
    jedes Jahr gefeiert wird.

einen Text erschließen

**Z 8** Informiert euch über Veranstaltungen zum „Tag des Baumes".
   **a.** Findet heraus, welcher Baum in diesem Jahr
      „Baum des Jahres" ist.
   **b.** Berichtet in einem Kurzreferat darüber.

**Z 9** Schaut auch das Foto an. Kennt ihr den „Baum des Jahrtausends"?
    Schreibt den Namen auf.

Gattungen: Gedichte von Bäumen

135

# Ⓩ Weiterführendes:
## Gedichte deuten und gestalten

Was passiert, wenn vergessen wird, wie wichtig Bäume sind?
Damit setzen sich die Gedichte auf Seite 136 und 137 auseinander.

**Der Baum**    Eugen Roth

Zu fällen einen schönen Baum,
braucht's eine Viertelstunde kaum.
Zu wachsen, bis man ihn bewundert,
braucht er, bedenkt es, ein Jahrhundert.

**1**  **a.** Lies das Gedicht von Eugen Roth.
**b.** Erkläre die Aufforderung „bedenkt es" (Zeile 4).
**c.** Schreibe auf, wovor in dem Gedicht gewarnt wird.

**Ⓩ 2** Gestalte das Gedicht von Eugen Roth.
**a.** Zeichne eine Baumscheibe mit Jahresringen.
**b.** Schreibe das Gedicht darauf. Überlege, wie du die Warnung
gestalterisch in deinem Gedicht verdeutlichen kannst.

Die äußere Form eines Gedichtes kann auch schon einiges über
den Inhalt verraten, so wie bei den beiden folgenden Gedichten.

**Wald**    Mira Lobe, Renate Welsh, Gerri Zotter

```
        W                 A                 L                 D
       WWW               AAA               LLL               DDD
      WWWWW             AAAAA             LLLLL             DDDDD
     WWWWWWW           AAAAAAA           LLLLLLL           DDDDDDD
    WWWWWWWWW         AAAAAAAAA         LLLLLLLLL         DDDDDDDDD
      WWWWW             AAAAA             LLLLL             DDDDD
     WWWWWWW           AAAAAAA           LLLLLLL           DDDDDDD
    WWWWWWWWW         AAAAAAAAA         LLLLLLLLL         DDDDDDDDD
   WWWWWWWWWWW       AAAAAAAAAAA       LLLLLLLLLLL       DDDDDDDDDDD
     WWWWW             AAAAA             LLLLL             DDDDD
    WWWWWWWWW         AAAAAAAAA         LLLLLLLLL         DDDDDDDDD
   WWWWWWWWWWW       AAAAAAAAAAA       LLLLLLLLLLL       DDDDDDDDDDD
 WWWWWWWWWWWWW AAAAAAAAAAAAAALLLLLLLLLLLLLL DDDDDDDDDDDDD
      WWW               AAA               LLL               DDD
      WWW               AAA               LLL               DDD
      WWW               AAA               LLL               DDD
```

**Waldsterben**    Hans Manz

Baum Baum Baum Baum Baum
Baum Baum Baum Baum
Baum Baum Baum
Baum Baum
Baum
Bum

**3** Untersuche die Form und den Inhalt der beiden Gedichte.
**a.** Beschreibe die äußere Form der Gedichte.
**b.** Was kannst du daran über den Inhalt erkennen?
**c.** Gestalte ein Gedicht mit einem anderen Wort.

Blatt
Stamm
Wurzel
Frucht

136    Gattungen: Gedichte von Bäumen

Die zwei Seiten des Waldes beschreibt der Dichter
in diesem Gedicht.

### Wald, Bestand an Bäumen    Günter Eich

Wald, Bestand an Bäumen, zählbar,
Schonungen, Abholzung, Holz- und Papierindustrie,
Mischwald ist am rentabelsten*
Schädlinge, Vogelschutz
5   Wildbestand, Hege, Jagdgesetze
Beeren, Bucheckern, Pilze, Reisig
Waldboden, Wind, Jahreszeiten,
Zivilisationslandschaft*

Zauberwald Merlins*
10   Einhorn* (das Tier, das es nicht gibt)
        das uns bevorsteht,
        das wir nicht wollten
        die vergessene Zukunft

* bringt den meisten Gewinn

* vom Menschen beherrschte Landschaft
* Zauberer
* ein weißes Pferd mit einem Horn auf der Stirn

**4**  Welches Bild vom Wald zeigt das Gedicht?
Erkläre es mit Beispielen aus dem Gedichtstext.

**die sprachlichen Bilder deuten**

**5**  Untersuche die Wörter im Gedicht genauer.
– Welche Wörter benennen die Nutzung des Waldes?
– Welche Wörter passen auch zu einem Zauberwald?

**die Sprache untersuchen**

In diesem Gedicht hat die Zeit eine besondere Bedeutung.

### Bäume    Sarah Kirsch

Früher sollen sie
Wälder gebildet haben und Vögel
Auch Libellen genannt kleine
Huhnähnliche Wesen die zu
5   Singen vermochten schauten herab.

**Z 6** **a.** Untersuche das Gedicht mithilfe der Fragen:
– Welche Zeit ist mit „früher" gemeint?
– Wie werden die Vögel in dem Gedicht beschrieben
  und bezeichnet?
**b.** Beschreibe, wie das Gedicht auf dich wirkt.

**die Wirkung untersuchen**

Gattungen: Gedichte von Bäumen

# Einfach sagenhaft

## Sagen von Orten

### Ein sagenhafter Ort

Geschieht an einem Ort ein rätselhaftes Ereignis, so wird die Geschichte darüber oft von Generation zu Generation weitererzählt. Die folgende Geschichte erzählt man sich vom Frauenberg bei Marburg.

> Opa, du hast gesagt, du willst mir etwas zeigen.

> Ja, wir sind schon da. Ich erzähle dir zu diesem Ort eine Geschichte.

> Und wo hast du diese Geschichte gelesen? Wer hat sie denn geschrieben?

> Das ist eine Sage. Sagen wurden, wie Märchen, mündlich erzählt. Deshalb gibt es auch keine Dichter für Sagen. Manchmal wurden sie aufgeschrieben.

### Schatzgräberei am Frauenberg

Die Leute glauben, am Frauenberg bei Marburg liege ein großer Schatz verborgen. Wer den Schatz heben wolle, der dürfe dabei aber kein Wörtchen reden.
Einst* verabredeten sich drei Männer aus Weidenhausen,
5 ihn zu heben. Sie brauchten dazu aber eine Wünschelrute*.
Das ist ein Haselstock, der wie eine Gabel ausläuft und am ersten Advent um Mitternacht gebrochen werden muss. Die drei Männer warteten also den Advent ab und verschafften sich dann zunächst den Zauberstab. Darauf gingen sie in einer Nacht
10 zum Frauenberg. Sie nahmen sich fest vor, dass keiner ein Wörtchen reden sollte, es möge kommen, was da wolle. Mithilfe der Wünschelrute fanden sie bald den Ort, wo sie zu suchen hatten. Sie fingen an zu graben und stießen bald auf einen großen, kupfernen Kessel. Der war aber so schwer,
15 dass sie ihn nicht ganz aus der Erde heben konnten, obwohl sie alle drei anfassten.

\* einmal

\* ein Stock, der auf verborgene Schätze in der Erde reagiert

Auf einmal stand ein Hund unter ihnen, klein wie ein Dackel. Er war so jung, dass er noch nicht beißen konnte, weil er noch keine Zähne hatte. Doch er bellte und heulte so schrecklich, dass
20 den dreien die Haare zu Berge standen und einer in der Angst schon davonlaufen wollte.
Wie das einer der beiden anderen bemerkte, verlor er die Geduld. Er vergaß das Stillschweigen, stieß einen Fluch aus und rief: „So greift doch zu und macht, dass wir fertig werden."
25 Kaum hatte er den Mund aufgetan, da gab es einen Krach und der Kessel samt dem Hund war verschwunden.
Später sind sie noch mehrmals hingegangen und haben gegraben. Sie fanden aber den Ort nicht wieder, wo der Kessel gesteckt hatte.

Gibt es in den Sagen auch Zauberwesen wie im Märchen?

Nein. Sehr oft aber spielt ein Wesen mit übernatürlichen Fähigkeiten eine Rolle.

Ist das denn wirklich wahr?

Einiges ist schon wahr, anderes ist erfunden.

**1** Die Sprechblasen informieren über einige Merkmale von Sagen. Untersucht die Merkmale der Sage vom Frauenberg.
  – Was ist wahr? Was ist erfunden?
  – Gibt es ein übernatürliches Wesen in der Sage?

*Merkmale von Sagen aufschreiben*

### Die Sage lässt sich gut nacherzählen.

**2** Untersuche zunächst die Handlungsbausteine der Sage.
  **a.** Schreibe die Handlungsbausteine auf einzelne Karteikarten.
  **b.** Schreibe Stichworte zu jedem Handlungsbaustein auf.

**3** Erzähle die Sage mithilfe der Karteikarten nach.

*die Sage nacherzählen*

*Erzählen ➤ S. 222–225*

**Z 4** Gestalte ein Merkblatt für deine Lesemappe.
  – Schreibe eine Überschrift.
  – Schreibe die Merkmale von Sagen in vollständigen Sätzen auf.
  – Schreibe zu jedem Merkmal Stichworte aus der Sage auf.

*mehr zur Lesemappe ➤ S. 298*

Gattungen: Einfach sagenhaft

139

**Eine Sage von Angst und Mut**

Im Teutoburger Wald liegen die Dörenther Klippen. Einer der Felsen ähnelt einer menschlichen Gestalt. Von diesem Felsen erzählt man sich die Sage vom „Hockenden Weib".

### Das hockende Weib

In früheren Tagen, so will es die Sage, strömten die Fluten
des Meeres oft tief ins Land bis an die Berge. Nicht selten waren
die Überschwemmungen so stark, dass ganze Dörfer von den Fluten
mitgerissen wurden und sich viele Menschen nur noch
5 in letzter Sekunde in Sicherheit bringen konnten.
Doch vielen gelang es nicht.
In einer Hütte am Fuße der Dörenther Klippen wohnte eine Frau
mit ihren zwei Kindern. Eines Tages bemerkte sie, dass der Boden
leicht vibrierte* und alle Vögel aufgeregt umherflatterten und    * zitterte
10 die Tiere aus dem Wald panisch* die Flucht ergriffen. Ihr war klar,    * wild, erschrocken
dass dies nur eines bedeuten konnte …
Als die Flut nahte, nahm sie ihre Kinder
auf den Arm und trug sie, so schnell sie
eben konnte, auf den Berg. Mit Entsetzen
15 sah sie, wie das Wasser weiter stieg,
und immer hastiger* setzte sie    * schneller
ihren Weg fort, bis sie schließlich
von den Höhen der Dörenther Klippen
auf die furchtbare Überschwemmung
20 zu ihren Füßen blickte.
Als das Wasser ihr schließlich bis an die
Füße reichte, hockte sie sich hin und
befahl den Kindern, auf ihre Schultern zu steigen, und fing an zu
beten. Das Meer umspülte sie, doch die unerschrockene* Frau    * mutige
25 betete weiter und verharrte* in der Stellung, in der sie sich nieder-    * blieb
gekauert hatte.
Und erst als das Wasser langsam abzog und sie sicher sein konnte,
dass ihren Kindern nun kein Leid mehr geschehen konnte,
wollte sie den Berg mit ihren beiden Kleinen wieder verlassen.
30 Doch als sie sich aufrichten* wollte, war sie zu einem Felsblock    * aufstehen
geworden, der aus den Fluten ragte und die geretteten Kinder trug.
Und noch heute stehen die Menschen ehrfürchtig*    * bewundernd
vor der steingewordenen mutigen Frau, die das Leben ihrer Kinder
mit ihrem eigenen bezahlte.

**Dies ist der Felsen, über den man sich die Sage erzählt.**

**5**  a. Beschreibe das Foto.
b. Beschreibe die Körperteile des „Hockenden Weibes",
die du erkennen kannst.

*ein Foto beschreiben*

**6**  Was erzählt man sich über den Felsen?
Erzähle die Sage mit eigenen Worten.
a. Notiere Stichworte zu den
Handlungsbausteinen auf Karteikarten.
b. Ordne die Karteikarten in der richtigen Reihenfolge.
c. Erzähle die Sage mithilfe deiner Karteikarten.

*die Sage erzählen*

Handlungsbausteine
– Hauptfiguren/
Situation
– Wunsch
– Hindernis
– Reaktion
– Ende

**7**  Was ist an dieser Sage wahr? Was ist erfunden?
a. Lies den Text noch einmal genau.
b. Nenne passende Textstellen.

**In dieser Sage findest du weitere Merkmale von Sagen.**

**8**  Nimm dein Merkblatt mit den Merkmalen zur Hand.
a. Schreibe auf, welche Merkmale auf diese Sage zutreffen.
Notiere Beispiele.
b. Schreibe die besonderen Merkmale dieser Sage auf.
c. Ergänze dein Merkblatt.

*Merkmale von Sagen untersuchen*

**Z 9**  Sammelt weitere Sagen.
Veranstaltet eine Sagen-Erzählstunde.

Gattungen: Einfach sagenhaft

# Sagen von Menschen

### Die Sage von Sadko

Die Sage von Sadko spielt in Nowgorod.
Die Stadt Nowgorod gibt es wirklich. Nowgorod liegt in Russland und war früher eine reiche Handelsstadt. Die Kaufleute brachten Waren aus Westeuropa, Indien, China und Skandinavien dorthin.

Den Namen Sadko schreibt man auf Russisch *Садко*.

**Hintergrund der Sage**

> **Info**
>
> Den **Kaufmann Sadko** gab es wirklich.
> In den Chroniken\* der Stadt kann man nachlesen, dass Sadko im 12. Jahrhundert in Nowgorod lebte. Er war ein Kaufmann. Sagenerzähler dichten zur Wirklichkeit noch etwas hinzu.
> Die Sage von Sadko war ursprünglich ein Lied: Bauern und Hirten sangen es in den Dörfern. Erst im 19. Jahrhundert wurde die Sage aufgeschrieben.

\* In Chroniken werden geschichtliche Ereignisse in genauer Reihenfolge aufgeschrieben.

**1** Lies die Sage mit dem Textknacker.
   **a.** Sieh dir zunächst die Bilder an.
      Was erzählen sie?
   **b.** Lies die Sage.
      Die Randerklärungen helfen dir, den Text zu verstehen.
      Gibt es weitere Textstellen, die unverständlich sind?
      Versuche, sie aus dem Zusammenhang zu verstehen.
   **c.** Ordne den ersten vier Absätzen
      je eine Zwischenüberschrift
      aus den Vorschlägen zu.
   **d.** Schreibe für die anderen Absätze
      eigene Zwischenüberschriften auf.

**die Sage lesen und verstehen**

der Textknacker
➤ S. 298

> Sadko am Ilmensee
> Sadkos Begegnung mit dem Meerkönig
> Die Kaufleute von Nowgorod
> Sadko, der arme Sänger

Gattungen: Einfach sagenhaft

### Die Sage von Sadko

In Nowgorod lebten vor langer Zeit viele wohlhabende Kaufleute. Von ihren Reisen nach Skandinavien, China oder Indien brachten sie Gewürze, Edelsteine und feine Stoffe mit. Ihr Reichtum erlaubte es ihnen, rauschende Feste zu feiern.

5 In Nowgorod lebte zu dieser Zeit auch ein armer Sänger namens Sadko. Alles, was er besaß, war ein Instrument, das sehr schön klang: eine Gusli. Sadko verdiente sein Brot damit, dass er die Gäste auf den Festen mit seiner Gusli unterhielt. Wenn er über die Saiten seiner Gusli strich und seine Lieder sang,
10 hörten alle aufmerksam zu. Die Menschen liebten seine Musik.

Einmal geschah es, dass Sadko keine Einladung zu einem Fest erhielt, auch nicht am zweiten und am dritten Tag. Traurig und mit leerem Magen verließ er die Stadt und begab sich zum Ilmensee. Dort setzte er sich auf einen weißen Felsen,
15 nahm seine lieblich klingende Gusli und spielte.

Plötzlich wurde der See dunkel und hohe Wellen kamen auf. Gischt spritzte Sadko ins Gesicht. Er bekam Angst. Er wollte gerade weglaufen, da teilte sich eine Welle und aus der Tiefe stieg der Meerkönig herauf.
20 Er sprach zu Sadko: „Welche Freude, diese wundervolle Musik zu hören. Wir haben auf dem Meeresgrund getanzt. Dafür will ich dich belohnen. Geh zurück nach Nowgorod und wette mit den reichen Kaufleuten, dass es im Ilmensee Fische mit goldenen Flossen gibt. Wette um all ihre Waren und
25 Verkaufsstände. Knüpfe dann ein Netz aus Seide und komm mit den Kaufleuten hierher."

Am nächsten Tag wurde Sadko wieder zu einem Fest eingeladen. Als die Kaufleute fröhlich feierten, verkündete Sadko: „Oh, Kaufleute von Nowgorod! Im Ilmensee gibt es Fische
30 aus reinstem Gold!" „Das ist nicht möglich!", antworteten die Kaufleute. „Lasst uns wetten", schlug Sadko vor. Drei Kaufleute nahmen die Wette an und mit einem Netz aus Seide gingen sie mit Sadko zum Ilmensee. Sie warfen das Netz dreimal aus und fingen jedes Mal einen Fisch aus reinem Gold.

Gattungen: Einfach sagenhaft

143

35 Sadko hatte die Wette gewonnen. Er war jetzt ein reicher Mann.
Er ließ 30 Schiffe bauen und belud sie mit Nowgoroder Waren.
Mit seiner Flotte* segelte er den Wolchow hinunter und weiter
bis ins offene Meer. In verschiedenen Handelsstädten legten die
Schiffe an und Sadko verkaufte seine Waren. Bald füllten sich die
40 Schiffe mit Silber, Gold und Edelsteinen. Also machte sich die Flotte
auf den Heimweg.

*mehrere Schiffe

Plötzlich kam ein Sturm auf. Die Wellen tosten. Die Schiffe
drohten zu sinken. Da sprach Sadko: „Ich war glücklich
über meinen Reichtum. Aber ich habe mich nicht beim Meerkönig
45 bedankt. Ich werde zu ihm hinabsteigen."

Er nahm seine Gusli und stieg auf einer Schiffsplanke*
in die Wogen. Im selben Augenblick beruhigte sich die See.
Sadko fiel in einen tiefen Schlaf. Als er erwachte, lag er
auf dem Meeresgrund. Im Seesand stand ein weißer Marmorpalast.
50 Sadko betrat den Palast. In der Halle stand ein Thron,
der aus einer einzigen großen Muschel bestand.
Auf dem Thron saß der Meerkönig selbst.
Sein langes Haar wallte im Wasser.

*einem Holzbrett

Der Meerkönig sprach: „Oh, Sadko, du reicher Kaufmann.
55 Ich habe dir deinen Reichtum geschenkt, doch du hast
mich vergessen. Jetzt kommst du selbst als Geschenk.
Spiel für mich deine lieblich klingende Gusli."
Sadko spielte und der Meerkönig begann einen wilden Tanz.
Sadko spielte Tag und Nacht. Die See tobte. Der gelbe Meeressand
60 wurde aufgewühlt. Schiffe gingen unter und Seefahrer ertranken.

Nach Tagen hörte Sadko plötzlich eine Stimme: „Oh, Sadko
von Nowgorod. Jetzt ist es genug." Sadko drehte sich um.
Hinter ihm stand ein weißhaariger alter Mann. Es war Nikolai,
der Beschützer der Seefahrer. Er sprach: „Beende dein Spiel!
65 Zerreiße deine Saiten. Zerbrich dein Instrument. Die See soll sich
beruhigen. Nimm dann die Meerjungfrau Tschernawa zur Frau.
Sie wird dir helfen."

144  Gattungen: Einfach sagenhaft

Sadko tat, was ihm der alte Mann geraten hatte.
Als das Hochzeitsfest vorüber war, begab Sadko sich
70 mit seiner Braut Tschernawa ins Schlafgemach\*. Es wurde Nacht
und er weinte bitterlich. Tschernawa verstand seinen Kummer:
Er sehnte sich nach seiner Heimatstadt Nowgorod. Sie hatte Mitleid
und beschloss, ihm zu helfen.

\* Schlafzimmer

Als Sadko am nächsten Morgen erwachte, war er in Nowgorod,
75 am Ufer des Flusses Wolchow. Zur gleichen Zeit erreichten
seine Schiffe die Stadt.
Alle waren glücklich über das unerwartete Wiedersehen.
Zu Ehren des alten Nikolai, des Beschützers der Seefahrer,
ließ Sadko eine Kirche mit einer goldenen Kuppel bauen.

**In der Sage ist einiges wahr, aber vieles ist hinzugedichtet.
Wer heute nach Nowgorod kommt, kann dort immer noch
die St.-Nikolai-Kirche bewundern.**

**2** Was könnte wahr sein? Was wurde hinzugedichtet?
  **a.** Sammelt dazu Stichpunkte.
  **b.** Sprecht über eure Ergebnisse.

**3** Schreibe auf, welche Sagenmerkmale auf diese Sage zutreffen.

**W** Wählt aus den folgenen Aufgaben eine aus.

**4** Im Tandem!
  Fasst die Sage zusammen.
  **a.** Teilt die zwölf Absätze unter euch auf.
  **b.** Schreibt jeweils die Zwischenüberschrift auf.
  **c.** Fasst dann jeden Absatz in ein bis zwei Sätzen zusammen.

die Sage
zusammenfassen

**5** Erzähle die Sage.
  **a.** Notiere Stichworte zu den Handlungsbausteinen
    auf Karteikarten.
  **b.** Ordne die Karteikarten in der richtigen Reihenfolge.
  **c.** Erzähle die Sage mithilfe deiner Karteikarten.

die Sage nacherzählen

Gattungen: Einfach sagenhaft

### Der griechische Sagenheld Odysseus

**Die Abenteuergeschichte von Odysseus ist eine der ältesten Sagen der Welt. Sie spielt vor etwa 3000 Jahren.
Der griechische Dichter Homer hat sie vor langer Zeit aufgeschrieben.**

### Das Trojanische Pferd

**Um die Stadt Troja wurde ein Krieg geführt. Odysseus' Leute versuchten zehn Jahre lang erfolglos, Troja zu erobern.**
„Oh, große Könige", sagte Odysseus, nachdem sie alle
gut gegessen und getrunken hatten. „Wir kämpfen und kämpfen,
5 aber Troja fällt nicht. [...] Ich will endlich siegen, wenn ich schon
so lange gekämpft habe!"
„Das wollen wir auch, Odysseus, wir auch!", riefen viele.
„Aber leider geht es nicht!"
„Nicht mit roher Gewalt. Aber wir können Troja mit List erobern."
10 Alle spitzten die Ohren: „Was schlägst du vor?"
„Wir sollten ein Pferd aus Holz bauen. Ein sehr, sehr großes Pferd.
Die besten unserer Krieger verstecken sich dann im Bauch
des Pferdes. Wir erklären in einem Schreiben feierlich den Krieg
für beendet und bieten den Trojanern\* das Pferd als Geschenk und
15 Entschuldigung an."
„Und was, meinst du, wird weiter geschehen?"
„Was wohl? Ich hoffe, sie werden das Geschenk annehmen und
das Pferd in die Stadt bringen. Und dann fällt Troja
wie ein überreifer Apfel in unsere Hand. Jetzt brauchen wir
20 strengste Geheimhaltung, schönes festes Holz, Geduld und Fleiß.
Das Pferd muss wunderschön werden. Denn ich bin mir sicher –
falls wir Troja damit besiegen, wird das Trojanische Pferd
in die Geschichte eingehen. Auch nach tausend Jahren wird man
darüber sprechen."
25 Die Griechen machten sich an die Arbeit.
Holz wurde herangeschafft, Künstler und Handwerker geholt.
Das Pferd wurde auf einer Holzplattform mit vier Rädern gebaut.
Eine Geheimtür, die sich nur von innen öffnen ließ,
führte in seinen Bauch.
30 Es war eine dunkle, geheimnisvolle Nacht – auch die Götter
schliefen, als Odysseus sich zusammen mit dreißig seiner Krieger
im Bauch des Pferdes versteckte. [...]

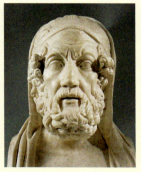
Statue von Homer

\* den Bewohnern der Stadt Troja

146  Gattungen: Einfach sagenhaft

Am nächsten Tag berichteten Kundschafter* König Priamos
von Troja: „Die griechische Flotte* segelt aufs offene Meer hinaus.
35 Kein Grieche ist in der Nähe der Stadt zu sehen.
Nur ein großes Holzpferd steht da. Wir haben neben dem Pferd
ein versiegeltes* Schreiben gefunden. Hier ist es."
König Priamos öffnete es und las: „An König Priamos.
Wir geben auf, weil die Götter auf eurer Seite stehen.
40 Der Krieg ist zu Ende. Als Zeichen der Versöhnung, damit ihr
nicht an Rache denkt, schenken wir euch das hölzerne Pferd.
Wir haben es euch zu Ehren das *Trojanische Pferd* genannt."
König Priamos begab sich vor das Tor Trojas und betrachtete lange
das hölzerne Pferd. Er befahl, es in die Stadt zu bringen und
45 auf dem Marktplatz aufzustellen. Rundherum sollte ein Fest
stattfinden.
So geschah es. Alle Trojaner kamen, um zu feiern. Ziegen, Lämmer,
Gänse und Hühner wurden gebraten. Viele Fässer Wein wurden
geöffnet und getrunken. Die leckeren Düfte kamen auch
50 bis in den Bauch des Pferdes, wo die griechischen Krieger
mucksmäuschenstill, verschwitzt und hungrig, eng gedrängt
einer neben dem anderen lagen. Das Wasser lief ihnen im Munde
zusammen. Aber keiner gab auch nur einen Mucks von sich.
Mitten in der Nacht, als die Trojaner betrunken in tiefen Schlaf
55 gefallen waren, schlichen die Griechen aus ihrem Versteck heraus.
[...] Odysseus öffnete die Stadttore. Das griechische Heer war
in der Zwischenzeit zurückgekehrt. Die Krieger strömten
in die Stadt [...]
**Und so eroberten Odysseus' Leute doch noch die Stadt Troja.**

\* Spione

\* mehrere Schiffe

\* verschlossenes

**6** Untersuche die Handlungsbausteine der Sage vom Trojanischen
Pferd. Notiere Stichworte zu den einzelnen Handlungsbausteinen.

> **Starthilfe**
> Situation: Krieg um die Stadt Troja
> Hauptperson: …
> …

die Sage untersuchen

**7** Schreibe auf, welche Merkmale auf diese Sage zutreffen.

**Z 8** Erzähle die Geschichte schriftlich aus einer anderen Perspektive:
Wie hat ein Trojaner die Begebenheit erlebt?

aus anderer Perspektive erzählen

**Z 9** Wie stellst du dir das Trojanische Pferd vor?
Zeichne ein Bild und erkläre es den anderen.

Gattungen: Einfach sagenhaft

Z **Weiterführendes: Eine moderne Sage lesen**

Auch heute noch erzählen wir uns ungewöhnliche Ereignisse. Die folgende moderne Sage könnt ihr in dem Buch „Die Spinne in der Yucca-Palme. Sagenhafte Geschichten von heute" lesen. Der Sagenforscher Rolf Wilhelm Brednich hat sie aufgeschrieben.

**Die trojanische Couch**

Als ich vorige Woche mit meinen Schulfreundinnen Kaffeeklatsch hatte, sprachen wir auch über Einbrüche. Da erzählte eine, die aus Hameln kommt, was sie von ihrer Nachbarin gehört hatte. Die wusste es wiederum von einer Bekannten.
5 Eben diese Bekannte hatte für ihre Nachbarn, die verreist waren, das Haus gehütet, hatte also den Schlüssel. Am Tag, bevor sie wiederkamen, klingelte es bei ihr an der Tür. Zwei Männer standen an der Tür und sagten: „Sie haben doch den Schlüssel von Frau Sowieso, wir haben eine Couch abzuliefern. Würden Sie
10 uns wohl aufschließen?" Die Nachbarin war gleich dazu bereit. Die Männer stellten die Couch ins Haus, verabschiedeten sich, und sie schloss wieder zu.
Als die Hausbesitzer am nächsten Tag aus den Ferien kamen, war das Haus leer geräumt: In der Schlafcouch hatte sich nämlich
15 ein Mann versteckt.

**1** Lest und untersucht die moderne Sage genau.
Notiert Stichworte zu den einzelnen Handlungsbausteinen.

die Sage untersuchen

**2** Vergleicht die moderne Sage „Die trojanische Couch" mit der Sage vom Trojanischen Pferd.
Schreibt Gemeinsamkeiten und Unterschiede auf.

Sagen vergleichen

„Das Trojanische Pferd" ➤ S. 146

W **Wähle eine der folgenden Aufgaben aus.**

**3** Schreibe einen Zeitungsbericht über die Begebenheit.
– **Wann** und **wo** geschah es?
– **Wer** war beteiligt?
– **Was** geschah der Reihe nach?
– **Was** war die Folge?
Formuliere auch eine Überschrift.

eine Sage in einen Zeitungsbericht umschreiben

Bericht ➤ S. 300

**4** Erzähle die Sage mithilfe von Erzählkarten nach.

148  Gattungen: Einfach sagenhaft

## Z Weiterführendes: Ein Sagenbuch gestalten

Ihr habt verschiedene Sagen gelesen und
einiges über diese Texte erfahren.
In einem Sagenbuch könnt ihr eure Arbeitsergebnisse sammeln.

**1** Wertet eure Merkblätter zu den Merkmalen von Sagen
gemeinsam aus.
– Erarbeitet ein gemeinsames Merkblatt.
  Gestaltet es für das Sagenbuch.
– Oder schreibt gemeinsam einen Lexikonartikel
  zum Thema **Sagen**.

*Merkmale von Sagen
aufschreiben*

**2** Sammelt eure Lieblingssagen in eurem Sagenbuch.
**a.** Lest weitere Sagen.
**b.** Schreibt eure Lieblingssagen auf.
**c.** Gestaltet die Blätter mit Fotos, Bildern oder Bildergeschichten.

*Sagen sammeln*

## W Wählt eine oder zwei der folgenden Aufgaben aus.
Sammelt eure Ergebnisse in dem Sagenbuch.

**3** Schreibe eine Sage zu einem Zeitungsbericht um.
**a.** Wähle eine Sage aus und schreibe sie zu einem Bericht um.
  Die **W-Fragen** helfen dir.
**b.** Formuliere auch eine Überschrift.

*eine Sage zu einem
Zeitungsbericht
umschreiben*

*Bericht ➤ S. 300*

**4** Im Tandem!
Schreibt ein Interview mit dem Kaufmann Sadko oder
mit einer anderen Sagengestalt.
**a.** Notiert euch Fragen, die ihr der Figur stellen könntet.
  **Tipp:** Interviewfragen beginnen oft mit **W**.
**b.** Überlegt euch mögliche Antworten.
**c.** Schreibt dann das Interview auf.

*ein Interview
aufschreiben*

**5** Schreibe eine eigene Sage, die z. B. in deinem Heimatort spielt.
**a.** Schreibe zunächst einen Erzählplan für die Sage.
**b.** Schreibe deine Sage mithilfe der Handlungsbausteine.

*eine eigene Sage
schreiben*

**Starthilfe**

In der Nähe von … gibt es einen großen See.
Vor zweihundert Jahren soll sich dort
Folgendes abgespielt haben: Eines Nachts …

Gattungen: Einfach sagenhaft

149

# Von Weisen und Spaßvögeln

## Nasrettin Hoca und Till Eulenspiegel

> **Info**
>
> Wann genau **Nasrettin** gelebt hat und ob überhaupt, ist nicht bekannt. Er wird oft der „türkische Eulenspiegel" genannt. Er besitzt den Titel „Hoca" (sprich: Hodscha). Das Wort bedeutet „Gelehrter". Nur sehr weise und gläubige Menschen durften früher und dürfen heute den Titel tragen. Nasrettin Hoca ist auch ein Spaßvogel. Er zeigt den Menschen oft, wie dumm sie sind. Aber manchmal ist er auch selbst der Dumme.

**Diese Geschichte erzählt man über Nasrettin.**

### Die Geschichte vom verlorenen Esel

Nasrettin Hoca hatte einen Esel. Eines Tages war der Esel weg. Nasrettin suchte ihn überall: in der Stadt, im Wald und am Fluss. Während er suchte, murmelte er vor sich hin, lächelte und dankte Allah.

5 Ein Nachbar kam vorbei und fragte: „Mein Hoca, was ist denn das für eine Geschichte? Du hast einen Esel verloren, aber du lächelst und dankst Gott!"
„Mein lieber Nachbar, das ist ganz einfach. Ja, ich habe meinen Esel verloren. Und das ist eigentlich nicht zum Lachen.
10 Und doch muss ich Allah danken für mein Glück. Stelle dir vor, ich hätte auf dem Esel gesessen, als er verloren ging. Dann wäre ich mit ihm zusammen verloren gegangen."

**1** Lest den Text zu dritt mit verteilten Rollen.

mit verteilten Rollen lesen

**2** Ist Nasrettin in der Geschichte der Kluge oder der Dumme? Schreibe deine Meinung auf und begründe sie.

**W 3** Erzähle die Geschichte schriftlich aus einer anderen Sicht: Wähle eine Möglichkeit aus:
– Der Nachbar erzählt die Geschichte seiner Frau.
– Nasrettin erzählt die Geschichte am Abend in der Teestube.

aus anderer Perspektive erzählen

**Info**

**Till Eulenspiegel** lebte im 14. Jahrhundert.
Er wird oft mit einer Eule und einem Spiegel abgebildet.
Till war ein Schalk, ein Narr. Er nahm viele Dinge wörtlich
und brachte damit die Menschen zum Lachen.

### Wie Eulenspiegel einem Esel das Lesen beibrachte

*Ich weiß Antworten auf alle Fragen.
Till Eulenspiegel, der große Gelehrte*

Das ließ Till Eulenspiegel auf Zettel schreiben (denn er konnte selbst nicht schreiben) und heftete die Zettel in der Universität in Erfurt an die Wand.
5 Die Professoren ärgerten sich darüber: Till Eulenspiegel wollte klüger sein als sie?
Deshalb überlegten sie sich eine List. Sie riefen Eulenspiegel herbei und sagten: „Wir haben gehört, dass du ein großer Gelehrter bist. Traust du dir zu, einem Esel das Lesen beizubringen?" Eulenspiegel
10 sagte Ja, aber er brauche zwanzig Jahre dazu, und er forderte dafür viel Geld, womit alle einverstanden waren.
So nahm Till den Esel und zog mit ihm in die Herberge „Zum Turm". Im Stall legte er dem Esel ein wertvolles Buch in die Futterkrippe und zwischen jedes Blatt legte er Haferkörner.
15 Das merkte sich der Esel und blätterte mit dem Maul eine Seite nach der anderen um, damit er an die Körner herankam. Wenn er dann keinen Hafer mehr zwischen den Blättern fand, rief er: „I-A! I-A!" Eulenspiegel fand das großartig und sagte dem Rektor der Universität Bescheid: „Der Esel kann schon ein bisschen lesen,
20 nämlich einige Vokale."
Um drei Uhr nachmittags kamen die Professoren, um den lesenden Esel anzusehen. Der Esel aber hatte schon den ganzen Tag gefastet. Als Till ihm ein neues Buch, allerdings ohne Haferkörner, hinlegte, blätterte der Esel erfolglos die Seiten
25 des Buches um und schrie: „I-A! I-A!" Da sagte Till: „Seht ihr, die beiden Vokale I und A, die kann er schon. Den Rest lernt er auch noch." Die Professoren gingen wütend davon. Till aber ließ den Esel frei und sagte: „Lauf zu den anderen Erfurter Eseln."

**4** Till sagt zum Esel: „Lauf zu den anderen Erfurter Eseln" (Zeile 28). Erklärt, was er damit meint.

**W 5** Erich Kästner hat diese und andere Eulenspiegelgeschichten neu erzählt. Besorge dir das Buch. Wähle eine Geschichte aus. Bereite sie zum Vorlesen vor oder erzähle sie nach.

Gattungen: Von Weisen und Spaßvögeln

Ein Sprichwort heißt: „Kinder und Narren sagen die Wahrheit."
In dieser Geschichte könnt ihr lesen, ob das Sprichwort stimmt.

**Wie Eulenspiegel in Magdeburg verkündete,
dass er vom Rathauserker fliegen wollte**

Eulenspiegel kam in die Stadt Magdeburg und machte dort
viele Streiche. Deshalb war sein Name bald bekannt.
Die Bürger baten ihn nun: „Mache doch einmal etwas
ganz Abenteuerliches." Da sagte Eulenspiegel: „Das will ich tun.
5 Ich will auf das Rathaus steigen und vom Erker* herabfliegen."
Da gab es ein großes Geschrei in der Stadt. Alte und junge Leute
versammelten sich auf dem Marktplatz vor dem Rathaus.
Alle wollten sehen, wie er flog.
Eulenspiegel stand auf dem Erker des Rathauses und bewegte
10 seine Arme, als ob er fliegen wollte. Die Leute standen da,
rissen Augen und Mund auf und meinten wirklich,
Eulenspiegel wolle fliegen.
Da fing Eulenspiegel an zu lachen und rief:
„Ich dachte, ich sei der einzige Narr auf der Welt.
15 Aber nun sehe ich, dass die ganze Stadt voller
Narren ist. Wenn ihr mir sagt, ihr wollt fliegen,
dann glaube ich es nicht. Aber ihr glaubt mir,
einem Dummkopf! Ich bin doch keine Gans
und auch kein Vogel.
20 Ich habe auch keine Flügel. Und ohne Flügel oder Federn
kann keiner fliegen. Nun seht ihr wohl, dass meine Geschichte
gelogen ist."
Er drehte sich um, lief weg und ließ die Menschen stehen.
Die einen fluchten, die anderen lachten und sagten: „Er ist
25 ein Dummkopf, ein Narr. Aber er hat doch die Wahrheit gesagt."

\* Vorbau, manchmal
mit Geländer

**6** Besprecht, was die Menschen mit dem letzten Satz meinen.
„Aber er hat doch die Wahrheit gesagt."

**7** Erzählt die Geschichte nach.
**a.** Notiert Stichworte zur Handlung auf Kärtchen.
**b.** Erzählt dann die Geschichte mithilfe eurer Stichworte nach.

die Geschichte
nacherzählen

**8** Was meint ihr? Ist Eulenspiegel ein Dummkopf und ein Narr?
Äußert eure Meinung und begründet sie.

152     Gattungen: Von Weisen und Spaßvögeln

**W** Hier erhaltet ihr weitere Arbeitsanregungen zur Auswahl: Ihr könnt eine Hörszene gestalten, Eulenspiegel und Nasrettin vergleichen oder weitere Informationen sammeln und aufschreiben.

**Die Szene auf dem Marktplatz könnt ihr als Hörszene gestalten.**

**9** Bei einer Hörszene kann man nichts sehen.
Was könnt ihr alles hörbar machen? Mit welchen Hilfsmitteln? Sammelt Ideen und notiert sie an der Tafel.

*Ideen sammeln und notieren*

**10** Mit euren Ideen könnt ihr nun die Hörszene planen.
Legt dazu einen Regieplan an, am besten mit dem Computer.

*einen Regieplan anlegen*

| Was geschieht? | Wer spricht? | Was sagt jemand? | Wie spricht jemand? | Hintergrund-geräusche |
|---|---|---|---|---|
| viele Menschen auf dem Marktplatz ... | viele Menschen ... | „Ob Eulenspiegel wirklich fliegt?" ... | ungläubig, aufgeregt, ... | Pferdegetrappel und Schritte ... |

**11** **a.** Übt nun das Sprechen und die Hintergrundgeräusche.
**b.** Nehmt die Szene auf Band auf.
**c.** Erweitert die Szene zu einem Hörspiel.

*Nasrettin Hoca und Till Eulenspiegel vergleichen*

**Nasrettin Hoca wird oft der „türkische Eulenspiegel" genannt.**

**12** Vergleicht Nasrettin Hoca und Till Eulenspiegel miteinander. Notiert Gemeinsamkeiten und Unterschiede.

*Nasrettin Hoca und Till Eulenspiegel vergleichen*

**13** Im Tandem!
Was ist das Besondere an Eulenspiegel und seinen Geschichten?
**a.** Lest noch einmal den Infokasten auf Seite 151 oben.
**b.** Überlegt, warum Eulenspiegel oft mit einem Spiegel und einer Eule abgebildet wird.
**c.** Schreibt typische Merkmale einer Eulenspiegel-Geschichte auf.
**d.** Was ist eine Eulenspiegelei? Schreibt eine Erklärung auf.

*Infokasten ➤ S. 151*

**Die Geschichten von Nasrettin Hoca und Till Eulenspiegel sind Schelmengeschichten.**

**14** **a.** Informiert euch in einem Lexikon oder im Internet, was Schelmengeschichten sind.
**b.** Schreibt einen kurzen informierenden Text.

Gattungen: Von Weisen und Spaßvögeln

# Die Schildbürger

> **Info**
>
> Geschichten über die **Männer der Stadt Schilda** wurden zuerst zum Ende des 19. Jahrhunderts geschrieben. Einst waren sie wegen ihrer Klugheit berühmt und wurden oft um Rat gebeten. Den Schildaer Frauen gefällt es gar nicht, dass ihre Männer immer unterwegs sind und alle Arbeit den Frauen überlassen. Die Männer wollen es sich nicht länger mit ihren Frauen verderben und beschließen, sich fortan so zu verhalten, dass sie niemand mehr für klug hält.

**Die Schildbürger bauen ein Rathaus**   Erich Kästner

Der Plan, das neue Rathaus nicht viereckig, sondern dreieckig zu bauen, stammte vom Schweinehirten. Er hatte, wie schon gesagt, den Schiefen Turm von Pisa erbaut, der mittlerweile eine Sehenswürdigkeit geworden war, und erklärte stolz:

5 „Ein dreieckiges Rathaus ist noch viel sehenswerter als ein schiefer Turm. Deshalb wird Schilda noch viel berühmter werden als Pisa!" Die anderen hörten das mit großem Behagen. Denn auch die Dummen werden gerne berühmt. Das war im Mittelalter nicht anders als heute.

10 So gingen also die Schildbürger schon am nächsten Tag morgens um sieben an die Arbeit. Und sechs Wochen später hatten sie die drei Mauern aufgebaut. In der dem Marktplatz zugekehrten Breitseite war ein großes Tor ausgespart worden. Und es fehlte nur noch das Dach. Nun, auch das Dach kam bald zu Stande,

15 und am Sonntag darauf fand die feierliche Einweihung des neuen Rathauses statt.
Sämtliche Einwohner erschienen in ihren Sonntagskleidern und begaben sich, mit dem Schweinehirten an der Spitze, in das weiß gekalkte, dreieckige Gebäude. Doch sie waren noch nicht an der

20 Treppe, da purzelten sie auch schon durcheinander, stolperten über fremde Füße, traten irgendwem auf die Hand, stießen mit den Köpfen zusammen und schimpften wie die Rohrspatzen\*. Die drin waren, wollten wieder heraus. Die draußen waren, wollten unbedingt hinein. Es gab ein fürchterliches Gedränge!

25 Endlich landeten sie alle, wenn auch zerschunden und mit Beulen und blauen Flecken, wieder im Freien, blickten einander ratlos an und fragten aufgeregt: „Was war denn eigentlich los?" Da kratzte sich der Schuster hinter den Ohren und sagte: „In unserm Rathaus ist es finster!" – „Stimmt!", riefen die andern. Als aber der Bäcker

30 fragte: „Und woran liegt das?", wussten sie lange keine Antwort. Bis der Schneider schüchtern sagte: „Ich glaube, ich hab's."

\* Spatzenart, die besonders viel und laut zwitschert

„Nun?" – „In unserm Rathaus", fuhr der Schneider bedächtig fort, „ist kein Licht!" Da sperrten sie Mund und Nase auf und nickten zwanzigmal. Der Schneider hatte Recht. Im Rathaus war es finster, weil kein Licht drin war!

**1**
a. Beschreibe die Schildbürger und ihre Situation.
b. Schreibe auf, welchen Wunsch die Schildbürger haben.
c. Benenne das Hindernis, das hier erkennbar ist.

Handlungsbausteine
➤ S. 297

Am Abend trafen sie sich beim Ochsenwirt, tranken eins und beratschlagten, wie man Licht ins Rathaus hineinschaffen könne. Es wurde eine ganze Reihe Vorschläge gemacht. Doch sie gefielen ihnen nicht besonders. Erst nach dem fünften Glas Braunbier fiel dem Hufschmied das Richtige ein. „Das Licht ist ein Element wie das Wasser", sagte er nachdenklich. „Und da man das Wasser in Eimern ins Haus trägt, sollten wir's mit dem Licht genauso machen!" – „Hurra!", riefen sie alle. „Das ist die Lösung!"
Am nächsten Tag hättet ihr auf dem Marktplatz sein sollen! Das heißt, ihr hättet gar keinen Platz gefunden. Überall standen Schildbürger mit Schaufeln, Spaten, Besen und Mistgabeln und schaufelten den Sonnenschein in Eimer und Kessel, Kannen, Töpfe, Fässer und Waschkörbe. Andre hielten große leere Kartoffelsäcke ins Sonnenlicht, banden dann die Säcke geschwind mit Stricken zu und schleppten sie ins Rathaus. Dort banden sie die Säcke auf, schütteten das Licht ins Dunkel und rannten wieder auf den Markt hinaus, wo sie die leeren Säcke von neuem aufhielten und die Eimer und Fässer und Körbe wieder vollschaufelten. Ein besonders Schlauer hatte eine Mausefalle aufgestellt und fing das Licht in der Falle. So trieben sie es bis zum Sonnenuntergang. Da wischten sie sich den Schweiß von der Stirn und traten gespannt durch das Rathaustor. Sie hielten den Atem an. Sie sperrten die Augen auf: Aber im Rathaus war es noch genauso dunkel wie am Tag zuvor. Da ließen sie die Köpfe hängen und stolperten wieder ins Freie.

**2** Notiere Stichworte:
Wie reagieren die Schildbürger, um doch noch ihren Wunsch zu erfüllen?

**Starthilfe**
wollen das Licht ins Rathaus tragen
mit Schaufeln …

**3** Sammle Ideen, wie die Geschichte weitergehen könnte.

über die Fortsetzung der Geschichte nachdenken

Gattungen: Von Weisen und Spaßvögeln

Wie sie so auf dem Markt herumstanden, kam ein Landstreicher
des Wegs und fragte, wo es denn fehle. Sie erzählten ihm ihr
Missgeschick und dass sie nicht ein noch aus wüssten. Er merkte,
dass es mit ihrer Gescheitheit nicht weit her sein konnte, und sagte:

65 „Kein Wunder, dass es in eurem Rathaus so finster ist! Ihr müsst
das Dach abdecken!" Sie waren sehr verblüfft. Der Schweinehirt
meinte: „Wenn dein Rat gut sein sollte, darfst du bei uns in Schilda
bleiben, solange du willst." – „Jawohl", fügte der Ochsenwirt hinzu,
„und essen und trinken darfst du bei mir umsonst!"

70 Da rieb sich der Landstreicher die Hände, ging ins Wirtshaus und
bestellte eine Kalbshaxe mit Kartoffelsalat und eine Kanne Bier.
Tags darauf deckten die Schildbürger das Rathausdach ab,
und – o Wunder! – mit einem Male war's im Rathaus sonnenhell!
Jetzt konnten sie endlich ihre Ratssitzungen abhalten,

75 Schreibarbeiten erledigen, Gemeindewiesen verpachten, Steuern
einkassieren und alles Übrige besorgen, was während der Finsternis
im Rathaus liegen geblieben war. Da es damals Sommer war und
ein trockener Sommer obendrein, störte es nicht weiter,
dass sie kein Dach überm Kopf hatten. Und der Landstreicher

80 lebte auf ihre Kosten im Gasthaus, tafelte mittags und abends,
was das Zeug hielt, und kriegte einen Bauch.
Das ging lange Zeit gut. Bis im Herbst graue Wolken am Himmel
heraufzogen und ein Platzregen einsetzte. Es hagelte sogar.
Und die Schildbürger, die gerade in ihrem Rathaus ohne Dach

85 saßen, wurden bis auf die Haut nass. Dem Hufschmied sauste
ein Hagelkorn, groß wie ein Taubenei, aufs Nasenbein. Der Sturm
riss fast allen die Hüte vom Kopf. Und sie rannten durchnässt
nach Hause, legten sich ins Bett, tranken heißen Fliedertee und
niesten wie die Schöpse*.

*\* altes Wort für Schafe*

**4** Beschreibe die weiteren Versuche der Schildbürger,
Licht in ihr Rathaus zu bringen.

**5** Wie könnte die Geschichte weitergehen?
Erzähle an dieser Stelle weiter.

**weitererzählen**

90 Als sie am nächsten Morgen mit warmen Tüchern um den Hals und
mit roten, geschwollenen Nasen zum Ochsenwirt kamen,
um den Landstreicher zu fragen, was sie nun tun sollten, war er
verschwunden. Da sie nun niemanden hatten, der ihnen hätte
helfen können, versuchten sie es noch ein paar Wochen

95 mit dem Rathaus ohne Dach.

156    Gattungen: Von Weisen und Spaßvögeln

Als es dann aber gar zu schneien begann und sie wie die
Schneemänner am Ratstische hockten, meinte der Schweinehirt:
„Liebe Mitschildbürger, so geht es nicht weiter. Ich beantrage,
dass wir, mindestens für die nasse Jahreszeit, das Dach wieder
in Ordnung bringen." Sein Antrag wurde von allen, die sich erkältet
hatten, angenommen. Es waren die meisten. Und so deckten sie
den Dachstuhl, wie vorher, mit Ziegeln.
Nun war's im Rathaus freilich wieder stockfinster. Doch diesmal
wussten sich die Schildbürger zu helfen. Jeder steckte sich
einen brennenden Holzspan an den Hut. Und wenn es auch nicht
sehr hell war, so konnten sie einander doch wenigstens ungefähr
erkennen. Leider begannen die Späne nach einer Viertelstunde
zu flackern. Nach einer halben Stunde roch es nach angebrannten
Hüten. Und schon saßen die Männer, wie vor Monaten,
im Dunkeln. Es war ganz still geworden. Sie schwiegen
vor lauter Erbitterung. Plötzlich rief der Schuster aufgeregt: „Da!
Ein Lichtstrahl!" Tatsächlich! Die Mauer hatte einen Riss bekommen,
und durch ihn hindurch tanzte ein Streifen Sonnenlicht!
Wie gebannt starrten sie auf den goldenen Gruß von draußen.
„O wir Esel!", brüllte da der Schweinehirt. „Wir haben ja
die Fenster vergessen!" Dabei sprang er auf, fiel im Dunkeln
über die Beine des Schmieds und schlug sich an der Tischkante
drei Zähne aus.
So war es. Sie hatten tatsächlich die Fenster vergessen! Sie stürzten
nach Hause, holten Spitzhacken, Winkelmaß und Wasserwaage,
und noch am Abend waren die ersten Fenster fix und fertig.
So wurden die Schildbürger zwar nicht wegen ihres dreieckigen
Rathauses, sondern vielmehr durch die vergessenen Fenster
berühmt. Es dauerte nicht lange, so kamen die ersten Reisenden
nach Schilda, bestaunten die Einwohner, übernachteten und
ließen sowieso ein gutes Stück Geld in der Stadt. „Seht ihr",
sagte der Ochsenwirt zu seinen Freunden, „als wir klug waren,
mussten wir das Geld in der Fremde verdienen. Jetzt, da wir
dumm geworden sind, bringt man's uns ins Haus!"

**6** Untersuche das Ende der Geschichte.
Aus ihrer Sicht waren die Schildbüger erfolgreich.
Schreibe eine Erklärung auf.

**W 7** Erich Kästner hat diese und andere Schildbürger-Geschichten neu
erzählt. Besorge dir das Buch. Wähle eine andere Geschichte aus.
Bereite sie zum Vorlesen vor oder erzähle sie nach.

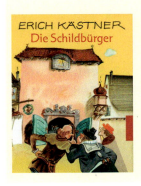

Gattungen: Von Weisen und Spaßvögeln

Z **Weiterführendes:**
# Ein Theaterstück – vom Text zur Spielszene

Zu der Schildbürgergeschichte könnt ihr einzelne Szenen schreiben. Das Theaterstück der Klasse 6 c beginnt so:

**Die Schildbürger bauen ein Rathaus**

1. Szene: Der Schuster, der Schneider, der Ochsenwirt, der Bäcker und der Schweinehirt sitzen im Wirtshaus.

Ochsenwirt: Wir brauchen ein neues Rathaus.
(Die anderen nicken.)

Schneider: Wie soll das Rathaus aussehen?

Schweinehirt: (ganz aufgeregt) Ich weiß: Wir bauen ein dreieckiges Rathaus.

Bäcker: (verwundert) Wieso denn ein dreieckiges Rathaus?

Schweinehirt: Ich finde, das wäre etwas ganz Besonderes. Und ich habe ja Erfahrung.

Schuster: (neugierig) Hast du denn schon mal etwas gebaut?

Schweinehirt: (stolz) Ja, den Schiefen Turm von Pisa. Und der ist jetzt ganz berühmt.

Ochsenwirt: Also, lasst es uns so machen! Wir bauen ein dreieckiges Rathaus!
(Alle nicken zufrieden, stehen auf und gehen hinaus.)

**1** Lest die erste Szene mit verteilten Rollen. Beachtet dabei auch die Regieanweisungen.

*mit verteilten Rollen lesen*

2. Szene (ohne Worte): Die Schildbürger bauen fleißig und unter großen Anstrengungen ihr neues Rathaus.

**2** Gestaltet die zweite Szene als Pantomime. Dabei wird die Szene ganz ohne Worte nur mit Mimik und Gestik dargestellt.

*pantomimisch gestalten*

158   Gattungen: Von Weisen und Spaßvögeln

**3** Gruppenarbeit!
Lest die Geschichte noch einmal und unterteilt sie in Szenen.
**Tipp:** Beginnt immer eine neue Szene, wenn der Ort oder
die Personen wechseln.

**4** Verteilt die übrigen Szenen und schreibt sie in Gruppenarbeit.
**a.** Schreibt auf, was die Figuren sagen, denken und fühlen.
**b.** Notiert mögliche Regieanweisungen: Wie wird etwas gesagt?
Was genau tut jemand?
**c.** Schreibt die Szene mit den Regieanweisungen auf.
**Tipps:**
– Schreibt die Szene am Computer.
– Lasst von einer Erzählerin oder einem Erzähler
längere Zwischenpassagen ohne Dialoge erzählen.

**5** Bereitet eine Theateraufführung vor.
**a.** Teilt ein, wer welche Rolle spielen soll.
**b.** Lernt eure Rollen auswendig und übt,
sie ausdrucksvoll zu spielen.
**c.** Besorgt Kostüme. Ihr könnt sie ausleihen oder selbst basteln.
**d.** Gestaltet eure Bühne.
Baut z. B. das Rathaus aus großen Pappen und bemalt es.
**Tipp:** Das Dach muss man abnehmen und
wieder aufsetzen können.

**6** Gestaltet Einladungen und Plakate mit dem Computer.
Führt euer Stück vor Eltern oder anderen Klassen auf.

**Ihr habt nun Nasrettin Hoca, Till Eulenspiegel und die Schildbürger
kennen gelernt.**

**Z 7** Im Tandem!
Wertet das Verhalten der Schildbürger aus.
**a.** Lest noch einmal den Infokasten auf Seite 154 oben.
**b.** Informiert euch im Lexikon oder im Internet,
was ein Schildbürgerstreich ist.
**c.** Schreibt die Merkmale eines Schildbürgerstreiches auf.

**Z 8** Notiert die Gemeinsamkeiten und Unterschiede zwischen
einer Eulenspiegelei und einem Schildbürgerstreich.
**Tipp:** Verwendet eure Ergebnisse der Aufgabe 13 auf Seite 153.

---

**Spielszenen schreiben**

**szenisch spielen**
Szenisches Spiel,
szenisch interpretieren
➤ S. 107–110

Infokasten ➤ S. 154

---

Gattungen: Von Weisen und Spaßvögeln

# Fabeln

## Fabeln der Welt

Überall auf der Welt erzählen sich die Menschen Geschichten.
Eine sehr alte Form lernt ihr in diesem Kapitel kennen – die Fabel.

**1** Lest die drei Fabeln. Sie stammen aus drei Kontinenten.

### Europa: Der Sperling und der Vogel Strauß

Einmal wollte es der Zufall, dass der Sperling und
der große Vogel Strauß einander begegneten.
„Du armer Federwisch tust mir wirklich leid", sagte der Vogel
Strauß. „Bist so klein und unscheinbar. Möchtest du nicht groß
5 und stark sein, wie ich es bin?"
„Danke, nein!", sagte der Sperling. „Es ist wahr, du bist groß
und ich bin klein. Aber fliegen wie ich, das kannst du nicht!"
Der Sperling erhob sich in die Luft, flog tschirpend davon
und freute sich, dass seine Flügel ihn trugen, wohin er nur wollte.

### Afrika: Das Chamäleon und der Elefant

Das Chamäleon forderte eines Tages den Elefanten zum Wettlaufen
heraus. Der Elefant staunte, nahm aber die Herausforderung an.
Am nächsten Tag sollte der Wettlauf stattfinden. Während der Nacht
verteilte das Chamäleon viele seiner Brüder in kurzer Entfernung
5 den Weg entlang, der zu durchlaufen war.
Am folgenden Morgen trafen sich die beiden am verabredeten Ort.
Der Elefant lief gleich los, bemerkte aber nicht,
dass das Chamäleon geschwind hochgesprungen war
und sich an seinem Schwanz festhielt. Bei jeder Begegnung
10 mit einem Chamäleon fragte der Elefant: „Bist du nicht müde?"
„Nein", antwortete das gefragte Tier.
Kurz vor dem Ziel war der Elefant müde
und konnte nur noch langsam laufen. Da ließ
das kleine Chamäleon den Schwanz des Elefanten los,
15 lief an ihm vorbei und erreichte als Sieger das Ziel.

 Gattungen: Fabeln

**Asien: Das Kamel und die Ziege**

Das Kamel und die Ziege stritten über ihre Körpergröße. Das Kamel sagte zur Ziege: „Schau nur, wie groß ich bin! Es ist viel besser, groß zu sein." Die Ziege antwortete: „Klein zu sein ist viel besser!"
5 Das Kamel wollte die Ziege überzeugen und führte sie zu einem Garten. Dort wuchsen Bäume mit frischen grünen Blättern, aber der Garten war von einer hohen Mauer umgeben. Nur einige Zweige hingen über die Mauer. Das Kamel hob seinen Kopf und fraß die Blätter, aber die Ziege kam nicht
10 an sie heran, so sehr sie sich auch reckte.
„Siehst du nun, dass es besser ist, groß zu sein?", fragte das Kamel.
In dem Augenblick entdeckte die Ziege eine kleine Tür in der Mauer, durch die sie gerade hindurchschlüpfen
15 konnte. Im Garten fraß sie das saftige Gras, das dort wuchs. Das große Kamel aber schaffte es nicht, sich durch die Tür zu zwängen. „Siehst du nun, dass es besser ist, klein zu sein?", fragte die Ziege.

**Die drei Fabeln haben viele Gemeinsamkeiten.**

**2** Überlegt, worum es in allen drei Fabeln geht.

**3** Im Tandem!
Untersucht und vergleicht die drei Fabeln.
  **a.** Untersucht die Gemeinsamkeiten der drei Fabeln:
   – Beachtet die Länge der Texte.
   – Wer sind die Hauptfiguren?
   – Was fällt euch an den Hauptfiguren auf?
  **b.** Schreibt eure Ergebnisse auf.

*Fabeln untersuchen und vergleichen*

**4** Ihr habt einige Merkmale von Fabeln kennen gelernt. Ergänzt den Merkkasten.

> **Fabeln** sind ▮▮▮▮ Texte.
> Sie erzählen von ▮▮▮▮, die wie Menschen ▮▮▮▮.

*Merkmale der Fabel zusammenfassen*

**Z 5** Kennt ihr andere Geschichten, in denen Tiere vorkommen? Überprüft mithilfe des Merkkastens, ob es Fabeln sind.

*Wissenswertes zu Fabeln*
➤ S. 297

Gattungen: Fabeln

# Die Eigenschaften von Fabeltieren untersuchen

**Fabeltieren werden meist bestimmte Eigenschaften zugeschrieben.**

**1** Schreibt auf, welche Eigenschaften ihr diesen Tieren zuschreibt.

> schnell, stark, dumm, listig, mutig, ängstlich, mächtig, stolz, klein, groß, feige, langsam, schlau, schwach, wehrlos, böse, gutmütig

**2** Welche Eigenschaften habt ihr dem Hasen und dem Löwen zugeordnet?
Lest die Fabel und vergleicht, wie die beiden hier auftreten.

### Asien: Der Löwe und der Hase

Auf dem Berg Mandara wohnte ein Löwe. Dieser jagte alle Tiere in der Umgebung und fraß sie, so dass sie in ständiger Angst vor ihm lebten.
Da sagten die Tiere zu dem Löwen: „Wir schicken dir jeden Tag
5 ein Tier, das du fressen kannst, wenn du uns andere dafür in Ruhe lässt!" Der Löwe war damit zufrieden und erhielt nun täglich ein Tier, das er tötete und fraß.
Eines Tages war ein alter Hase an der Reihe. Der ging nur sehr langsam und kam sehr spät bei dem Löwen an.
10 Dieser brüllte ihn zornig an, aber der Hase entgegnete: „Es ist nicht meine Schuld, dass ich so spät bin. Ein fremder Löwe ist mir begegnet und wollte mich fressen. Er hat mich nur gehen lassen, weil ich ihm versprochen habe, wiederzukommen. Ich wollte es dir sagen, damit du nicht in deinem Zorn wieder die anderen Tiere
15 jagst." Da wurde der Löwe noch wütender und rief: „Du bringst mich jetzt sofort zu diesem unverschämten Kerl!"
Der Hase führte den Löwen an einen tiefen Brunnen.
„Hier hält er sich versteckt!", sagte er. Als der Löwe hineinsah, erblickte er sein Spiegelbild. Rasend vor Wut stürzte er sich darauf,
20 fiel ins Wasser und ertrank.

**3** Überlegt, welche anderen Fabeltiere ihr für den Löwen und den Hasen einsetzen könnt.
Erzählt die Fabel neu.

*die Fabel neu erzählen*

162  Gattungen: Fabeln

Auch in dieser Fabel ist der Hase schlau und listig.

### Afrika: Der schlaue Hase

Einmal, als ein kleiner Hase auf einer Uferwiese Gras und Kräuter knabberte, kam ein Elefant dahergestampft und trompetete: „Fort mit dir, Hase! Hier will ich fressen. Wenn wir Großen kommen, habt ihr Kleinen zu verschwinden."
5 Der Hase hoppelte fort und suchte Zuflucht hinter einem dichten Gebüsch am Ufer. Auch dort stand das Gras hoch und dicht. Kaum hatte er aber zu fressen angefangen, tauchte ein Nilpferd aus dem Fluss auf und grunzte: „Fort mit dir, Hase! Hier will ich fressen. Wenn wir Großen kommen, habt ihr Kleinen zu
10 verschwinden."
„Euch werde ich es zeigen!", dachte der Hase. „Auch wir Kleinen haben Rechte." Er lief davon, holte ein Lianenseil\*
und hoppelte damit zum Elefanten.
„Großmächtiger Elefant", sagte der Hase, „wollen wir seilziehen?
15 Ich bin zwar klein, aber vielleicht ebenso stark wie du. Wer weiß!"
„Was? Du willst so stark sein wie ich?", trompetete der Elefant.
„Zieh nur am Seil, du Winzling! Das wird ein Spaß!"
Der Elefant packte das Seilende mit dem Rüssel. Der Hase lief mit dem anderen Ende im Mäulchen hinter das dichte Gebüsch,
20 wo das Nilpferd war …

\* das Seil einer Schlingpflanze in tropischen Regenwäldern

**4** Was hat der Hase vor? Erzähle die Fabel zu Ende.
    a. Schreibe in Stichworten auf, wie sich die drei Tiere wohl verhalten.
    b. Erzähle die Fabel mithilfe der Stichworte zu Ende.

eine Fabel zu Ende erzählen

**Z 5** Im Tandem!
Diese Fabel lässt sich gut als Bildergeschichte gestalten.
    a. Überlegt, auf wie vielen Bildern ihr die Handlung am besten darstellen könnt.
    b. Besprecht, wie ihr die Eigenschaften der Tiere zeichnerisch umsetzen könnt.
    c. Schreibt unter jedes Bild eine Bildunterschrift.
    d. Präsentiert eure Ergebnisse.
    **Tipp:** Ihr könnt auch Sprech- oder Denkblasen verwenden – wie in einem Comic.

eine Fabel als Bildergeschichte gestalten

Gattungen: Fabeln

# Eine Fabel deuten und umgestalten

Die folgende Fabel gibt es seit vielen hundert Jahren.

### Europa: Die zwei Ziegen

Zwei Ziegen begegneten sich auf einem schmalen Steg,
der über einen tiefen, reißenden\* Fluss im Gebirgswald führte;     \* stark fließend
die eine wollte herüber, die andere hinüber.
„Geh' mir aus dem Wege!", sagte die eine.
5 „Das wäre mir schön!", rief die andere. „Geh' du zurück,
und lass mich hinüber; ich war zuerst auf der Brücke."
„Was fällt dir ein?", versetzte die Erste, „ich bin so viel älter als du,
und ich soll dir weichen? Nimmermehr!"
Beide bestanden immer hartnäckiger darauf, dass sie einander
10 nicht nachgeben wollten; jede wollte zuerst hinüber, und so kam es
vom Zanke zum Streit und zu Tätlichkeiten. Sie hielten ihre Hörner
vorwärts und rannten zornig gegeneinander.
Von dem heftigen Stoß verloren aber beide
auch das Gleichgewicht;
15 sie stürzten und fielen miteinander
über den schmalen Steg hinab
in den reißenden Fluss,
aus welchem sie sich nur mit
großer Anstrengung ans Ufer retteten.

**1** Im Tandem!

   **a.** Überlegt, warum der Verfasser gerade zwei Ziegen für die Fabel
      ausgewählt hat.

   **Tipp:** Welche Eigenschaften werden der Ziege zugeschrieben?

   **b.** Sprecht darüber, warum es den beiden Ziegen so schwerfällt,
      eine friedliche Lösung für ihre Situation zu finden.

*Fragen zur Fabel beantworten*

**Die Fabel wurde immer wieder neu erzählt.
Fabeln wollen nicht nur unterhalten, sondern die Menschen
auch zum Nachdenken bringen.**

**2** Überlegt, warum gerade diese Fabel immer wieder
neu erzählt wurde.

*die Fabel deuten*

164    Gattungen: Fabeln

In Fabeln werden bestimmte Verhaltensweisen kritisiert.
Am Ende steht oft eine Lehre.

**3** Welches der folgenden Sprichwörter passt als Lehre
zu der Fabel „Die zwei Ziegen"?
Begründet eure Wahl.

> „Durch Schaden wird man klug."
> „Wie du mir, so ich dir."
> „Der Klügere gibt nach."

Das Verhalten der beiden Ziegen lässt sich gut
auf Menschen übertragen.

**4** Im Tandem!
Erzählt mithilfe des Erzählplans eine Geschichte.
  a. Denkt euch eine Situation aus.
  b. Notiert Stichworte zu den Handlungsbausteinen.

*eine Geschichte zu einer Fabel erzählen*

**Starthilfe**
Hauptperson/Situation: Zwei Jungen oder Mädchen
befinden sich ...
Wunsch: Beide wollen unbedingt ...
Hindernis: Aber der andere Junge/das andere Mädchen ...
Reaktion: ...
Ende: ...

  c. Schreibt die Geschichte auf.
  d. Lest eure Geschichten in der Klasse vor und vergleicht sie.

Diese Fabel muss nicht mit zwei Verlierern enden,
es kann auch eine friedliche Lösung geben.

**Z 5** Wählt eine eurer Geschichten mit schlechtem Ausgang aus.
Ändert sie so um, dass der Streit friedlich beigelegt wird.
  a. Besprecht zunächst in Gruppen, was sich ändern muss,
     damit es zu keinem „Kampf" kommt.
  b. Tragt eure Lösungsvorschläge in der Klasse vor.

*eine Geschichte umschreiben*

**Z 6** Führt im Rollenspiel vor, wie es zu einer Lösung kommt,
mit der beide zufrieden sind.

*ein Rollenspiel durchführen*

Gattungen: Fabeln

165

## Z Weiterführendes: Der Fabeldichter Äsop

Ein sehr berühmter Fabelerzähler war
der griechische Dichter Äsop.

**1** a. Beschreibt das Bild.
Was erzählt euch das Bild über Äsop?
b. Lest, was Äsop über sich erzählt.

Skulptur von Äsop

\* ein unfreier Mensch ohne Besitz und ohne Rechte

Seid gegrüßt!
Mein Name ist Äsop.
Ich lebte vor ca. 2600 Jahren in Griechenland.
Ich war ein Sklave\*.
5 Dass ihr heute noch meinen Namen kennt, überrascht mich.
Damals, als ich ein Sklave war, interessierte ich niemanden.
Wir Sklaven wurden wie Dinge behandelt, als Personen
waren wir unwichtig.
Was die Leute damals interessierte, waren die Geschichten,
10 die ich für sie erfand. Ich erzählte von Tieren, aber in den Tieren
erkannten sich die Menschen wieder, in dem listigen Fuchs,
dem schnellen Hasen oder dem mächtigen Löwen.
Natürlich meinte ich sie auch, einige jedenfalls, wenn ich
von dem dummen Esel oder dem hinterhältigen Wolf sprach.
15 Aber sie fühlten sich nicht selbst angegriffen, wenn ich sie
nicht direkt beim Namen nannte. Das hätte für einen Sklaven
auch schnell gefährlich werden können!
Dass man meine Fabeln 2600 Jahre lang weitererzählt hat,
ist erstaunlich. Aber vielleicht auch nicht,
20 es heißt wahrscheinlich nur, dass sich die Menschen
in all den Jahren nicht sehr verändert haben.

**2** Der Text informiert über den Dichter und sein Leben.
Beantwortet in Stichworten die folgenden Fragen:
– Was erfahrt ihr über die Person des Dichters?
– Warum wissen wir nur so wenig über ihn?
– Warum erzählte er Geschichten über Tiere statt über Menschen?
– Warum sind seine Fabeln auch heute noch bekannt und beliebt?

**Z 3** Schreibe einen Lexikoneintrag über Äsop und seine Dichtung.
Verwende dazu deine Stichworte von Aufgabe 2.

Gattungen: Fabeln

## Der Hahn und der Diamant   Äsop

Ein hungriger Hahn scharrte auf einem Misthaufen nach Körnern
und fand einen Diamanten. Unmutig stieß er ihn beiseite
und rief aus: „Was nützt einem Hungrigen ein kostbarer Stein;
sein Besitz macht wohl reich, aber nicht satt. Wie gerne würde ich
5 diesen Schatz um nur einige Gerstenkörner geben."

Das Stückchen Brot, das dich ernährt,
ist mehr als Gold und Perlen wert.

**4** Gib die Lehre mit eigenen Worten wieder.

die Lehre der Fabel
verstehen

## Der Pfau und die Dohle*   Äsop

* ein Rabenvogel

Ein Pfau und eine Dohle stritten sich um die Vorzüge
ihrer Eigenschaften. Der Pfau brüstete sich mit dem Glanz,
der Farbe und der Größe seiner Federn.
Die Dohle gab all dieses zu und bemerkte nur, dass alle
5 diese Schönheiten zur Hauptsache nicht taugten – zum Fliegen.
Sie flog auf und beschämt blieb der Pfau zurück.

**5** Formuliert eine Lehre zu der Fabel.

eine Lehre zu
einer Fabel
formulieren

**W** Wählt eine der folgenden Aufgaben aus.

**6** Im Tandem!
  **a.** Formuliert Fragen, die ihr an Äsop stellen würdet.
  **b.** Beantwortet diese Fragen.

> **Starthilfe**
> – Welche Eigenschaften willst du mit der
>   Fabel „Der Pfau und die Dohle" kritisieren?"
> – ...

**7** Entwerft ein Streitgespräch zu der Fabel „Der Pfau und die Dohle".
  **a.** Denkt euch eine passende Situation aus.
  **b.** Schreibt ein Streitgespräch auf.
  **c.** Tragt eure Streitgespräche in der Klasse vor.

einen Dialog zu
einer Fabel schreiben

**8** Äsop hat viele Fabeln geschrieben.
  Besorge dir eine Fabelsammlung von Äsop. Wähle eine Fabel aus.
  Bereite sie zum Vorlesen vor oder erzähle sie nach.

Texte vorlesen
➤ S. 302

Gattungen: Fabeln

# Spannung von Anfang an – Jugendbücher

### Verlockende erste Sätze

Lesen ist aufregend, Lesen ist informativ, Lesen macht Spaß! Ob ein Jugendbuch aber spannend, interessant oder lustig ist, entscheidet man oft schon nach den ersten Sätzen.

**Lesemotivation aufbauen**

**1** Lest die folgenden ersten Sätze aus drei Jugendbüchern.

„Ich hatte gerade das Vampirgebiss aus dem Mund genommen, als etwas an die Scheibe knallte." (Kjersti Wold: „Fußballgötter …")

„Möchte zu gern wissen, wer ich bin." (Sören Olsson, Anders Jacobsson: „Zeina und Kalle")

„Mein Name ist Moon. Fletcher Moon. Und ich bin Privatdetektiv." (Eoin Colfer: „Fletcher Moon Privatdetektiv")

**2** Welcher Anfang macht dich neugierig auf das Jugendbuch?
   **a.** Suche dir den Anfang aus, der dir am besten gefällt, begründe kurz, warum du ihn gewählt hast.
   **b.** Worum könnte es in dem Jugendbuch gehen?
      – Sieh dir auch die Buchcover in der Randspalte an.
      – Schreibe Stichworte auf.
      – Stelle deine Ideen der Klasse vor.

**Lesetipp:** Möchtest du wissen, was wirklich geschieht? Dann frage in eurer Bücherei nach dem Jugendbuch, dessen Anfang dich neugierig gemacht hat, und lies es weiter.

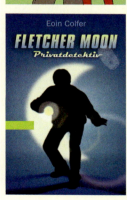

**Z 3** Stelle das Buch in der Klasse vor.
   **a.** Gib eine kurze Zusammenfassung des Buchs, aber verrate nicht alles, deine Präsentation soll ja zum Lesen verlocken!
   **b.** Lies einen interessanten Ausschnitt aus dem Buch vor.

Gattungen: Spannung von Anfang an – Jugendbücher

# Mitten ins Geschehen hinein

In diesem Buch werden die Leserinnen und Leser sofort in eine spannende Situation geführt: Peter macht eine Entdeckung.

**Meister Joachims Geheimnis**  Sigrid Heuck

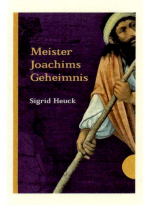

Es begann damit, dass ich am Ufer des Flusses
eine Leiche entdeckte.
Zwei Männer hielten das schmale Floß, auf dem sie
festgebunden war, doch ich konnte von meinem Standpunkt aus
5 nicht erkennen, ob sie im Begriff waren, es an Land zu ziehen oder
in die Strömung zu stoßen.
Der tote Mann trug einen roten Pullover und eine helle Hose,
die von den Knien an abwärts deutlich dunkler wurde. Das sah
so aus, als wäre er in seinen letzten Lebensstunden noch durch
10 einen Sumpf gewatet. Unter seinem Gürtel steckte ein Stück Papier.
Der Fluss strömte gemächlich dahin. Nur ein kurzes Stück hinter
der Stelle, an der sich die Leiche befand, teilte er sich in zwei Arme.
Sie umschlossen eine felsige Insel, auf deren höchster Erhebung
sich eine mächtige Burg befand. Hinter der Insel mündete der Fluss
15 ins Meer. An seinem rechten Ufer, dort, wo das Land zurückbleiben
musste und das Wasser sich bis an die Grenzen des Himmels
zu erstrecken begann, war eine Stadt zu erkennen.
Lange betrachtete ich den toten Mann und überlegte, wer er war
und wie er gestorben sein könnte. War er ermordet worden?
20 Was bedeutete das Papier, das unter seinem Gürtel steckte? War es
ein Brief, ein Testament vielleicht, oder einfach nur ein leeres Blatt?
Je länger ich darüber nachdachte, umso mehr wurde der Gedanke,
den Fall aufzuklären, zu einer fixen Idee, die mir heute noch
wie eine Art von Verhexung vorkommt.

**1** Welche unheimliche Entdeckung macht Peter? Um welchen Fall könnte es gehen? Sprecht über eure Vermutungen.

**2** Im Buch erfahrt ihr an späterer Stelle, dass Peter den Toten auf einem Bild des Malers Joachim Patinir entdeckt hat. Sucht im Text nach Belegen, dass Peter ein Bild beschreibt.

**3** Überlegt, warum die Autorin nicht sofort erzählt, dass Peter ein Bild ansieht, sondern mitten in eine spannende Situation führt.

**Erzählstrategien kennen lernen**

> **Info**
> Wenn die Leser ohne Erklärungen in eine spannende Situation geführt werden, nennt man das auch: „in medias res". Das ist Lateinisch und heißt übersetzt: „mitten in die Dinge hinein".

Gattungen: Spannung von Anfang an – Jugendbücher

# Interessante Hauptfiguren

Oft sind es die Hauptfiguren mit ihren Eigenarten, die neugierig auf ein Buch machen.

**1** Welche Hauptfiguren aus Jugendbüchern gefallen euch besonders? Beschreibt, welche Eigenarten diese Figuren haben.

Alice ist die Hauptfigur in dem Jugendbuch „Peinlich, peinlich, Alice" von Phyllis Reynolds Naylor. Alice hat keine Mutter mehr. Wenn sie Rat braucht, muss sie sich an ihren Vater oder ihren älteren Bruder Lester wenden. Leider ist das nicht immer wirklich hilfreich, das erfährt Alice, als sie eines Tages ihre erste Jeans bekommen soll …

**2** a. Seht euch das Cover an. Lest den Titel. Worum könnte es in dem Jugendbuch gehen?
b. Lest den folgenden Textauszug.

**den Inhalt vorhersagen**

der Textknacker
➤ S. 298

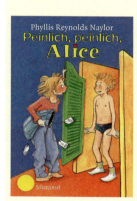

### Peinlich, peinlich, Alice   Phyllis Reynolds Naylor

Als wir zum Jeansshop kamen, folgte ich Lester nach drinnen und starrte ratlos auf die hohen Regale, in denen Jeans bis fast unter die Decke gestapelt waren. Auf jedem Regalteil standen zwei Nummern, zum Beispiel 29–33 oder 32–31.
5 Lester steckte die Hände in die Taschen und musterte mich. „Hm", machte er. „Ich habe 32–34. Ich denke, dann müsstest du … na ja … vielleicht 29–30 haben."
Ich hatte keine Ahnung, was die Zahlen zu bedeuten hatten, aber Lester holte ein Paar Levis für mich aus dem Regal. Dann
10 ging er mit mir zu den Umkleidekabinen und deutete auf eine leere. Ich ging hinein. Aber man konnte die Tür nicht abschließen. Also kam ich wieder raus.
„Was ist los?", fragte Lester.
„Halt die Tür zu!", sagte ich.
15 Lester rollte die Augen, aber er kam her und stellte sich davor. Ich zog meine Stoffhosen aus und faltete die Levis auseinander. Sie waren ziemlich steif, und ich versuchte mir vorzustellen, wie ich mit Hosen in die Schule gehen würde, die beim Laufen knarrten wie Scheibenwischer.
20 Ich stieg in ein Bein, dann in das zweite und stolperte prompt. Die Jeans waren so lang, dass meine Füße gar nicht unten rauskamen.

Ich zog die Hosen an den Knöcheln hoch und stand wieder auf.
Um die Hüften war noch genug Platz für ein Sofakissen.
„Hey, Al", sagte Lester durch die Tür. „Passen sie?"
Ich öffnete die Tür einen Spaltbreit, und Lester streckte
seinen Kopf rein.
„Bleib hier", sagte er. „Ich hole dir die kleinste Größe, die sie haben."
Ich behielt diese Levis an, bis Lester mit einer anderen Jeans
wiederkam, auf der diesmal 25/30 stand. Ich probierte sie an,
aber sie waren immer noch zu lang, und ich konnte oben in
den Bund beide Fäuste reinstecken, so weit waren sie.
„Das versteh ich nicht", sagte Lester. „Vielleicht hast du
seltsame Proportionen oder so etwas?"
Mir war, als hätte mir jemand die Kehle zugeschnürt. Ich hatte es ja
immer gewusst, ich war eine echte Vogelscheuche. Andere Mädchen
in meinem Alter trugen alle Levis-Jeans. Aber ich würde
nie welche haben, ich war offensichtlich missgebildet.
Tränen stiegen mir in die Augen.

Habt ihr jemals die Erfahrung gemacht, dass eine völlig
verkorkste Situation sich plötzlich zum Guten wendet? Genau
in diesem Moment kam nämlich eine Verkäuferin vorbei
und schaute zu mir rein.
„Kommst du zurecht?", fragte sie. Dann warf sie einen Blick
auf die Jeansgröße. „Um Gottes Willen", sagte sie zu Lester,
„sie braucht doch Jeans für Mädchen!" Und dann nahm sie mich
am Arm und führte mich zu einem riesigen Regal, auf dem
jede Menge Hosen lagen, wie für mich gemacht.
Wenn ich eine Schwester hätte, die hätte so etwas gewusst.
Wenn ich eine Mutter hätte, die hätte gefragt. Aber Lester sagte
zu mir, ich hätte seltsame Proportionen, und er hätte mich ohne
mit der Wimper zu zucken nach Hause gebracht. Ich warf ihm

einen triumphierenden Blick zu und schritt hoch erhobenen Kopfes
mit einem Paar Mädchenjeans zu meiner Umkleidekabine.
Ist es euch je passiert, dass eine durch und durch wundervolle
55 Situation sich plötzlich in eine ganz fürchterliche verwandelt?
Ich hatte die falsche Kabinentür aufgemacht, und vor mir stand ein
rothaariger Junge in blauen Unterhosen. Er trug weiße Sportsocken
mit gelben Streifen um den Bund und starrte mich mit offenem
Mund an. Ich knallte sofort die Tür zu, und Lester schob mich
60 in die richtige Kabine. Natürlich beschloss ich, solange ich lebte,
diese Kabine nicht mehr zu verlassen. Und wenn sie
die Feuerwehr riefen, ich würde immer und ewig hier drinbleiben.

**3** Besprecht, ob euch Alice als Hauptfigur sympathisch ist
und ihr gern mehr von ihr erfahren würdet.

**4** Untersuche den Textauszug mithilfe der Handlungsbausteine.
Schreibe Stichworte zu den einzelnen Handlungsbausteinen auf.
**a.** Beschreibe die Hauptperson Alice und die Situation,
in der sie sich befindet.
**b.** Finde Textstellen, die zeigen, dass Alice mit ihrer Situation
unzufrieden ist und warum sie unzufrieden ist.
**c.** Welchen Wunsch hat Alice im Jeansshop?
**d.** Erkläre, warum es so schwierig wird, den Wunsch zu erfüllen.

**die Handlungsbausteine
untersuchen**

> Handlungsbausteine:
> – Hauptfiguren/
>   Situation
> – Wunsch
> – Hindernis
> – Reaktion
> – Ende

**W** Erzähle nun selbst. Wähle eine der folgenden Aufgaben aus.

**5** Erzähle die Geschichte weiter.
**a.** Schreibe Stichworte zu den Handlungsbausteinen auf.
**b.** Schreibe deine Fortsetzung der Geschichte auf.

**6** Wie hat Lester den Einkauf erlebt?
Erzähle die Geschiche aus seiner Sicht.

**eine Geschichte
weitererzählen**

mehr zu den
Handlungsbausteinen
➤ S. 222–225

**aus anderer Perspektive
erzählen**

**Der Textauszug eignet sich gut zum Vorlesen.**

**7** Gruppenarbeit!
– Teilt eure Gruppe in Vorleser und Zuhörer auf.
– Bereitet als Vorleser den Text zum Vorlesen vor.
– Legt fest, wer welchen Abschnitt liest.
– Überlegt als Zuhörer, worauf ihr beim Zuhören achten wollt.
– Entwerft eine Checkliste.
– Wertet gemeinsam das Vorlesen mithilfe der Checkliste aus.

Texte vorlesen
➤ S. 302

172     Gattungen: Spannung von Anfang an – Jugendbücher

Am Anfang seines Jugendbuches „der einzelgänger" stellt der Autor K. P. Wolf ebenfalls die Hauptfiguren kurz vor. Aber dann geschieht etwas Ungewöhnliches und Schreckliches ...

**8** **a.** Lest zunächst die Überschrift.
Worum könnte es in dem Jugendbuch gehen?
**b.** Lest den Anfang des Jugendbuches.

**den Inhalt vorhersagen**

der Textknacker
➤ S. 298

### der einzelgänger   K. P. Wolf

Jan Silber wusste sofort, dass die Sache böse ausgehen würde.
Es war ein heißes Gefühl, das sich vom Magen aus im ganzen Körper
ausbreitete. Er reckte sich, um besser sehen zu können. Am liebsten
wäre er auf den Stuhl gestiegen, aber das traute er sich nicht. Nein,
5 er hatte keine Angst vor seinem Lehrer. Als Kleinster in der Klasse
hatte er früh gelernt, sich durchzusetzen. Er konnte lauter brüllen
als alle anderen. Scheinbar furchtlos trat er gegen größere Schüler
und Lehrer auf. Das brachte ihm Respekt ein. Aber jetzt hatte er
Angst, alles falsch zu machen. Er fühlte sich wie gelähmt.
10 Ihm war, als könnte eine rasche Bewegung in der Klasse
die Katastrophe auslösen.
Da kletterte jemand auf dem Schuldach herum. Jan konnte
nicht erkennen, wer es war. Es regnete zu heftig. Windböen
peitschten die Tropfen gegen die Fensterscheibe. Aber Jan glaubte,
15 einen Jugendlichen mit rotem Pullover zu erkennen.
Unwillkürlich fuhr Jan sich durch die krausen Haare und sah sich
nach Kai um. Kai Lichte. Der stille Schüler aus der letzten Reihe.
Er trug immer einen roten Pullover. Entweder hatte er
ganz viele davon oder er zog jeden Tag denselben an. Kai saß nicht
20 auf seinem Platz. Jan überlegte, ob er Kai heute überhaupt schon
gesehen hatte.
Jan wollte etwas sagen. Er zeigte zum Fenster.
Aber Herr Hügelschäfer deutete Jans Geste falsch. Er glaubte,
Jan würde sich melden. Herr Hügelschäfer freute sich immer,
25 wenn Schüler sich am Unterricht beteiligten. Er nickte Jan zu.
„Ja bitte, Jan, hast du eine Frage?"
„Da ... da!", rief Jan.
Herr Hügelschäfer sah zum Fenster. „Ja. Es regnet. Was ist
denn daran so besonders?"
30 Jan beschloss zu handeln. Er rannte zum Fenster und riss es auf.
Der Wind fauchte ins Klassenzimmer wie der Atem
eines wütenden Drachen. Papier flatterte von den Tischen hoch.

Gattungen: Spannung von Anfang an – Jugendbücher

Lina Grüns Kartenhaus, das sie in aller Ruhe unter der Bank gebaut hatte, fiel zusammen.

35 Trotz des Regens lehnte Jan sich aus dem Fenster. Jetzt erkannte er Kai. Was machte der da auf dem Dach bei der Uhr?
Kai rutschte auf den glatten Dachpfannen aus. Fast wäre er vom Dach gestürzt.
Nun reckte auch Herr Hügelschäfer seinen Kopf nach draußen
40 in den Regen. Aber die Gläser seiner Brille wurden sofort nass, und ohne sie war er blind wie ein Maulwurf. Natürlich hatte er inzwischen kapiert, dass Jan nicht einfach drankommen wollte. Aber Herr Hügelschäfer konnte auf dem Dach da oben nicht mal die Schuluhr erkennen. Ja,
45 da war irgendetwas Rotes. Mehr sah er nicht. Am liebsten hätte Herr Hügelschäfer einfach weiter unterrichtet. Aber die Aufregung in der Klasse war zu groß.
Doro Mayer stürmte zuerst zu den Fenstern. Dann alle anderen. Zuletzt Lina. Sie sammelte erst all ihre Karten auf.
50 [ ... ]
Vor jedem Fenster drängelte sich jetzt eine Schülertraube. Nun konnte der Wind ungehindert den Klassenraum durchkämmen.
Die Klassenarbeiten, die Herr Hügelschäfer heute
55 eigentlich zurückgeben wollte, flogen bis zur Decke und tanzten dort Pogo.
„Setzt euch wieder, Kinder", sagte Herr Hügelschäfer.
„Regt euch doch nicht so auf. Setzt euch einfach."
Aber er sagte es zu unentschlossen. Außerdem schrie Doro jetzt:
60 „Kai! Kai! Was machst du da?"
Ein paar Schüler fanden es witzig und lachten, weil „der Blödmann im Regen auf dem Dach herumklettert". Aber nicht nur Jan hatte so ein komisches Gefühl, als ob gleich etwas passieren würde. Doro und Lina ahnten es ebenfalls.
65 Die Hans-Bödecker-Schule lag in Köln-Dellbrück an der Grenze zu Bergisch-Gladbach. Die Schüler kamen mit der S-Bahn aus verschiedenen Stadtteilen. Tim Sommerfeld aus Marienburg, Jan Silber aus Mülheim. Lina Grün wohnte in Dellbrück und Doro Mayer in Bergisch-Gladbach, nahe beim Krankenhaus.
70 Jetzt erst kam der klatschnasse Tim in den Klassenraum.
„Entschuldigung", sagte er. „Ich habe die Bahn verpasst ...
Was ist denn hier los?"
Tim Sommerfeld wirkte immer ein bisschen mädchenhaft mit seinen langen blonden Haaren und wasserblauen Augen.

75 Er war groß und dünn, und wenn er lachte, war sein Mund breit
genug, dass einige behaupteten, er könnte eine Banane quer fressen.
Durch die offene Tür entstand ein Durchzug. Überall
im Schulgebäude knallten Türen und Fenster zu. Doro bekam
ein Fenster an den Kopf. Sie blutete aus der Nase. „Scheiße!",
80 schrie sie. „Auah!"
Kai Lichte war jetzt bei der Turmuhr. Es sah für Jan aus,
als ob Kai sich daran festhalten würde. Dann breitete
Kai die Arme aus und fiel vom Dach. Er schrie nicht –
oder der starke Regen schluckte seinen Schrei.
85 Die meisten hatten noch gar nicht begriffen, was geschehen war.
Sie sahen Kai plötzlich nicht mehr. Er kletterte nicht mehr
auf dem Dach herum. Er lag unten auf dem Schulhof
in einer großen Pfütze bei dem Müllcontainer.

**9** Beschreibt, wie sich Kais Mitschüler in der Klasse verhalten.

*den Textinhalt erschließen*

**10** Kais Sprung vom Schuldach ist ein schockierendes Erlebnis,
das eine Menge Fragen aufwirft.
   **a.** Sammelt Fragen zu dem Vorfall, die ihr euch stellt.
   **b.** Überlegt, wie die Antworten lauten könnten. Sprecht darüber.

**Während Kai im Krankenhaus liegt, suchen vier Schüler aus seiner
Klasse nach Gründen, warum er vom Schuldach gesprungen ist.
Auf dem Dachboden der Schule entdecken sie ein geheimes Lager.**

„Was hat das alles zu bedeuten?", fragte Doro und zeigte
90 auf das Lager.
„Kai hat sich hier oben ein Versteck gebaut",
antwortete Jan trocken.
„Aber wovor hat er sich versteckt?", wollte Tim wissen.
Er bemühte sich, cool zu bleiben, aber langsam wurde
95 ihm auch unheimlich zumute.
Jan kratzte sich: „Und warum hatten wir alle keine
Ahnung? Oder wusstet ihr davon und nur ich bin blöd?"
„Wie viel Angst muss jemand haben, um sich hier oben
zu verstecken?", fragte Lina mehr zu sich selbst
100 als zu den anderen. „Und wovor? Hat Kai wirklich nie
jemandem etwas davon erzählt?"
Jan erinnerte sich: „Kai hat ein paar Mal bei mir geschlafen.
Wir haben zusammen Tischtennis gespielt und
Hausaufgaben gemacht. Aber erzählt hat er mir nichts. Einmal, das

Gattungen: Spannung von Anfang an – Jugendbücher

105 ist aber schon lange her, da stand er abends mit seinem Rucksack
bei uns vor der Tür. Er sagte, wir hätten uns doch verabredet,
gemeinsam *Star Wars* zu gucken. Er hatte alles mit. Zahnbürste.
Schlafanzug. Schulsachen für den anderen Tag. Ich konnte mich an
die Verabredung gar nicht mehr erinnern. Es war mir echt peinlich."

110 „Das glaube ich", sagte Tim. „Hat er denn trotzdem
bei dir geschlafen?" „Ja klar. Wir konnten ihn ja
schlecht wegschicken. Meine Mutter hat ihm sogar
noch etwas vom Abendessen warm gemacht. Sie war
nur sauer auf mich, weil ich Besuch eingeladen hatte,
115 ohne ihr etwas zu sagen." [...]
„Hast du auch mal bei Kai geschlafen?", fragte Lina [...].
Jan schüttelte den Kopf. „Nein, nie."
„Du, Tim?" Die Frage kam Tim so abwegig vor, dass er
nicht mal darauf antwortete. „War denn überhaupt
120 einer von uns schon mal bei ihm zu Hause?"
„Ich weiß nicht mal, wo er wohnt", sagte Tim trocken.
Er bekam Durst.
Niemand von ihnen hatte Kai Lichte je besucht.
Sie fragten sich, was sie überhaupt über ihn wussten.
125 Ja, er war immer da. Aber er hatte doch nie wirklich dazugehört.
„Er war ein Einzelgänger", sagte Tim. Es klang
wie eine Entschuldigung.

**11 a.** Warum suchen Jan, Tim, Lina und Doro auf dem Dachboden
nach Spuren? Überlegt mögliche Gründe.
**b.** Wie fühlen sich Jan, Tim, Lina und Doro?
Nennt entsprechende Textstellen.

**Textinhalte erschließen**

**12 a.** Sprecht über mögliche Gründe für Kais Sprung vom Dach.
**b.** Überlegt, wie es passieren konnte, dass niemand in der Klasse
eine Ahnung davon hatte, wie es Kai ging.
**c.** Schreibt eine Vorgeschichte, in der ihr erklärt, wie Kai
in eine scheinbar ausweglose Situation geraten ist.

**13** Wodurch versucht der Autor dieses Buches, die Leserin und den
Leser zum Weiterlesen zu verlocken? Tauscht euch darüber aus.

**Z 14** Stelle das Buch in der Klasse vor.
**a.** Gib eine kurze Zusammenfassung des Buches.
**b.** Lies einen interessanten Ausschnitt aus dem Buch vor.

ein Buch vorstellen,
Texte vorlesen
➤ S.302

176  Gattungen: Spannung von Anfang an – Jugendbücher

# Z Weiterführendes: „Lockmittel" erkennen

Ihr habt verschiedene Ausschnitte aus Jugendbüchern
kennen gelernt. Hier könnt ihr noch einmal vergleichen,
womit die Leser jeweils zum Lesen verlockt werden.

Ich will nicht aufhören, dieses Buch zu lesen. So formuliert die
erfolgreiche Autorin Elizabeth George sinngemäß in einem Ratgeber
für alle, die selbst schreiben wollen. Die Leserinnen und Leser
sollen so denken, wenn sie angefangen haben, ein Buch zu lesen.
5 Sie nennt mehrere „Lockmittel", mit denen Autoren Geschichten
interessant machen können, unter anderem diese:
– „Erzählt dem Leser ein wichtiges Ereignis."
– „Zeigt dem Leser eine persönliche Eigenart einer der Figuren."
– „Zeigt auf, wie der Erzähler denkt."
10 – „Führt in die Handlung einen Hinweis oder
eine falsche Fährte ein."
– „Schildert eine geheimnisvolle oder spannende Begebenheit."

**1** Gruppenarbeit!

    **a.** Verteilt die Texte aus diesem Kapitel auf verschiedene Gruppen.

    **b.** Untersucht, welche „Lockmittel" jeweils verwendet wurden.

Erzählstrategien
kennen lernen

**2**   **a.** Wertet eure Ergebnisse mithilfe einer Tabelle aus.

Starthilfe

| Lockmittel | „Meister Joachims Geheimnis" | „Peinlich, peinlich, Alice" | „der einzelgänger" |
|---|---|---|---|
| ein wichtiges Ereignis | ... | Alice kauft ihre ersten Jeans. | ... |
| eine persönliche Eigenart | ... | Alice ist alles furchtbar peinlich. | ... |
| eine spannende Begebenheit | Peter entdeckt eine Leiche. | ... | ... |

    **b.** Welche dieser „Lockmittel" haltet ihr für besonders
wirkungsvoll? Tauscht euch darüber aus.

**Z 3** Wähle nun selbst ein Jugendbuch aus, dessen Anfang
dir besonders gut gefällt. Stelle dieses Buch der Klasse vor.

    **a.** Lies den Anfang vor.

    **b.** Erläutere, mit welchen „Lockmitteln" die Autorin oder der Autor
die Leserinnen und Leser in das Buch „hineinlockt".

    **c.** Erzähle, wie es nach dem Anfang weitergeht oder
deiner Meinung nach weitergehen könnte.

ein Jugendbuch
vorstellen

die Auswahl begründen

Gattungen: Spannung von Anfang an – Jugendbücher

## Z Weiterführendes: Ein besonderes „Lockmittel"

Der Autor Lemony Snicket hat eine Reihe von Jugendbüchern über das Schicksal dreier Kinder geschrieben, der Baudelaire-Waisen. Und jedes Mal spricht er seine Leser in einem Vorwort direkt an, um sie vor dem Weiterlesen zu warnen.

**1** Lest den Anfang des Buches.

### Die unheimliche Mühle   Lemony Snicket

Irgendwann in deinem Leben – genauer gesagt, schon sehr bald – wirst du vielleicht ein Buch lesen, und dir wird auffallen, dass man oft gleich beim ersten Satz weiß, worum es in der Geschichte geht. Wenn ein Buch zum Beispiel mit dem Satz beginnt: „Es war einmal
5   eine Familie schlauer kleiner Backenhörnchen, die in einem hohlen Baum lebten", dann kannst du davon ausgehen, dass in der Geschichte lauter sprechende Tiere vorkommen, die irgendwelchen Unfug anstellen. Ein Buch, das mit dem Satz beginnt: „Emily setzte sich und schaute auf den Stapel Blaubeerpfannkuchen, die ihre
10  Mutter für sie gebacken hatte, doch wegen ihrer Reise ins Ferienlager war sie viel zu aufgeregt, um auch nur einen Bissen hinunterzukriegen", erzählt vermutlich von lauter kichernden Mädchen, die jede Menge Spaß haben. Ein Buch aber, das mit dem Satz beginnt: „Gary roch an dem Leder seines brandneuen
15  Baseballhandschuhs und wartete ungeduldig darauf, dass sein bester Freund Larry um die Ecke kam", enthält mit Sicherheit eine Geschichte von lauter verschwitzten Jungen, die irgendeinen Pokal gewinnen. Und wenn dir Unfug, Spaß oder Pokale gefallen, dann weißt du gleich, welches Buch du lesen wirst,
20  und kannst die übrigen wegschmeißen.
Dieses Buch hier beginnt jedoch mit dem Satz: „Die Baudelaire-Waisen schauten aus dem verschmierten Zugfenster, und während sie in den unheimlich schwarzen Finsterwald starrten, fragten sie sich, ob ihr Leben sich wohl je zum Besseren wenden würde."
25  Vermutlich kannst du dir schon denken, dass die folgende Geschichte nicht zu vergleichen ist mit denen über Gary oder Emily oder die schlauen kleinen Backenhörnchen. Der Grund ist ganz einfach der, dass das Leben von Violet, Klaus und Sunny Baudelaire sich völlig unterscheidet von dem der meisten Menschen, wobei
30  der größte Unterschied darin besteht, dass sie einfach viel mehr Unglück, Schrecken und Verzweiflung erleben. Irgendwelchen

178   Gattungen: Spannung von Anfang an – Jugendbücher

Unfug anzustellen, dazu haben die drei Kinder überhaupt keine Zeit, weil ihnen das Elend ständig auf den Fersen ist. [...] Es ist natürlich haarsträubend unfair, dass den Baudelaires so viel Schlimmes
35 passiert, aber so geht diese Geschichte nun einmal. Nachdem ich dir also gesagt habe, wie der erste Satz heißen soll – nämlich: „Die Baudelaire-Waisen schauten aus dem verschmierten Zugfenster, und während sie in den unheimlich schwarzen Finsterwald starrten, fragten sie sich, ob ihr Leben sich wohl je zum Besseren wenden
40 würde" –, kannst du das Buch jetzt noch ganz schnell weglegen, falls du eine so unerfreuliche Geschichte lieber nicht lesen willst.

**Lemony Snicket beginnt sein Buch „Die unheimliche Mühle" so:**

„Die Baudelaire-Waisen schauten aus dem verschmierten Zugfenster, und während sie in den unheimlich schwarzen Finsterwald starrten, fragten sie sich, ob ihr Leben sich wohl je zum Besseren wenden würde."

**2** Würdet ihr dieses Buch weiterlesen? Begründet eure Meinung.

*Leseerfahrungen austauschen*

**Lemony Snicket gibt Beispiele für ganz unterschiedliche Anfänge von Jugendbüchern.**

**3** Vergleicht die Anfänge der beschriebenen Jugendbücher mit dem Vorwort und dem Anfang des Buches von Lemony Snicket.
  – Wovon handeln die anderen Jugendbücher?
  – Wovon könnte die Geschichte von den Baudelaire-Waisen handeln?
  – Beschreibt die unterschiedlichen Stimmungen am Anfang der Geschichte.
  – Wer könnte Spaß an solchen Geschichten haben?

*Textanfänge vergleichen*

**Der Autor warnt vor seinen Büchern, was eigentlich kein Autor tut.**

**4**  **a.** Überlegt, warum Lemony Snicket seine Leser direkt anspricht und „warnt". Welche Wirkung hat diese direkte Ansprache?
  **b.** Ist das ein wirkungsvolles „Lockmittel"? Begründet eure Meinung.

Gattungen: Spannung von Anfang an – Jugendbücher

# Tonke Dragt: Zeitreisen in fantastische Welten

## Cover und Textauszüge zuordnen

Die Autorin Tonke Dragt hat viele Jugendbücher geschrieben. Das Kapitel stellt die Autorin und ihre Bücher vor.

**1** Lies die folgenden Textauszüge aus drei Jugendbüchern.

[...] Er war zweifellos in einer anderen Zeit angekommen – vorhin, am Dienstagabend, um neun Uhr oder eine Minute nach neun, hatten Lampen ihr Licht verbreitet. Jetzt aber war es Nacht. Ganz bestimmt nicht Viertel vor fünf – an welchem Nachmittag auch immer. [...]

[...] „Sind Sie ... bist du ein Mann ... ein Venuswesen?"
„Venus", wiederholte der andere. „So nennt ihr diese Welt. Wir sagen Afroi. Ja, ich bin ein Mann aus Afroi, ein Afroin. Wir, die hier wohnen, nennen uns Afroini." Grüne Lider senkten sich über seine glänzenden Augen. Er schwieg. [...]

[...] *30. Februar*
Der Himmel wurde immer dunkler, obwohl es nicht Abend war. Ganz plötzlich jedoch brach die Sonne durch die Wolken, dort hinten über dem Meer. Und die Türme des Februar glänzten in einem so unheimlichen Licht, dass mich die Angst packte. [...]

**2** Im Tandem!
  **a.** Ordnet die Textauszüge und die Cover einander zu.
  **b.** Begründet eure Zuordnung.

**3** Was haben alle drei Bücher gemeinsam?
Sprecht in der Klasse über eure Vermutungen.

über Leseerwartungen sprechen

# Klappentexte lesen

Auch die folgenden Bücher haben Gemeinsamkeiten.
Es sind Romane, also lange erzählende Texte.

Wissenswertes zum Roman
➤ S. 297

**1** a. Lies die Klappentexte.
b. Erkläre in wenigen Sätzen, worum es in den Romanen jeweils geht.

> Tiuri verlässt in der Nacht, bevor er seinen Ritterschlag empfangen soll, seine Heimatstadt und nimmt einen gefährlichen Auftrag an: Er soll einen Brief mit einer geheimen Botschaft in das ferne Königreich Unauwen bringen.
> 5 Ritter, Reiter und Spione verfolgen ihn, er muss Gefahren bestehen, wird gefangen genommen, aber es gelingt ihm zu flüchten. Doch er findet auch Freunde, die ihm bei seiner schwierigen Aufgabe helfen.

> Seltsame Dinge werden über den Wilden Wald erzählt: von Räubern und vergessenen Städten, von Rittern mit roten Schilden, vor denen man auf der Hut sein muss, von geheimnisvollen grünen Wesen ... Tiuri, ein junger Ritter,
> 5 macht sich auf, diese Rätsel zu lösen. Freunde helfen ihm dabei, und doch ist er oft ratlos und verwirrt und weiß nicht, ob er seinem eigenen Urteil noch trauen kann. Er wird dabei in den Kampf der zerstrittenen Söhne von König Unauwen verstrickt, ein Kampf zwischen Gut und Böse, in dem niemand
> 10 neutral bleiben kann.

Du kannst schon den Klappentexten entnehmen,
dass beide Bücher Abenteuerromane sind.

**2** Welche Merkmale von Abenteuerromanen kommen in den Klappentexten vor?
Ordne den im Infokasten genannten Merkmalen Textstellen aus den Klappentexten zu.

*Starthilfe*

| Merkmal | Der Brief für den König | Der Wilde Wald |
|---|---|---|
| „guter" Held bricht in eine fremde Welt auf | Tiuri verlässt seine Heimatstadt | Tiuri macht sich auf |
| ... | ... | ... |

**Info**

**Abenteuerroman**
In Abenteuerromanen bricht oft ein „guter Held" in eine fremde Welt auf. Dort muss er gefährliche Situationen meistern. Er kämpft gegen das „Böse" und gewinnt meist am Ende.

Gattungen: Tonke Dragt: Zeitreisen in fantastische Welten

# Ein Zukunftsroman

Tonke Dragt erzählt in ihren Büchern nicht nur von Abenteuern einer vergangenen Zeit.
Der folgende Roman erzählt auch von der Zukunft.

**Turmhoch und meilenweit**   Tonke Dragt

Edu, der Planetenforscher, ist auf der Venus stationiert.
Er lernt dort eine andere Welt und ihre Bewohner kennen.

*Da sitzt jemand am Ufer,* dachte Edu, *er winkt mir* ... Er watete durch das Wasser ... Jetzt konnte er die Gestalt besser sehen ... Sie hatte einen Kopf und einen Körper, zwei Arme, zwei Beine ... aber es war kein Mensch. Und doch sagte sie zu ihm:
5 „Komm hierher!" Sie war ganz und gar grün, die Haut schillerte wie bei einer Eidechse.
Edu kletterte ans Ufer und sah das Geschöpf ungläubig an. In dem fremdartigen Gesicht glänzten zwei dunkle Augen, intelligente Augen ... Das Geschöpf war nicht größer als ein
10 zehnjähriges Kind. „Du brauchst keine Angst zu haben", sagte es. „Du bist größer als ich." Es machte eine Gebärde mit einer seiner langfingrigen Hände. „Komm, setz dich neben mich ..." [...]
„Ich bin hier geboren", sagte das Geschöpf. Es legte sich auf den Rücken und heftete seinen Blick auf die Blätter über ihm.
15 „Mach es dir bequem", sagte es, „so wie ich."
Edu folgte seinem Vorbild – warum auch nicht? Es schien die normalste Sache der Welt zu sein. Der Boden war weich; dass er feucht war, störte ihn nicht.
„Du findest es schön warm", sagte die Stimme neben ihm – eine fast
20 menschliche Stimme, die leicht und mild klang.
Nur der Anflug eines fremden Akzents lag darin.
Edu fuhr blitzartig in die Höhe. *Wie war das nur möglich?* Träumte er vielleicht? Aber der andere lag noch immer neben ihm.
„Sie sprechen ja meine Sprache!", flüsterte er.
25 „Du und deine Artgenossen sind schon so lange hier, dass wir eure Sprache lernen konnten."
„Wie denn?", flüsterte Edu.
„Durchs Zuhören."
„Sind Sie ... bist du ein Mann ... ein Venuswesen?"
30 „Venus", wiederholte der andere. „So nennt ihr diese Welt.
Wir sagen Afroi. Ja, ich bin ein Mann aus Afroi, ein Afroin.

Wir, die hier wohnen, nennen uns Afroini." Grüne Lider senkten sich über seine glänzenden Augen. Er schwieg.

*Ein Venusmann ... Afroi. Es klingt unglaublich.*

35 „Du bist mir beinahe genauso fremd wie ich dir", sagte der Afroin, ohne die Augen zu öffnen.

Edu suchte nach Worten, er war sprachlos. Er dachte: *Soll ich ihn fragen, wie er heißt?*

„Ich heiße Firth." [...]

40 Edu begann allmählich zu verstehen. *Dieses Venusgeschöpf beantwortet meine Fragen, bevor ich sie überhaupt ausgesprochen habe ...*

„Nein, du verstehst es nicht", sagte Firth. „Du willst es nicht glauben, du wagst es nicht zu glauben, dass ..."

45 „.... dass du Gedanken lesen kannst!" sagte Edu.

„Sag nun nichts mehr", mahnte Firth. „Reden lenkt nur ab."

*Jetzt schließt er die Augen wieder. Er denkt ... er hat sofort gewusst, was ich dachte ... Reichen seine Gedanken bis in die Kuppel?*

Edu hatte den Eindruck, als fühle er Fäden aus allerlei Gedanken –
50 seinen eigenen und den vieler anderer. Sie waren unsichtbar, aber er spürte sie und er konnte sie nicht verstehen ...

---

**Fragen zum Text beantworten**

**1** Schreibe auf, welche Entdeckungen Edu auf der Venus macht.
   – Wer ist Firth?
   – Wie sieht Firth aus?
   – Auf welche Weise verständigen sich Firth und Edu?

**2** Erkläre, warum einige Textstellen schräg (kursiv) gedruckt sind.

**3** Schreibe in Stichpunkten auf, was du über Edu erfährst.

---

**sich in Figuren hineinversetzen**

**Firth sagt: „Du bist mir beinahe genauso fremd wie ich dir"**
**(Zeile 35).**

**Z 4** Schreibe auf, was Firth über Edu denken könnte.
Schreibe aus der Sicht von Firth.

> **Starthilfe**
>
> Warum hat dieser Mensch Angst vor mir? ...

---

**ein Buch vorstellen**
**➤ S. 302**

**Z 5** Mehr über die Begegnung zwischen Edu und Firth erfahrt ihr in dem Buch „Turmhoch und meilenweit" von Tonke Dragt.
   **a.** Stellt das Buch in der Klasse vor.
   **b.** Lest einen Ausschnitt daraus vor, der euch gut gefällt.

---

Gattungen: Tonke Dragt: Zeitreisen in fantastische Welten

## Ein fantastischer Roman

Auch in dem Roman „Das Geheimnis des Uhrmachers"
geht es um eine Zeitreise.
Auch die folgende Illustration stammt von Tonke Dragt.

**1**    **a.** Beschreibt die Illustration.
      **b.** Sprecht darüber, welche Gefühle darin sichtbar werden.

**2**    Lies nun einen Ausschnitt aus dem Buch.

### Das Geheimnis des Uhrmachers    Tonke Dragt

Aus Angst vor einer Prüfung am Mittwoch um 16.00 Uhr benutzt
ein Student unerlaubt eine Zeituhr. Mit dieser Zeituhr kann man
in die Vergangenheit und in die Zukunft reisen.

Der Student öffnete die Augen. Die Lämpchen waren erloschen.
Es roch eigenartig versengt, und es war stockdunkel.
Die Uhr stand still.
Er geriet in Panik, stand auf, stieß gegen das Armaturenbrett …
5   und sofort sprang die Tür auf.
Schwankend machte er einen Schritt hinaus; er rieb sich die Augen.
Das half jedoch nichts; es blieb dunkel. Er war in einer
pechschwarzen Finsternis gelandet.

*eine Buchillustration
beschreiben und deuten*

184    Gattungen: Tonke Dragt: Zeitreisen in fantastische Welten

Und doch musste er in der Werkstatt sein, denn er hörte das Ticken
10 vieler Uhren. Er war zweifellos in einer anderen Zeit angekommen –
vorhin, am Dienstagabend, um neun Uhr oder eine Minute nach
neun, hatten Lampen ihr Licht verbreitet. Jetzt aber war es Nacht.
Ganz bestimmt nicht Viertel vor fünf – an welchem Nachmittag
auch immer!
15 Welche Nacht ist es wohl? Fragte er sich. Welche Stunde?
Welches *Jahr*? Der kalte Schweiß brach ihm aus. Irgendwas war
verkehrt gelaufen. Hatte er sein Examen bereits hinter sich?
Wenn er bestanden hätte, würde er sich freuen; wenn er
durchgefallen war, das Gegenteil. Er empfand jedoch nichts,
20 nichts außer Angst. Vielleicht war viel mehr Zeit verstrichen.
Vielleicht befand er sich so weit in der Zukunft, dass das ganze
Examen schon längst vergessen war. Das Examen war völlig
bedeutungslos geworden. Der Student suchte, sich tastend
in der Dunkelheit zu orientieren. Er fühlte die Tür der Zeituhr
25 hinter sich – den Schrank, dem er nicht mehr vertrauen konnte.
Trotzdem, er musste zurück in seine eigene Zeit.
Wenn ich nicht zurückkann, dachte er, muss ich für immer in einer
anderen Zeit leben als die Menschen, die ich kenne. Selbst wenn es
nur ein paar Stunden später wäre – ich hätte dann ein kleines Stück
30 meines Lebens verloren. Ich habe, ganz gleich auf welche Weise,
einen Teil meiner eigenen Zeit verloren. Was hätte in dieser Zeit
nicht alles passieren können? Unangenehmes, aber auch Schönes.
Ich hätte dem liebsten Mädchen der Welt begegnen können ...
Nur würde ich dies jetzt nie erfahren. *Jetzt*. Was ist: *Jetzt*? Dieser
35 Augenblick ist für mich persönlich *Jetzt*; für andere ist es Zukunft.
Regungslos stand er im Dunkeln und hörte die Uhren ticken.

**In diesem Textausschnitt kannst du die Handlungsbausteine
„Hauptperson/Situation" und „Wunsch" untersuchen.**

Handlungsbausteine
untersuchen

**3** Untersuche den Baustein Hauptperson/Situation.
   **a.** Schreibe auf, in welcher Situation sich der Student befindet.
   **b.** Schreibe Textstellen auf, in denen seine Gefühle beschrieben
      werden.
   **c.** Vergleiche diese Textstellen mit dem Bild auf Seite 184.

Handlungsbausteine:
– Hauptperson/
  Situation
– Wunsch
– Hindernis
– Reaktion
– Ende

**4** Schreibe auf, welchen Wunsch der Student hat.

**Z 5** Schreibe den Textauszug mithilfe eines Erzählplans weiter.

mit dem Erzählplan erzählen
➤ S. 224–225

Gattungen: **Tonke Dragt: Zeitreisen in fantastische Welten**

185

**Z Weiterführendes: Die Autorin Tonke Dragt**

**In den Büchern, die du in diesem Kapitel kennen gelernt hast, wird auch die Autorin Tonke Dragt vorgestellt.**

Antonia Johanna (Tonke) Dragt wurde 1930 im heutigen Indonesien geboren. Im 2. Weltkrieg geriet sie mit 12 Jahren in ein Kriegsgefangenenlager.
*„Ständig eingeschlossen hinter Stacheldraht; Hunger und Elend,*
5 *wohin man nur sah – und das gerade in diesem Alter. Es war dieselbe Altersgruppe, für die ich nun schreibe. Uns war dort alles verwehrt, und so erfand ich in meiner Fantasie Geschichten, die in einer weiten Ferne spielen – Geschichten voller Abenteuer und ohne Stacheldraht."*
10 1946 zog sie mit ihrer Familie in die Niederlande, wo sie eine Ausbildung als Zeichenlehrerin machte und in Schulen unterrichtete. 1958 begann sie, Kinder- und Jugendbücher zu schreiben. Sie illustrierte ihre Bücher selbst.

**1** Verfasse eine Kurzbiografie für einen Lexikoneintrag.

Informationen in einem Lexikoneintrag zusammenfassen

**Die schräg gedruckten Zeilen sind ein Zitat von Tonke Dragt, es gibt wörtlich wieder, was sie gesagt oder geschrieben hat.**

**2** Wie kam Tonke Dragt zum Erzählen von Geschichten?
 **a.** Lest das Zitat noch einmal.
 **b.** Vergleicht die Bücher, die ihr kennen gelernt habt, mit dem Zitat.

**Tonke Dragt hat für ihre Bücher Literaturpreise erhalten.**

1995 bekam Tonke Dragt
den deutschen Jugendbuchpreis „Buxtehuder Bulle"
für ihr Buch „Turmhoch und meilenweit".
2004 wurde Tonke Dragt der Staatspreis
5 für Literatur in den Niederlanden verliehen:
der „Griffel der Griffel". Diesen Preis
für das beste Jugendbuch der letzten fünfzig Jahre
hat sie für das Buch „Der Brief für den König" erhalten.

**3** Ergänze deinen Lexikoneintrag zum Leben Tonke Dragts.

Manche Bücher von Tonke Dragt wurden verfilmt. Das Buch
„Das Geheimnis des Siebten Weges" wurde 2007 verfilmt.

In dem Buch erzählt Tonke Dragt von einem Lehrer,
der seinen Schülern fünf Minuten vor Schulschluss
geheimnisvolle Geschichten erzählt. Eines Tages sagt er, er warte
noch auf einen Brief. Nachdem dieser eintrifft, wird der Lehrer
5   mit seinen Schülern in ein geheimnisvolles Komplott
um einen verborgenen Schatz verwickelt.
Und spannende Ereignisse nehmen ihren Lauf.

**4** a. Lies die Informationen zum Buch.
b. Beschreibe das DVD-Cover.
c. Vergleiche die Informationen aus dem Text mit den Bildern auf dem DVD-Cover.

**Diese Illustrationen hat Tonke Dragt für zwei ihrer Bücher gezeichnet.**

**5** a. Beschreibe die Illustrationen.
b. Überlege, in welchen Büchern sie abgebildet sein könnten.
c. Begründe deine Vermutung.

**Illustrationen beschreiben**

**Z** Informiert euch ausführlicher über Tonke Dragt und ihre Bücher.

**6** a. Gebt das Stichwort **Tonke Dragt** oder einen Buchtitel eines ihrer Bücher im Internet in eine Suchmaschine ein.
b. Stellt der Klasse eure Informationen vor.
c. Lest einen Buchausschnitt vor, der euch gut gefällt.

im Internet recherchieren
➤ S. 228–229

in einem Bücherei-Katalog
recherchieren ➤ S. 196–197

Gattungen: Tonke Dragt: Zeitreisen in fantastische Welten

187

# Bücher, Bücher, Bücher

**Ein Buch auswählen: Cover, Klappentext und Buchanfang**

Ob du ein Buch lesen möchtest oder nicht, entscheidet sich manchmal schon auf den ersten Blick.
Die Gestaltung des Buchcovers soll zum Lesen verlocken.

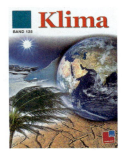 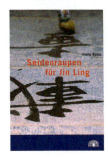 

**1** a. Wähle aus, welches Cover dich am meisten zum Lesen verlockt und welches eher nicht.
b. Begründe deine Wahl.

die Funktion des Buchcovers erkennen

Oft verrät schon das Bild auf dem Cover, welche Texte das Buch enthält und wovon die Texte handeln.

**2** a. Beschreibe die Bilder auf den Covern.
b. Schreibe Vermutungen zum Inhalt der Bücher auf.
c. Erkläre einem Mitschüler oder einer Mitschülerin, worin deine Vermutungen begründet sind.

Vermutungen zum Inhalt formulieren

**Auch der Buchtitel verrät oft etwas über das Thema des Buches.**

**3** Welches Thema vermutet ihr bei dem Titel „Insel der Schwäne"?
Sammelt Ideen in einem Cluster.

*über Leseerwartungen sprechen*

**4** Vergleicht eure Ideen mit dem Bild auf dem Cover des Buches.
Welche Ideen passen dazu, welche nicht?

*Vermutungen zum Thema sammeln und überprüfen*

**5** a. Sieh dir die Cover noch einmal an.
b. Schreibe auf, welche Informationen du auf den Covern findest.

*dem Cover Informationen entnehmen*

**Viele Bücher haben auf der Rückseite einen Klappentext.
Der Klappentext enthält weitere Informationen über den Inhalt.**

> Mit seiner Mutter und der kleinen Schwester zieht Stefan nach Berlin in ein riesiges Hochhaus an der Spree. Das Dorf an der Alten Oder, wo er so viele Jahre gelebt hat, ist weit, weit weg. Stefan vermisst seine Oma, die Insel mit den Schwänen und seinen Freund Tasso – ob er in Berlin einen neuen Freund finden wird?

**6** a. Nennt Textstellen aus dem Klappentext, die mit euren Ideen aus dem Cluster übereinstimmen.
b. Worum könnte es in der Geschichte gehen?
Was wüsstet ihr gern genauer?
Stellt Vermutungen an und formuliert Fragen an das Buch.

**So beginnt das Buch „Insel der Schwäne" von Benno Pludra:**

Vor gar nicht so langer Zeit, als unser Land noch geteilt war in Ost und West, lebte weit im Osten, an der Alten Oder, ein Junge namens Stefan Kolbe, sechste Klasse, der den Ort seiner Kindheit verlassen musste. […]

**7** Was erwartet ihr, wenn ihr den Anfang des Buches lest?
Schreibt es auf.

**Z 8** Stelle das Buch in der Klasse vor.
a. Erzähle mehr über die Handlung.
b. Lies einen längeren Textausschnitt vor.

*ein Buch vorstellen*
➤ S.302

Gattungen: Bücher, Bücher, Bücher

# Ein Sachbuch lesen: Das Vorwort

**Sachbücher enthalten oft ein Vorwort. Meist fasst es zusammen, worum es im Buch geht. Der folgende Ausschnitt aus einem Vorwort findet sich in einem Sachbuch zum Thema Klima.**

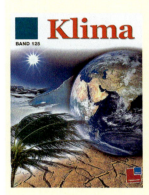

Kaum ein Tag vergeht, an dem in Zeitungen und Nachrichtensendungen nicht vom Klima und Klimawandel die Rede ist. Warum ändert sich das Klima? Ist der Mensch am Klimawandel schuld? Und kann man etwas dagegen tun?
5 Solche und ähnliche Fragen werden heute viel diskutiert. Der Motor aller Klimaprozesse ist die Sonne. Stärke und Einfallswinkel der Sonnenstrahlen sowie die Rückstrahlung von der Erdoberfläche bestimmen unser Klima. Aber auch die Zusammensetzung der Atmosphäre spielt eine wichtige Rolle.
10 Auf der Erde sorgen Wind und Wasser für eine Umverteilung der von der Sonne gespendeten Wärme: Winde zwischen Festland und Ozeanen tauschen warme und kalte Luft aus, Meeresströmungen transportieren warmes und kaltes Wasser in weit entfernte Regionen. [...]

**1** a. Wodurch wird dein Interesse geweckt?
  Nenne Textstellen, die dein Interesse wecken.
  b. Welche Fragen möchtest du beim Lesen des Buches klären?
  Schreibe sie auf.

über die Textfunktion sprechen

**Beim Blättern in dem Sachbuch kannst du im Kapitel „Mensch und Klima" diese Grafik finden.**

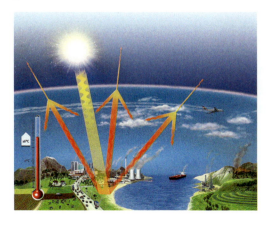

**2** Erkläre die Grafik mithilfe der Schlüsselwörter aus dem Vorwort.

eine Grafik erklären

190  Gattungen: Bücher, Bücher, Bücher

# Ein Sachbuch lesen: Inhaltsverzeichnis, Glossar und Index

**Das Inhaltsverzeichnis dient der Orientierung im Buch.**

**Klimaschutz**
Wie können wir das Klima schützen? 42
Welche Rolle spielen regenerative Energien? 43
Wie können wir Energie einsparen? 44
**Erneuerbare Energien** 44
Was ist das Kyoto-Protokoll? 46
Was tun Städte und Gemeinden für den Klimaschutz? 47
Welche Aufgabe hat der Weltklimarat? 47

**1** a. Lies den Ausschnitt aus dem Inhaltsverzeichnis.
b. Worüber informiert das Inhaltsverzeichnis?

ein Inhaltsverzeichnis benutzen

**2** Auf welchen Seiten findest du Informationen zu: **Kyoto-Protokoll**, **Energie einsparen**, **regenerative Energien**, **Weltklimarat**? Schreibe die Stichworte mit den Seitenzahlen auf.

**Manche Sachbücher enthalten auch ein Glossar und einen Index.**

**Glossar**
**Albedo** Fähigkeit einer Oberfläche, Licht zurückzustrahlen. Helle Flächen haben eine hohe Albedo, dunkle eine niedrige.
**Anthropogener Treibhauseffekt** Vom Menschen verursachter Treibhauseffekt
**Arides Klima** Trockenes Klima

**Index**
**A**
Aerosole 9
Albedo 10
Arides Klima 9
Atmosphäre 6–8
**B**
Barometer 14
Bioenergie 45
**D**
Dichteanomalie 15

Wörterverzeichnis mit Erklärungen

Stichwortverzeichnis von Namen, Sachen, Orten

**3** a. Lies die Worterklärungen für Glossar und Index.
b. Ordne die Worterklärungen den Ausschnitten passend zu.

**4** a. Was schlägst du wo nach – im Glossar oder im Index?
– Du möchtest unbekannte Wörter verstehen.
– Du möchtest wissen, wo du etwas zu einem bestimmten Thema/Fachbegriff erfährst.
b. Begründe deine Entscheidung.

Glossar und Index benutzen

Gattungen: Bücher, Bücher, Bücher

# Ein Gedichtband

Manchmal erkennst du schon an der äußeren Form, welche Texte in einem Buch enthalten sind.

### Eine schöne Geschichte    Martin Anton

Es war einmal eine schöne Geschichte,
die war außen unsichtbar und innen bunt.
Und in alten Zeiten
ging sie von Mund zu Mund.

5  Eines Tages geriet sie in Sammlerhände,
das bedeutete beinah ihr Ende:
Sie wurde in schwarze Lettern* gefasst,
bekam Seitenzahlen und Nummern verpasst,
wirkte nun eher eckig als rund,
10  außen schwarz und innen bunt.

Ein Kind las sie.
Und in seiner Fantasie
wurde sie wieder rund –
außen unsichtbar und innen bunt.

* Buchstaben

**1** Woran erkennst du, dass es sich bei dem Text aus dem Buch „Großer Ozean" um ein Gedicht handelt?
  **a.** Schreibe Gedichtmerkmale auf.
  **b.** Schreibe zu jedem Merkmal eine Textstelle als Beispiel auf.

**Formmerkmale erkennen**

**Starthilfe**
Verse – z. B. Zeile 1:
Es war einmal eine schöne Geschichte
…

**Z** Durch ihre Form und ihren Klang eignen sich Gedichte gut zum Präsentieren.

ein Gedicht auswendig lernen und frei vortragen
➤ S. 302

**2** Bereite eine schriftliche und mündliche Präsentation vor.
  **a.** Schreibe das Gedicht ab. Gestalte das Schriftbild und Zeichnungen dazu passend.
  **b.** Lerne das Gedicht auswendig.

**3** Führe die Präsentation durch.
  **a.** Trage das Gedicht vor und präsentiere dabei dein Gedichtblatt.
  **b.** Erkläre anschießend die Gestaltung deines Gedichtblattes.

Gattungen: Bücher, Bücher, Bücher

# Ein Jugendbuch aus China

**Beim Blättern in einem Buch bleibt man immer wieder an Textstellen hängen und liest in das Buch hinein.**

### Seidenraupen für Jin Ling    Huang Beija

In der ersten Stunde an diesem Nachmittag hatten sie Mathematik. Jin Ling konnte sich überhaupt nicht konzentrieren. Sie saß so kribbelig auf dem Stuhl wie die Seidenraupen in der Tüte, an die sie ständig denken musste. [...] Vielleicht kroch gerade
5 eine größere über eine kleinere und zerdrückte sie ... Jin Ling musste unbedingt nachsehen. Und wieder schaute sie unter die Tischplatte und tastete mit den Händen nach der Schultasche. Natürlich war das verboten. Im Unterricht durfte man sich nicht ablenken lassen. Aber sie konnte einfach nicht anders.
10 Shang Hai hatte die Sache schon eine Weile beobachtet. Er beugte sich zu ihr herüber und flüsterte: „Wonach schaust du denn dauernd?"
Jin Ling schob ihn mit dem Ellenbogen weg und zischte: „Hau ab!"
15 Shang Hai ärgerte sich: „Du bist doof."
Herr Zhang hatte eine Aufgabe an die Tafel geschrieben und sah sich suchend in der Klasse um. Einige Schüler hatten bereits die Hand gehoben, aber er schien nach jemand Besonderem zu suchen. Plötzlich rief er: „Jin Ling!"
20 Jin Lings Kopf schnellte unter dem Tisch hervor. Mit unschuldigem Lächeln versuchte sie, den Lehrer freundlich zu stimmen.

**Info**

| Aussprachehilfen | |
|---|---|
| **Name** | **Aussprache** |
| Jin Ling | dschin ling |
| Shang Hai | schang hai |
| Zhang | dschang |

**1** Ist das eine Textstelle, die euch in das Buch „hineinzieht"? Tauscht euch darüber aus. Begründet eure Meinung.

**2** Worum geht es in dem Textausschnitt? Erzähle, was in der Mathestunde passiert.

**3** Schreibe auf, was Herr Zhang denken könnte.

**4** Macht dich der Textausschnitt neugierig? Schreibe Vermutungen dazu auf, was Jin Ling mit den Seidenraupen vorhat.

Gattungen: Bücher, Bücher, Bücher

# Ein fantastisches Jugendbuch

**Das verrät der Klappentext über den Inhalt des Jugendbuchs „Die Türme des Februar" von Tonke Dragt:**

> Fußspuren, die aus dem Meer kommen. Die beiden Türme in den Dünen sind fremd und doch seltsam vertraut. Wie bin ich hierher gekommen?, schreibt der Junge in sein Tagebuch. Was tu ich hier? Ich weiß nicht mehr, wer ich bin … Auf der Suche nach sich selbst stößt er auf das Rätsel der Türme und das Geheimnis des 30. Februar.

**1** Schreibe in Stichworten auf, was du über die Geschichte und über die Hauptfigur erfährst.

**Zwei der Rätsel, um die es in diesem Buch geht, sind die Daten 30. Februar und 1. April.**

**2** Schreibe auf, was an diesen Daten rätselhaft sein könnte.

**Rätselhaft ist im Buch auch, dass es mehr als eine Welt gibt. Der 14-jährige Tom und der Gelehrte Thomas Alva haben die andere Welt mithilfe eines Wortes erreicht.**

### Die Türme des Februar  Tonke Dragt

„Kommst du denn wirklich nicht dahinter?", fragte er. […] Anschließend erklärte er es mir. Ich hätte zwar das WORT vergessen, aber irgendwo tief in mir verborgen – im Unterbewusstsein – sei es trotzdem hängen geblieben. Und so
5  hatte ich es aufgeschrieben; natürlich nicht richtig, sondern sozusagen „übersetzt" beziehungsweise etwas verdreht. „In deiner Geschichte taucht immer wieder eine Spur des Wortes auf", sagte Herr Alva. „Ein geschickter Leser würde es finden können, wenn er sich etwas Mühe gäbe. Ich meine nicht das WORT selbst, sondern
10  die Richtung, in der er suchen müsste. Ich habe es gefunden und nun weißt du es auch." – „Nein", flüsterte ich.

**3** Wie könnte ein solches „WORT" lauten? Schreibe es auf.

**4** Schreibe auf, was vorher und was danach geschehen sein könnte.

# Ein Jugendbuch von Erich Kästner

**Das Buch handelt von fünf Freunden, die in einem Internat leben: Martin, Matthias, Sebastian, Johnny und Ulrich, genannt Uli.**

### Das fliegende Klassenzimmer    Erich Kästner

„Uli!", schrie Matthias. „Tu's nicht!"
Doch in diesem Augenblick sprang Uli ab. Der Schirm stülpte sich sofort um. Und Uli sauste auf die verschneite Eisfläche hinab. Er schlug dumpf auf und blieb liegen.
5 Die Menge rannte schreiend auseinander. Im nächsten Augenblick waren die vier Freunde bei dem Verunglückten.

**In dem Buch gibt es zehn große Illustrationen.
Die Illustration in der Randspalte gehört zu dem Textausschnitt.**

**1** Beschreibe die Illustration.

**2** a. Was erfährst du in dem Textausschnitt über Uli und seine Freunde? Schreibe Stichworte auf.
b. Was könnten Gründe für Ulis Verhalten sein? Notiere deine Vermutungen in Stichworten.

**Uli hat ein gebrochenes Bein und Quetschungen am Brustkorb.
Der Lehrer, Dr. Bökh, fragt die Freunde:**

„Könnt ihr mir um alles in der Welt erklären, warum er auf den idiotischen Einfall gekommen ist, mit dem Schirm von der Leiter herunterzuspringen?"
„Sie haben ihn immer alle geärgert", erzählte Matthias schluchzend.
5 „Er sei ein Feigling, haben sie gesagt, und solche Sachen."
Matthias zog das Taschentuch heraus und putzte sich die Nase.
„Und ich Rindvieh habe ihm gestern geraten, er müsse eben mal was zeigen, was den anderen imponiere*."

\* was die anderen beeindruckt

**3** Vergleiche deine Vermutungen mit der Erklärung von Matthias.

**Z 4** Was hältst du von Freunden, denen du beweisen musst, dass du nicht feige bist? Schreibe deine Meinung auf und begründe sie.

Stellung nehmen
➤ S.301

Gattungen: Bücher, Bücher, Bücher                                        195

## Z Weiterführendes:
## In einem Bücherei-Katalog recherchieren

Die Bücher deiner Wahl kannst du in einer öffentlichen Bücherei lesen und ansehen. Manche Bücher gibt es auch als Hörbuch.

Informationen zu den meisten Büchereien und zu den Büchern, die du ausleihen kannst, findest du im Internet.
Dieser Link führt zur Startseite einer Bücherei (Bibliothek):

> **StadtBibliothek *Köln* / Startseite**
> StadtBibliothek *Köln* online – Katalogzugriff, Aktuelle Bibliotheks-
> informationen, Internet-Dienste, Literaturtipps, Literatur in Köln …

**1** Welche Informationen bekommst du durch diesen Link?  *einen Link verstehen*
   a. Schreibe die Stichworte auf.
   b. Schreibe zu jedem Stichwort, was du dahinter vermutest.

> **Starthilfe**
> Katalogzugriff – Verzeichnis der erhältlichen Bücher und Medien

Auf der Startseite kannst du diese Begriffe anklicken:

| Lesen + Lernen | Suche | Bibliotheken | Service | Ausleihe |
|---|---|---|---|---|

**2** Welchen Begriff musst du anklicken, wenn du Informationen zu Büchern und Hörbüchern von Erich Kästner erhalten willst?  *die Suchfunktion kennen lernen*

[                                    Suche ]

**3** a. Wer sucht was? Lies noch einmal die Sprechblasen oben.
   b. Nenne passende Stichworte für die Eingabe in das Suchfeld.

*passende Suchbegriffe finden*
*eine Suchmaschine benutzen*
➤ S. 229

196   Gattungen: Bücher, Bücher, Bücher

**Zu Erich Kästner werden z. B. folgende Ergebnisse angezeigt.**

die Auswahl begründen

1   **Titel:** Der gestiefelt Kater
    **Autor:** Kästner, Erich
    **Jahr:** 2008
    **Publikationsform:** Kinder-Buch

A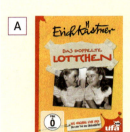

2   **Titel:** Das doppelte Lottchen
    **Autor:** Kästner, Erich
    **Jahr:** 2007
    **Publikationsform:** Kinder-DVD

B

3   **Titel:** Emil und die Detektive
    **Autor:** Kästner, Erich
    **Jahr:** 2004
    **Publikationsform:** Buch / Druckschrift

4   **Titel:** Das fliegende Klassenzimmer
    **Autor:** Kästner, Erich
    **Jahr:** 2004
    **Publikationsform:** Buch / Druckschrift

C

5   **Titel:** Die Konferenz der Tiere
    **Autor:** Kästner, Erich
    **Jahr:** 2004
    **Publikationsform:** Kinder-CD

D

6   **Titel:** Wir haben der Welt in die Schnauze geguckt
    **Autor:** Erich Kästner
    **Jahr:** 2008
    **Publikationsform:** Buch / Druckschrift

4  Ordne die Cover und die Suchergebnisse einander zu.

E

5  Welche Angaben könnt ihr den Suchergebnissen entnehmen? Schreibt Stichworte auf.

6  Lies die Titel. Für welchen Titel würdest du dich entscheiden? Begründe deine Wahl.

F

7  Sieh dir das Angebot genauer an.
   **a.** Welches Medium (Buch, CD oder DVD) bevorzugst du?
   **b.** Begründe deine Antwort.

Gattungen: Bücher, Bücher, Bücher

197

# Fernsehen sehen und gestalten

## Medien nutzen

In diesem Kapitel verständigt ihr euch zunächst darüber, was ihr im Fernsehen besonders gern seht und in welchen Medien ihr euch informiert. Außerdem erhaltet ihr Anregungen, wie ihr in einem Projekt eine eigene Nachrichtensendung gestalten könnt.

David, Nua und Kira aus der 6 b haben sich zum Thema Mediennutzung erste Gedanken gemacht.

**Kira:** Ich schaue jeden Tag meine Lieblingsserie an, in die Probleme kann ich mich so richtig hineinversetzen, da vergesse ich alles. Geschichten aus verschiedenen Zoos sehe ich auch sehr gern, da lernt man viel über Tiere und
5  auch über die Arbeit der Tierpfleger. Damit verbringe ich oft den ganzen Nachmittag.
**David:** Mich interessiert vor allem Sport, z. B. wie meine Lieblingsmannschaft am Wochenende gespielt hat, aber das schaue ich mir lieber im Internet an, da finde ich
10  außerdem viele Bilder und weitere Informationen zu den Spielern und zu den Ergebnissen der anderen Spiele. Und wenn ich damit erst einmal anfange, dann vergehen zwei bis drei Stunden. Im Fernsehen sehe ich gern Trickfilme.
**Nua:** Den Fernsehapparat schalte ich eigentlich nur selten ein,
15  dafür aber den Computer, denn fast alle Sender haben inzwischen spezielle Internetseiten für Jugendliche. Da gibt es z. B. Videos, Musik, viele Specials zu Stars und im Forum kann ich meine Meinung dazu schreiben. Außerdem werden die Nachrichten hier extra für Jugendliche geschrieben,
20  sodass ich sie auch verstehen kann. Sobald ich aus der Schule komme, läuft bei mir das Internet. Im Fernsehen sehe ich mir nur solche Sendungen wie DSDS an und das am liebsten mit meinen Freundinnen.

**1** Kira, David und Nua interessieren sich für unterschiedliche Sendungen und nutzen unterschiedliche Medien.
- Für welche Themen und Sendungen interessieren sich die drei?
- Welche Medien nutzen sie?
- Wie oft und wie lange nutzen sie Fernsehen und Internet?
- Warum nutzen sie die verschiedenen Medien?

Tragt die Ergebnisse in einer Tabelle zusammen.

**Starthilfe**

| Welche Medien? | Welche Themen/ Sendungen? | Warum? Wozu? | Wie lange? Wie oft? |
|---|---|---|---|
| Fernsehen ... | Serien Tiergeschichten | sich in die Probleme hineinversetzen ... | täglich, den ganzen Nachmittag |

**2** Welche Medien nutzt du?
Beantwortet jeder selbst die Fragen aus Aufgabe 1.
Sammelt eure Ergebnisse in einer Tabelle an der Tafel.

**3** Wertet die Tabelle gemeinsam aus. Beantwortet folgende Fragen:
- Welche Beiträge in Fernsehen und Internet werden in eurer Klasse am meisten gesehen?
- Welches Medium wird häufiger genutzt?
- Wie viel Zeit wird täglich vor dem Fernseher und im Internet verbracht?
- Welche Gründe gibt es für eure Mediennutzung?

*Sendungen / Themen*
*Serien /////*
*Sport ///*
*Tiergeschichten /*
*...*

**Fernsehsendungen oder Internetseiten haben verschiedene Funktionen. Sie können besonders unterhaltend sein oder vor allem informieren.**

**4** **a.** Welche Sendung ist eher unterhaltend, welche eher informierend? Ordnet die von euch in Aufgabe 3 genannten Sendungen und Beiträge nach ihrer Funktion.

**Starthilfe**

| Sendung/Beitrag | informierende Funktion | unterhaltende Funktion |
|---|---|---|
| DSDS | | X |

**b.** Begründet eure Zuordnung.

**Z** **5** Beschreibt eure Mediennutzung.
Fasst zusammen, welche Funktion die Sendungen haben, die ihr vorwiegend seht.

Gattungen: Fernsehen sehen und gestalten

# Fernsehnachrichten sehen und verstehen

Zu den Fernsehsendungen mit informativer Funktion gehören vor allem Nachrichtensendungen. Auf den nächsten Seiten erhaltet ihr Anregungen dazu, wie ihr eine eigene Nachrichtensendung gestalten könnt.
Die Klasse 6 b hat ein solches Projekt bereits durchgeführt. Seite für Seite könnt ihr sehen, welche Schritte für eure Projektarbeit sinnvoll sind.

Zunächst sieht sich die Klasse 6 b Nachrichtensendungen an.

**1** Tauscht euch über die Bilder aus den Nachrichtensendungen aus.
   a. Was zeigen die Bilder?
   b. Schreibt zu jedem Bild einen Satz auf, den die Sprecherin oder der Sprecher gerade sagen könnte.

*über Nachrichtensendungen sprechen*

Gattungen: Fernsehen sehen und gestalten

## Eure Projektarbeit

Für euer Nachrichtenprojekt findet ihr die passenden Vorschläge auf den rechten Seiten in diesem Kapitel.

1. Projektschritt: Informiert euch über Nachrichten.

> Meist geht es um Politik und Wirtschaft.

> Es wird auch aus dem Ausland berichtet, z. B. was gerade in der Türkei passiert. Das finde ich gut.

> Stimmt, aber einige Beiträge sind sehr kurz und enthalten viele Neuigkeiten. Ich verstehe nicht alles, was gesagt wird.

> Deshalb gibt es auch Kindernachrichten. Da wird genau erklärt, worum es geht.

**2** Wertet die Aussagen über Nachrichten aus:
– Welchen Aussagen stimmt ihr zu? Welchen nicht?
– Begründet eure Meinung.

**3** a. Besorgt euch ein Fernsehprogramm aus einer Zeitung oder aus einer Zeitschrift.
b. Sammelt Informationen zu folgenden Fragen:
– Welche Nachrichtensendungen gibt es?
– Wann werden sie gesendet?
– Welche Nachrichtensendungen werden für Kinder angeboten?

**Starthilfe**
Tagesschau, ... Uhr, ARD
...
Für Kinder: logo!, 15:50 Uhr, KI.KA
...

**4** Untersucht eine Nachrichtensendung.
**Tipp:** Nehmt dazu am Tag vorher eine Sendung auf.
a. Lest die Leitfragen.
b. Seht euch gemeinsam eine Nachrichtensendung an.
c. Notiert beim Zuschauen Stichworte zu den Leitfragen.
d. Tragt eure Antworten mündlich zusammen.

**Leitfragen:**
Wie heißt die Nachrichtensendung?
Wie viele Sprecher gibt es? Wie viele sind zu sehen?
Worüber wird berichtet?
Wie lange wird über die einzelnen Themen berichtet?
Wie lange dauert die Sendung insgesamt?

Gattungen: Fernsehen sehen und gestalten

# Ideen sammeln – die Projektarbeit planen

Die Schülerinnen und Schüler der 6 b besprechen,
über welche Themen sie berichten wollen.

**David:** Firat und ich möchten über unseren neuen Schulteich
berichten. Meine Schwester war bei den Arbeiten dabei und
hat mir schon einiges darüber erzählt.
**Firat:** Ich helfe oft in der Bibliothek aus und kann dort nach
5 Büchern über Fische und andere Teichbewohner suchen.
**Kira:** In unserem Stadtviertel hat der Sturm viele Schäden
verursacht. Dazu würde ich gern einen Beitrag\* machen.
**Nua:** Ja, sonst haben wir nur Themen aus der Schule.

\* Bericht, Mitteilung

**1** Für welche Themen entscheiden sich Firat, David, Kira und Nua?
  **a.** Schreibe Stichworte dazu auf.
  **b.** Notiere ihre Gründe.

> **Starthilfe**
> Firat: Schulteich, kann Bücher zum Thema besorgen
> David: ...

Die Klasse 6 b verteilt zunächst die einzelnen Beiträge auf
Projektgruppen und legt dann einen Projektplan an.

> *Projekt Nachrichtensendung   Klasse 6 b*
>
> *Beitrag: „Neuer Schulteich"*      *Beitrag: „Unwetter"*     *Beitrag: ...*
> *Gruppe 1: David, Firat, ...*        *Gruppe 2: ...*
> *Inhalt: Arbeiten am Schulteich,*     *Inhalt: ...*
> *Informationen über Pflanzen/Tiere, ...*

**2** **a.** Erklärt den Aufbau des Projektplans.
  **b.** Gebt wieder, welche Angaben im Projektplan vorkommen.
  **c.** Tauscht euch darüber aus, wozu ein Projektplan nützlich ist.

**einen Projektplan
verstehen**

Gruppe 1 möchte über den neuen Schulteich berichten.
David notiert Aufgaben, die dafür erledigt werden müssen:

> *filmen – Informationen ordnen – Sprechertext formulieren –*
> *Filmausschnitt und Sprechertext zusammenstellen – Material besorgen –*
> *Informationen zum Thema beschaffen – Beitrag präsentieren*

**3** Ordnet die Aufgaben für die Gruppenarbeit.
  **a.** Schreibt die Aufgaben in einer sinnvollen Reihenfolge auf.
  **b.** Sprecht über eure Ergebnisse.

> **Starthilfe**
> 1. Informationen zum Thema
>    beschaffen
> 2. ...

# Eure Projektarbeit

**2. Projektschritt: Sammelt erste Ideen für eure eigene Nachrichtensendung und entscheidet euch für ein Thema.**

**4** Führt für eure Ideensammlung ein Brainstorming durch.
  a. Schreibt eure Ideen auf einzelne Kärtchen.
  b. Heftet eure Kärtchen an die Tafel und nennt die Themen.
  c. Ordnet die Ideen an der Tafel. Schiebt dazu Kärtchen mit ähnlichen Themen zusammen.

**3. Projektschritt: Bildet Projektgruppen.**

**5** Bildet Projektgruppen nach euren Interessen.
  a. Notiert zunächst jeder für sich drei Themen und nummeriert, welches Thema eure erste, zweite und dritte Wahl ist.
  b. Besprecht erst gemeinsam eure Wünsche.
  c. Legt anschließend Projektgruppen fest.

Projektgruppen bilden

**4. Projektschritt: Plant eure Projektarbeit.**

**6** a. Lest die Aussagen in den Sprechblasen.

> Gut. Die **Kamera** und das **Mikrofon** leihen wir uns von der Theater-AG aus, die **Bücher** aus der Schulbibliothek.

> **Ich** könnte den Text schreiben, aber **du** liest ihn besser vor.

> **Bis zum 13.** müssen wir den Sprechertext fertig stellen, damit wir den Ablauf des Beitrags noch üben können.

  b. Notiert passende W-Fragen zu den hervorgehobenen Wörtern.

**7** a. Entwerft einen Organisationsplan für eure Projektgruppe.
  b. Übertragt den Organisationsplan in euer Heft und ergänzt ihn.

einen Organisationsplan schreiben

| Projekt „Nachrichtensendung", Organisationsplan Gruppe 1, Beitrag: … ||||| 
|---|---|---|---|---|
| Aufgaben | Wer? |  | Was …? | Erledigt? |
| 1. … |  | bis zum … |  | ☐ |

Gattungen: Fernsehen sehen und gestalten

# Den Sprechertext schreiben

Gruppe 1 beginnt mit der Arbeit am Beitrag. Firat, David, Kira und Nua überlegen gemeinsam, worüber sie im Einzelnen informieren wollen. Dazu schreiben sie Stichworte auf.

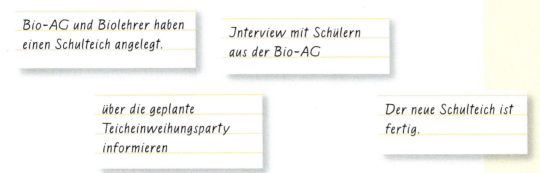

**1** Ordnet die Stichworte.
  a. Schreibt die Stichworte in einer sinnvollen Reihenfolge auf.
  b. Nummeriert sie.
  c. Vergleicht eure Ergebnisse und begründet eure Anordnung.

Nua formuliert zu jeder Notiz einen kurzen Text.

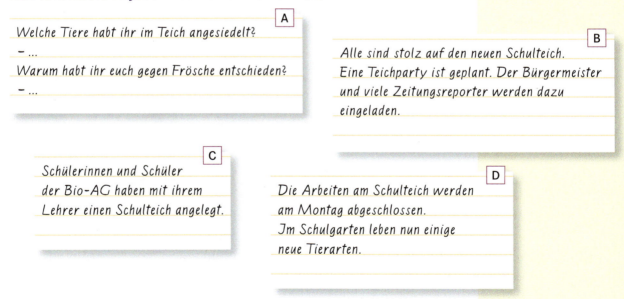

**2** Legt den Aufbau des Beitrags für Gruppe 1 fest.
  a. Ordne den Texten die passende Notiz aus Aufgabe 1 zu.
  b. Welcher Text ist unvollständig?
     Begründe, warum Nua ihn nur teilweise vorbereiten kann.

*den Aufbau eines Sprechertextes verstehen*

Gattungen: Fernsehen sehen und gestalten

# Eure Projektarbeit

**5. Projektschritt: Sammelt Informationen und legt den Aufbau eures Beitrags fest.**

**3** Sammelt Informationen für euren Beitrag. Überlegt, woher ihr fehlende Informationen beschaffen könnt.

> **Starthilfe**
> andere Personen befragen, www.blinde-kuh.de, www.brockhaus.de, Bücherei, Lexikon, Tageszeitung, ...

  a. Notiert Informationen in Stichworten.
  b. Tragt die Stichworte zusammen und wertet sie aus. Überlegt, welche Informationen besonders wichtig sind.
     **Tipp:** Die W-Fragen helfen euch dabei.

> Was?
> Wer?
> Wann?
> Wo?
> Warum?
> Wie?

**4** Notiert die Stichworte übersichtlich.
   **Tipp:** Ihr könnt dies zum Beispiel mithilfe eines Clusters tun.

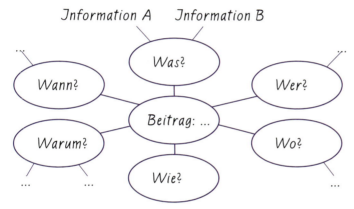

**5** Ordnet eure Informationen so, dass die Abfolge für die Zuschauer und Zuschauerinnen eurer Nachrichtensendung verständlich ist.

*Informationen für den Beitrag ordnen*

  a. Beginnt mit der wichtigsten Neuigkeit.
  b. Nummeriert dann die Informationen und legt den Aufbau eures Beitrags fest.

**6. Projektschritt: Schreibt einen Sprechertext für euren Beitrag.**

**6** Schreibt den Text für euren Beitrag.

*einen Sprechertext schreiben*

  a. Plant zunächst euer Schreibziel. Überlegt, an wen ihr den Text richtet und was ihr erreichen wollt.
  b. Schreibt den Text. Beachtet den in Aufgabe 5 festgelegten Aufbau.
  c. Ergänzt euren Text mit Sätzen, die sich direkt an die Zuschauerinnen und Zuschauer richten.

> **Starthilfe**
> Liebe Zuschauer, ...
> wir berichten heute ...
> Heute melden wir uns aus ...
> Damit zurück ins Studio ...
> ...

Gattungen: Fernsehen sehen und gestalten

# Den Beitrag filmen

**Mit einer Kamera nimmt Gruppe 1 ihren Beitrag auf.**

1. **Was zeigen die Bildausschnitte aus dem Filmbeitrag?**
   a. Beschreibt, was auf den Bildausschnitten zu sehen ist.
   b. Welcher Bildausschnitt passt zu welchem Text? Ordnet zu.
   c. Zu welchem Text fehlt ein Bild?
      Sammelt Ideen für passende Aufnahmen.

   *über passende Bilder nachdenken*

2. **Schreibt auf, welche Materialien und Geräte Gruppe 1 für ihren Beitrag benötigt.**

   **Starthilfe**
   Mikrofon, Einladung, …

Z 3. **Bereitet ein Interview mit der Bio-AG vor.**
   a. Schreibt Fragen auf, die Gruppe 1 stellen könnte.
   b. Schreibt auf, welche Aufnahmen Gruppe 1 dazu filmen könnte.

   **Starthilfe**
   – Guten Morgen! Wann wird der Teich fertig gestellt?
   Aufnahme: Reporter unterbricht Schülerin bei der Arbeit.
   – Warum …?

206  Gattungen: Fernsehen sehen und gestalten

## Eure Projektarbeit

**7. Projektschritt: Bereitet die Filmaufnahmen vor.**

**4** Sammelt Ideen zu Filmaufnahmen für euren Beitrag.
   **a.** Faltet ein Blatt der Länge nach.
   **b.** Schreibt in die linke Spalte euren Sprechertext.
      Lasst dabei zwischen den Sätzen eine Zeile frei.
   **c.** Beschreibt in der rechten Spalte genau, was die Filmaufnahmen zeigen sollen.

*Sprechertexte und Bilder zuordnen*

| | |
|---|---|
| Liebe Zuschauer, nun zum Wetter | Aufnahme: Sprecherin vor Karte |
| Die vorüberziehende Gewitterfront sorgt für heftige Regenschauer im Westen. | Aufnahme: Karte mit Wettersymbolen |

**5** Beschafft alle Materialien und Geräte, die ihr für die Filmaufnahmen braucht, und legt sie bereit.

**8. Projektschritt: Macht die Filmaufnahmen für euren Beitrag.**

**6** Filmt nun euren Beitrag.
Verwendet dazu eure Stichworte zu Aufgabe 4c.
**Tipp:** Ihr könnt verschiedene Kameraeinstellungen verwenden.

*Filmaufnahmen für den Beitrag machen*

Totale       Halbtotale       Nahaufnahme

**7** Prüft eure Aufnahmen.
   **a.** Seht sie euch gemeinsam an und tauscht euch darüber aus.
      – Ist alles Wichtige gut zu erkennen?
      – Habt ihr zu wenige / ausreichend viele / zu viele Aufnahmen gemacht?
   **b.** Filmt, wenn nötig, noch einmal.

*die Filmaufnahmen auswerten*

Gattungen: Fernsehen sehen und gestalten

# Die Nachrichtensendung präsentieren

Die Klasse 6 b möchte aus den einzelnen Beiträgen jetzt eine Nachrichtensendung zusammenstellen.

**1** Wie sieht ein Nachrichtenstudio aus?
  a. Seht euch noch einmal eine Nachrichtensendung an.
  b. Notiert, welche Materialien die 6 b benötigt, um ein Nachrichtenstudio einzurichten.

Die Klasse 6 b richtet im Klassenraum ein Nachrichtenstudio ein. Eine Nachrichtensprecherin kündigt „live" die Filmbeiträge an.

**2** Entwerft eine Ankündigung für den Beitrag von Gruppe 1.
  a. Ergänzt den Satz der Sprecherin auf Bild 1.
  b. Notiert einen Satz für die Sprecherin aus Bild 2.

Die 6 b lädt ihre Parallelklasse zur Präsentation ein.
Jeder Zuschauer bekommt einen Fragebogen.

| Fragebogen zur Nachrichtensendung der Klasse ... | ja | nein | teilweise |
|---|---|---|---|
| Waren die Beiträge informativ? | | | |
| Passten die Filmaufnahmen ...? | | | |
| ... | | | |

**3** Formuliert Fragen zur Präsentation.
  **Tipp:** Ihr könnt die Projektschritte zu Hilfe nehmen.

einen Fragebogen zur Präsentation schreiben

Gattungen: Fernsehen sehen und gestalten

# Eure Projektarbeit

**9. Projektschritt: Bereitet die Präsentation eurer Sendung vor.**

**4** Richtet euer eigenes Nachrichtenstudio ein.

**5** Notiert die Reihenfolge eurer Beiträge.

*die Reihenfolge der Beiträge festlegen*

**6** Schreibt Sätze auf, mit denen ihr die einzelnen Beiträge ankündigt.

> **Starthilfe**
> Willkommen, liebe Zuschauer.
> Wir melden uns mit Neuigkeiten aus ...
> Wir schalten jetzt direkt zu ...

**7** Übt das Lesen der Sprechertexte mehrmals.
    **a.** Schreibt die angefangene Checkliste ab und ergänzt sie.
    **b.** Lest eure Sprechertexte vor.
    **c.** Überprüft eure Fortschritte mithilfe der Checkliste.

*das Lesen der Sprechertexte üben*

> Checkliste: Einen Sprechertext vorlesen
> – laut und deutlich gesprochen?
> – die Zuschauer angesehen?
> – ...

**8** Bereitet einen Fragebogen für euer Publikum vor.
    Berücksichtigt dabei auch eure Checkfragen in Aufgabe 7.

**9** Ladet Publikum zur Präsentation eurer Nachrichtensendung ein.

**10. Projektschritt: Präsentiert eure Nachrichtensendung.**

**10** Verteilt den Fragebogen an euer Publikum.

**11** Präsentiert eure Nachrichtensendung.
    **a.** Kündigt jeden Beitrag an.
    **b.** Zeigt eure Filmaufnahmen in der festgelegten Reihenfolge.
        Legt vorher fest, wer das Abspielen der Aufnahmen übernimmt.

*die Nachrichtensendung präsentieren und auswerten*

**12** Wertet die Präsentation mithilfe der Fragebögen aus.

Gattungen: Fernsehen sehen und gestalten

# Lesen erforschen – lesen trainieren

## Mein Lesen – meine Leseerfahrungen

Den Textknacker kennt ihr bereits. Auch in diesem Buch
gibt es viele Texte, an denen ihr das Lesen mit dem Textknacker
trainieren könnt, so auch auf den folgenden Seiten.
Jeder von euch hat dabei schon seine eigenen Erfahrungen
gemacht und diese in einer Lesemappe aufgeschrieben.

**1** Tragt zunächst alle Textknackerschritte an der Tafel zusammen.

**2** Welche Erfahrungen habt ihr beim Lesen mit dem Textknacker
gemacht? Führt eine Kartenabfrage durch.
Schreibt jeder auf verschiedene Karten,
– welchen Schritt ihr schon besonders gut beherrscht,
– bei welchem Schritt ihr noch Probleme habt.

> *Das kann ich*
> **Bilder**
> *Wenn es zu einer Überschrift
> auch eine Abbildung gibt,
> kann ich ganz gut herausfinden,
> worum es geht.*

> *Das will ich üben*
> **Schlüsselwörter**
> *Ich kann oft schwer unterscheiden,
> was wichtig ist und was nicht.
> Dann schreibe ich zu viele
> Schlüsselwörter auf.*

**3** **a.** Sammelt und ordnet eure Karten nach Stärken und Schwächen
an der Tafel.
**b.** Sprecht darüber, bei welchen Schritten die meisten von euch
positive Erfahrungen gemacht haben und welche Schritte
von vielen noch geübt werden müssen.

*über Leseerfahrungen nachdenken*

**Z 4** Sammelt Übungsvorschläge und Übungstexte aus Zeitschriften
oder dem Internet und legt sie in eine Mappe für die ganze Klasse.

Bevor ihr das Lesetraining startet, sollte jeder für sich allein über seine Lesefortschritte nachdenken.

**5** Lies in deiner Lesemappe nach.
Welche Eintragungen hast du in den vergangenen Monaten vorgenommen?

**6** Beschreibe deinen Leseweg. Die folgenden Fragen helfen dir.
– Schreibe sie nacheinander auf ein Blatt und beantworte sie.
– Lege das Blatt anschließend in deine Lesemappe.

**Mein Leseweg – meine Leseerfahrungen**

1. Welches Datum haben wir heute? *Freitag, ...*
2. Was ist eigentlich das Thema, zu dem ich hier schreibe? *Lesen erforschen ...*
3. Was habe ich bisher beim Lesen gemacht? *Ich habe ...*
4. Wie habe ich das gemacht? *Ich habe ...*
5. Was kann ich jetzt schon? ...
6. Was kann ich noch nicht so gut? ...
7. Wobei brauche ich noch Hilfe? ...
8. Was hat mir gut gefallen? ...
9. Was hat mir nicht so gut gefallen? ...
10. Wie habe ich mich gefühlt? ...

das eigene Lesen reflektieren

Was lesen?
– Jugendroman
– Fachmagazin
– Internetseite

Wie lesen?
– mit dem Textknacker
– langsam
– schnell
– allein
– mit einem Freund
– ...

**7** In einigen Monaten kannst du das Blatt wieder zur Hand nehmen.
Schreibe auf, was sich dann verändert hat.

Für dein Lesetraining mit dem Textknacker lernst du nun noch weitere Hilfen und Lesetricks kennen, zum Beispiel: mit dem Text sprechen oder den Inhalt von Abschnitt zu Abschnitt vorhersagen. Wenn du wichtige Wörter im Text nicht verstehst, gibt es verschiedene Möglichkeiten, Erklärungen zu finden.
Probiere die Hilfen und Lesetricks aus.

Arbeitstechniken trainieren: Lesen erforschen – lesen trainieren

# Lesetrick: Sprich mit dem Text

Wenn du einen Text oder eine Tabelle liest, eine Grafik anschaust oder ein Bild betrachtest, gehen dir immer auch Gedanken durch den Kopf. Du suchst nach bestimmten Informationen oder du willst erfahren, was der Text dir sagt.
Beim Lesen geht es darum, diese Gedanken auszusprechen und sie zu überprüfen.

*Gedanken zum Text formulieren*

**1** Mit welchen Gedanken und Erwartungen liest du einen Fahrplan? Betrachte das Foto und lies die Sprechblase und die Denkblase.
   a. Schreibe auf, welche Informationen gesucht wurden.
   b. Vergleiche damit das Leseergebnis in der Sprechblase.

*das Textverständnis überprüfen*

Auf der nächsten Seite findest du einen Sachtext.
Sprich mit dem Text.

**2** a. Lege ein DIN-A4-Blatt neben die Buchseite. Zeichne Denkblasen auf eine Seite des Blattes. Lass die zweite Seite noch frei.
   b. Fülle die Denkblasen beim Lesen aus, nicht erst danach.

> **Starthilfe**
> Verstehe ich das richtig, ...?
> Also, ich glaube, hier geht es um ...
> Moment, das heißt ja, dass ...

Arbeitstechniken trainieren: Lesen erforschen – lesen trainieren

## Milch und Milchprodukte in der Ernährung von Kindern und Jugendlichen

Milch und Milchprodukte liefern wertvolles tierisches Eiweiß und Vitamine (A, $B_2$, $B_{12}$). Beinahe unentbehrlich sind sie für Kinder und Jugendliche wegen ihres hohen Gehaltes an besonders gut verwertbarem Calcium. Eine ausreichende Calciummenge
5 in Kindheit und Jugend führt nachweislich zu einer höheren Knochendichte und verringert damit die Gefahr, im Alter an Osteoporose (Knochenschwund) zu erkranken. Besonders calciumreich ist Käse. Hier wiederum hat Hartkäse mehr Calcium als Weichkäse und fettarmer Käse mehr als fettreicher.

**3**  **a.** Überprüfe deine Gedanken mithilfe der Textinformationen.
 **b.** Zeichne auf dem Blatt neben die Denkblasen Sprechblasen.

> **Starthilfe**
> Aha, jetzt verstehe ich, …
> Ach ja, geht es um …
> Logisch, das ist …

**Nach dem Lesen schreibst du wichtige Informationen aus dem Text auf ein Blatt und legst das Blatt in deine Lesemappe.**

**4**  Beantworte die folgenden Fragen zum Text schriftlich.
– Welche lebensnotwendigen Substanzen enthalten Milch und Milchprodukte?
– Welche Substanz ist wegen ihres hohen Gehaltes für Kinder und Jugendliche besonders wichtig? In welchem Produkt ist sie besonders hoch enthalten?
– Wovor kann die Ernährung mit Milchprodukten schützen?

Fragen zum Inhalt des Textes beantworten

**5**  Welche Information im Text wird mit dem folgenden Satz genauer erklärt? Begründe deine Antwort.

In der Regel enthalten 100 ml Milch genauso viel Calcium wie 15 g Hartkäse oder 30 g Weichkäse.

**6**  Schreibe auf, welche Erfahrungen du beim Sprechen mit dem Text gemacht hast.

> **Starthilfe**
> Mir ist z. B. klar geworden, dass ich beim Lesen überlege, was ich zu dem Thema schon weiß.

Arbeitstechniken trainieren: Lesen erforschen – lesen trainieren

# Texte lesen und verstehen – mit dem Textknacker lesen

Manchmal kannst du dir sehr schnell ein Bild von etwas machen. Beim Fernsehen siehst du oft schon nach wenigen Sekunden, worum es in einer Sendung geht. Auch beim Lesen eines Textes kannst du dir ein erstes Bild machen. Du liest eine Überschrift, ein fett gedrucktes Wort, du vermutest, worum es geht.

**Du siehst den Text zum ersten Mal.**

**1** Sieh dir die Bilder und die Überschrift des Textes an.
   a. Was erzählen dir die Bilder neben dem Text?
   b. Wie lautet das Thema des Textes? Worum könnte es gehen?

**Du liest den Text als Ganzes.**

**Die fliegenden Kraftwunder**

Kein Raubtier der Welt kann es mit einem ausgewachsenen Steinadler aufnehmen. Die Greifvögel kennen keine Feinde, besitzen in
5 ihren Krallen mehr Kraft als ein Profiboxer. Bei einem Maximalgewicht von sieben Kilo sind die Raubvögel in der Lage, sogar Beute, die doppelt so schwer ist wie sie, zu ihren Horsten\*
10 zu befördern. Denn obwohl die Vögel Spannweiten\* von bis zu 2,30 Metern erreichen, misst ihr Rumpf nur knapp einen Meter. Ihr Skelett ist extrem leicht – die Knochen sind nicht mit Mark gefüllt, sondern von Luftkammern durchzogen. Insgesamt wiegt das Gefieder des Adlers mehr als doppelt so viel
15 wie sein Knochengerüst – eine einzige seiner Handschwingen wird 60 Zentimeter lang.

Ihr Revier ist durchschnittlich 6000 Fußballfelder groß – und es gibt Reviere, die sogar die doppelte Größe erreichen.
Den Überblick über ihr Herrschaftsgebiet behalten die Greife\*
20 mit einem Sehsinn, der zu den schärfsten überhaupt zählt.
„Stellen Sie sich vor, sie könnten in einem 70 Meter entfernten Buch jeden Buchstaben erkennen. Dann hätten Sie die Sehschärfe eines Steinadlers", erklärt der Biologe. Sie erkennen eine Maus noch aus

**Die Textknackerschritte kennst du schon:**

**1. Bilder erzählen** dir **viel**, schon bevor du mit dem Lesen beginnst.

**2.** Die **Überschrift** verrät dir etwas über das **Thema des Textes**.

**3.** Einen **Gesamteindruck** vom Inhalt bekommst du, wenn du den **Text als Ganzes** liest.

\* Adlernest

\* Abstand zwischen der ausgebreiteten linken und rechten Flügelspitze

\* Greifvögel, Raubvögel

1000 Meter Entfernung. Möglich machen das Augen, die unabhängig voneinander beweglich sind. Zudem besitzen die fünfmal so viele Sehzellen* wie der Mensch.

Gegen den Menschen allerdings haben den Adlern selbst ihre wundersamen Fähigkeiten wenig genützt: Zu Beginn des 20. Jahrhunderts galten die vier heimischen Arten in Deutschland als nahezu ausgerottet. Steinadler wurden über Jahrzehnte als Jagdkonkurrenten verfolgt. Heute stehen bis auf den Seeadler alle anderen Adlerarten auf der Roten Liste – sie sind strenger geschützt als je zuvor. Mit Erfolg: Die Vögel vermehren sich so gut wie seit hundert Jahren nicht mehr.

\* lichtempfindliche Zellen im Auge

**2** Welchen Gesamteindruck hast du von dem Text bekommen? Sprich mit einer Partnerin oder einem Partner über den Text.

> **Starthilfe**
> Der Text war sehr interessant und gut lesbar …

**Du liest den Text noch einmal genau.**

**3** Bearbeitet die folgenden Fragen und Aufgaben in Gruppen.
  a. Wie viele Absätze hat der Text? Worum geht es jeweils?
  b. Tauscht euch darüber aus, was das Wichtigste in jedem Abschnitt ist. Schreibt es in einem Satz auf eine Karte.
  c. Sammelt die Karten an einer Plakatwand. Einigt euch für jeden Abschnitt auf einen Satz.

**4** Schreibt die Schlüsselwörter auf. Im ersten Absatz sind sie farbig gedruckt. In den weiteren Absätzen müsst ihr sie selbst finden.

**5** Manche Wörter werden erklärt.
  a. Seht am Rand oder unter dem Text nach.
  b. Schlagt im Lexikon die Wörter nach, die ihr nicht verstanden habt.

**6** Was könnt ihr schon gut, was muss noch trainiert werden? Schreibt eure Leseerfahrungen jeder auf ein Blatt und legt es in eure Lesemappe.

> **Starthilfe**
> Ich kann schon gut: vorhersagen, worum es geht, …
> Ich muss noch üben: schwierige Wörter erklären, …

Arbeitstechniken trainieren: **Lesen erforschen – lesen trainieren**

## Den Inhalt vorhersagen

Beim Lesen mit dem Textknacker hast du mit den ersten beiden Schritten (Bilder, Überschrift) Vermutungen angestellt, worum es in dem Text gehen könnte. Im Folgenden lernst du weitere Möglichkeiten der Vorhersage von Textinhalten kennen.

*Sachtexte erschließen*

**1** Sieh zunächst das Foto an und lies die Überschrift. Worum könnte es in dem Text gehen?

**2** Lies den ersten Abschnitt.

### Gut geschlafen?

Wie Wildtiere die kalte Jahreszeit unbeschadet überstehen: Wenn es draußen kalt wird und wir Menschen immer dickere Pullover aus unseren Kleiderschränken hervorholen, wird das Futterangebot wild lebender Tiere knapp. Für diese Zeit haben
5 die Wildtiere die unterschiedlichsten Lösungen entwickelt, um zu überleben. Manche Arten überdauern die kalte Jahreszeit, indem sie Winterschlaf oder Winterruhe halten; so können sie Energie sparen und von den Fettreserven[1] zehren[2], die sie in den warmen Monaten angesammelt haben.

**3** Besprecht, ob sich eure Erwartungen bestätigt haben.

**4** Wie geht es im nächsten Abschnitt wohl weiter?
   a. Schreibe deine Ideen in Stichworten auf.
   b. Lies dann den zweiten Abschnitt.

10 **Winterquartier**
Winterschläfer suchen sich im Herbst ein gemütliches Plätzchen, wie zum Beispiel einen hohlen Baumstamm oder Erdhöhlen, wo sie vor strenger Kälte geschützt sind. Anschließend wird das Winterdomizil mit Heu, Stroh, Blättern, Haaren und Wolle
15 wohlig[3] ausgepolstert und das Quartier ist bezugsfertig. Den Unterschlupf teilen sich oft mehrere Tiere, die sich eingerollt aneinanderkuscheln und auf diese Weise gegenseitig wärmen. Vor allem Jungtiere, die über weniger Energiereserven verfügen, haben dann bessere Chancen, den Winter unbeschadet zu überstehen.

[1] Vorrat an Fett im Körper   [2] sich ernähren, verbrauchen   [3] angenehm, nett

**5** a. Schreibe in einem Satz auf, worum es in dem Absatz geht.
b. Überprüfe mit einer Partnerin oder einem Partner die Vorhersagen.

Oft kannst du in einem Text noch weitere Hilfen zum Vorhersagen des Inhalts entdecken: Gibt es eine Zwischenüberschrift über dem Absatz? Sind Schlüsselwörter unterstrichen, farbig oder fett gedruckt? Probiert es mit dem nächsten Abschnitt aus.

**6** a. Falte ein DIN-A4-Blatt der Länge nach. Schreibe oben auf die linke Seite „Das steht im Text" und auf die rechte Seite „Das sage ich voraus".
b. Schreibe auf die linke Seite die Überschrift oder den ersten Satz des Abschnittes.
c. Notiere auf der rechten Seite daneben, was du beim Lesen der Zwischenüberschrift, der ersten Worte, der hervorgehobenen Schlüsselwörter oder beim Anschauen eines Bildes über den Inhalt des Abschnittes voraussagen kannst.
d. Lies nun den nächsten Absatz. Schreibe deine Vorhersagen auf.

**Starthilfe**

| Das steht im Text | Das sage ich voraus |
|---|---|
| Energie sparen | Es geht in dem Abschnitt darum, was während des Winterschlafes im Körper der Tiere geschieht … |

20 **Energie sparen**
Tiere, die Winterschlaf halten, fallen dabei in einen schlafähnlichen Zustand. Sie senken ihre Körpertemperatur auf bis zu ein Grad Celsius, der Herzschlag wird verlangsamt und minutenlange Atempausen werden eingelegt. Dadurch verbraucht
25 der Körper weniger Energie. Während des Schlafes wird keinerlei Nahrung aufgenommen, der Körper der Tiere lebt dann vom Abbau der Fettreserven, aus denen er die lebensnotwendige Energie gewinnt. Manche Arten unterbrechen aber ihren Winterschlaf, um in den kurzen Wachphasen Nahrung zu sich zu nehmen. Während
30 des Aufwachens zittern die Tiere; durch diese Muskelbewegung erreicht der Körper wieder seine Normaltemperatur.
Wie lange überhaupt geschlafen wird, ist verschieden: Dem Igel reichen drei bis vier Monate aus, während Siebenschläfer ihrem Namen alle Ehre machen und sogar sechs bis sieben
35 Monate des Jahres, von Oktober bis Mai, in ihrem Schlupfloch verschlafen.

Arbeitstechniken trainieren: Lesen erforschen – lesen trainieren

**7** Überprüfe, ob deine Vorhersagen richtig waren.
   a. Woran hast du dich bei deiner Vorhersage orientiert?
   b. Schreibe alle wichtigen Informationen aus dem Text auf und überprüfe, ob sie deinen Erwartungen entsprechen.

*das Textverständnis überprüfen*

**8** Bearbeitet den letzten Abschnitt in gleicher Weise.

### Dämmermonate

Mit dem Winterschlaf nicht zu verwechseln ist die Winterruhe, die beispielsweise Braunbären halten.
40 Sie ziehen sich in ihre Winterhöhle zurück, wo sie bis zu sieben Monate in einer Art Dämmerschlaf verbringen. Während dieser Ruhephasen nehmen auch sie keinerlei Nahrung zu sich, sondern verbrauchen ihre Fettreserven. Braunbären unterbrechen ihren Dämmerschlaf
45 allerdings mehrfach für die Nahrungssuche. Außerdem sinkt die Körpertemperatur der Bären während der Winterruhe nie so stark ab wie bei den echten Winterschläfern, da der massige Bärenkörper im Frühjahr sonst nicht mehr aufgewärmt werden könnte.

**9** Im Tandem!
Wertet gemeinsam aus, wie ihr mit dem Vorhersagen der Absatzinhalte zurechtgekommen seid.
   a. Bei welchen Absätzen habt ihr richtige Vorhersagen getroffen?
   b. Woran konntet ihr euch am besten orientieren: an Bildern, Überschriften, hervorgehobenen Wörtern?
   c. Wie hat sich das Vorhersagen der Textinhalte auf das Lesen und das Verstehen des Textes ausgewirkt?

> **Starthilfe**
> Ich habe schneller verstanden, was in dem Absatz das Wichtigste ist.

**10** Schreibe deine eigenen Antworten auf die Fragen in Aufgabe 9 auf ein Blatt. Lege es in deine Lesemappe.

*mit der Lesemappe arbeiten*

# Wörter erklären – den Text verstehen

Manchmal liest du in einem Text Wörter oder ganze Sätze, die du nicht kennst oder nicht erklären kannst. Was kannst du tun? Hier lernst du verschiedene Möglichkeiten kennen.

**1** Lies zunächst den ersten Absatz des folgenden Textes.

### Räuber aus der Tiefe

Haie sind so genannte Knorpelfische, das bedeutet, dass ihr Skelett zum größten Teil aus Knorpeln und nicht, wie das des Menschen, aus Knochen besteht. Ihre Haut ist mit speziellen Schuppen bedeckt, die im Aufbau den nachwachsenden Zähnen der Haie
5 ähneln. Sie sind auch daran schuld, dass Menschen Schürfwunden davontragen können, wenn sie einen Hai berühren. Die Hautzähnchen können aber noch mehr: Längsrillen in jeder dieser Schuppen verlaufen in derselben Richtung wie die Wasserströmung. So kann der Haifisch
10 mühelos durch das Wasser gleiten.

Wörter erklären

**2 a.** Erkläre die folgenden Wörter: **Knorpelfisch, Schuppen**.
   **b.** Erläutere, warum sich Menschen Schürfwunden von der Haut des Hais zuziehen können (Zeile 5 und 6).

**3** Erläutere, wie du beim Lesen vorgehst, um die Bedeutung der Wörter und der Textstelle erklären zu können.
Du kannst dich an folgenden Möglichkeiten orientieren:

> **Tipps:**
> - Du beachtest das Wort oder die Textstelle nicht und liest einfach darüber hinweg.
> - Du liest weiter, um festzustellen, ob in den folgenden Textstellen vielleicht eine Erklärung gegeben wird.
> - Du liest das Wort oder die Textstelle noch einmal, vielleicht etwas langsamer und sorgfältiger.
> - Du liest den Abschnitt direkt vor der unklaren Textstelle noch einmal.
> - Du überlegst, ob du schon einmal etwas Ähnliches gehört hast, ob du einen Zusammenhang herstellen kannst zu etwas, was du schon kennst.
> - Wenn du mit allem nicht weiterkommst, kannst du dir Hilfe holen, z. B. in einem Wörterbuch, in einem Atlas oder einem Lexikon; oder du fragst eine Mitschülerin oder einen Mitschüler aus der Klasse. Als Letztes fragst du deine Lehrerin oder deinen Lehrer.

Die Schüler einer sechsten Klasse haben folgendes Vorgehen gewählt: Sie haben in einer Tabelle die unklaren Textstellen notiert und ihre Fragen eingetragen. Dahinter haben sie geschrieben, wie sie vorgegangen sind, um eine Erklärung zu finden. In der letzten Spalte haben sie die Erklärung ergänzt.

| Textstelle | Frage oder Unklarheit | Klärungsversuch | Erklärung |
|---|---|---|---|
| Haie sind Knorpelfische. | Was heißt Knorpelfisch? | weiterlesen | Ihr Skelett besteht nicht aus Knochen, sondern zum größten Teil aus Knorpeln. |
| Ihre Haut ist mit speziellen Schuppen bedeckt. | Was sind Schuppen? | ... | ... |
| Menschen können Schürfwunden davontragen, wenn sie einen Hai berühren. | Warum kann man sich an der Haut eines Hais aufschürfen? | | ... |
| ... | ... | ... | ... |

**4**   **a.** Ergänzt in der Tabelle gemeinsam mögliche Klärungsversuche sowie die fehlenden Erklärungen.

**b.** Notiert weitere Fragen oder Unklarheiten.

**c.** Überlegt, welche Klärungsversuche zur richtigen Lösung führen.

**d.** Ergänzt die richtige Erklärung.

*das eigene Vorgehen beim Klären unbekannter Wörter reflektieren*

**5**   Jetzt versuchst du es allein.

**a.** Übertrage die Tabelle in dein Heft.

**b.** Lies den Text über die Haie (unten) weiter.

**c.** Versuche, alle unklaren Wörter oder Textstellen zu klären. Ergänze die Tabelle.

**Wer frisst wen?**

Fast alle Haie ernähren sich räuberisch. Eine Ausnahme bildet der Walhai, der bis zu 18 Meter lang werden kann.
Er ernährt sich von Plankton, im Wasser lebenden tierischen
15  und pflanzlichen Kleinstlebewesen.
Schwimmt der Hai dicht unter der Wasseroberfläche, so ist über Wasser lediglich seine Rückenflosse zu sehen. Diese verleiht ihm Stabilität und gleicht die ruckartigen Antriebsbewegungen der

220   Arbeitstechniken trainieren: Lesen erforschen – lesen trainieren

Schwanzflosse aus. Sie wirkt dabei wie der Kiel eines Bootes und
sorgt dafür, dass der Hai nicht mit dem Bauch nach oben treibt.

Anders als viele andere Fischarten wachsen Haie sehr langsam. Manche Arten sind erst im Alter von 30 Jahren so weit entwickelt, dass sie sich vermehren können. In einigen Gebieten werden Haie dennoch rücksichtslos gejagt, da aus ihrem Fleisch spezielle Gerichte zubereitet werden. In asiatischen Ländern herrscht auch immer noch der Aberglaube, dass der Verzehr von Haifischflossen medizinische Wirkung hat. Außerdem werden Hai-Gebisse von Sportfischern immer wieder als Trophäe ausgestellt – obwohl die Tiere an vielen Orten bereits fast ausgerottet sind.

Dabei sind die Meere auf den Hai angewiesen: Ohne ihn würden sich viele andere Fischarten explosionsartig vermehren, was katastrophale Auswirkungen auf das Leben in den Ozeanen unserer Erde hätte.

**6** a. Verständige dich jetzt mit deiner Partnerin oder deinem Partner über den Text und dein Vorgehen, danach mit der Klasse.
b. Ergänze deine Tabelle.

sich über das eigene Vorgehen beim Wörtererklären verständigen

**7** Wie konntest du mit dieser Tabelle arbeiten? Hat sie dir geholfen? Schreibe deine Gedanken in deine Lesemappe.

> **Starthilfe**
> Die Tabelle hat mir geholfen, meine Unklarheiten Schritt für Schritt zu beseitigen.
> Ich habe verschiedene Klärungsversuche ausprobiert ...

**8** Im Tandem!
Was ist jetzt noch unklar? Sprecht darüber.

> Was ich nicht verstehe, ist ...
> Mich verwirrt, dass ...
> Ich wüsste gerne noch, wie ...

**9** a. Schreibt alle Fragen, die ihr nicht im Tandem beantworten könnt, auf Karten.
b. Sammelt die Karten an der Tafel.
c. Sucht gemeinsam mit den anderen in der Klasse sowie der Lehrerin oder dem Lehrer nach Antworten.
d. Sprecht über euer Vorgehen.

Arbeitstechniken trainieren: Lesen erforschen – lesen trainieren

# Texte untersuchen und schreiben

## Die Handlungsbausteine untersuchen

Manche Geschichten wecken schnell das Interesse der Leser. Dies hängt oft auch mit ihrem Aufbau zusammen. Mithilfe der Handlungsbausteine kannst du den Aufbau von Geschichten verstehen und erkennen, warum eine Geschichte spannend wirkt und zum Weiterlesen verlockt.

> Handlungsbausteine:
> - Hauptperson/ Situation
> - Wunsch
> - Hindernis
> - Reaktion
> - Ende

Wissenswertes zu den Handlungsbausteinen ➤ S. 297

**Der Junge, der sich in Luft auflöste**  Siobhan Dowd

So beginnt der Roman: Der Junge Salim steigt in eine Gondel des Londoner Riesenrades. Am Ausstieg warten seine Freunde Ted und Kat auf ihn.

Aber Salim war nicht dabei.
Wir warteten die nächste Gondel ab und auch die übernächste und die danach. Aber er kam nicht. Irgendwo, irgendwie war er, eingeschlossen in seiner Gondel, während der dreißigminütigen Fahrt mit dem Riesenrad verschwunden.

Fragen an den Text stellen

**1** Was möchtest du wissen, nachdem du den Anfang gelesen hast?
   a. Stelle Fragen an den Text und schreibe sie auf.
   b. Schreibe Vermutungen auf, wie es weitergehen könnte.

> **Starthilfe**
> Warum ist Salim …?
> …

**2** Was verlockt die Leser zum Weiterlesen? Sprecht darüber.

über die Wirkung des Anfangs nachdenken

**Entscheidende Informationen erhalten die Leser erst fast am Ende:**

- Salims Mutter Gloria plant, mit Salim nach New York umzuziehen.
- Salim würde viel lieber in England bleiben, wo er Freunde hat.
- Seine Mutter will ihn nicht bei seinem Vater zurücklassen.

> Handlungsbausteine:
> - Situation
> - Wunsch
> - Hindernis

**3** Ordnet die entsprechenden Handlungsbausteine den Sätzen zu.

Handlungsbausteine zuordnen

222  Arbeitstechniken trainieren: Die Handlungsbausteine

**Im weiteren Verlauf des Romans wird erzählt, warum Salim verschwunden ist.**

Salim war nicht entführt worden. Er war verschwunden, weil er es wollte. Er hatte niemals nach New York umziehen wollen. [...] Aber vom Londoner Riesenrad war er begeistert. Und bei einer Fahrt mit dem Riesenrad zu verschwinden, war die beste und aufregendste Art abzuhauen, die er sich vorstellen konnte.

**4** Um welchen Handlungsbaustein geht es hier?
   **a.** Fasse den Textausschnitt zusammen.
   **b.** Schreibe den passenden Handlungsbaustein dazu.

**Nur ist damit der Fall noch nicht gelöst:**

[...] Irgendetwas hatte nicht funktioniert.
Salim war am Ende der Spur nicht wieder aufgetaucht.

**5** Schreibe auf, welche Fragen unbeantwortet bleiben.

**Nun kannst du den Aufbau der Geschichte aufschreiben.**

**6** Wie sind die Handlungsbausteine in dieser Geschichte angeordnet?
   **a.** Schreibe auf, in welcher Reihenfolge die Handlungsbausteine in der Geschichte vorkommen.
   **b.** Schreibe als letzten Baustein denjenigen auf, über den du noch nichts erfahren hast.

---

**Arbeitstechnik**

### Die Handlungsbausteine einer Geschichte

Stelle folgende **Fragen**, wenn du die Handlungsbausteine ermitteln willst:
– Wer ist die **Hauptperson**? In welcher **Situation** steckt sie?
– Welchen **Wunsch** hat sie?
– Welches **Hindernis** ist ihr im Weg?
– Wie **reagiert** die Hauptperson auf das Hindernis?
– Wie **endet** die Geschichte?
Die Handlungsbausteine können von Geschichte zu Geschichte in **unterschiedlicher Reihenfolge** angeordnet sein.

---

**7** Sprecht darüber, wie dieser Aufbau auf euch als Leser wirkt.

**Wie das Buch endet, wird nicht verraten.**
**Nur so viel: Es bleibt bis zum Schluss spannend!**

*Handlungsbausteine untersuchen*

*den Aufbau einer Geschichte verstehen*

*über die Wirkung des Aufbaus nachdenken*

Arbeitstechniken trainieren: Die Handlungsbausteine

# Mit dem Erzählplan erzählen

**Eigene Geschichten schreiben ist schwer?**
**Wenn du dir mithilfe der Handlungsbausteine**
**einen Erzählplan erstellst, ist ein wichtiger Schritt getan.**
**Bereite dazu fünf Kärtchen vor.**

einen Erzählplan
schreiben

**1** Wer soll in deiner Geschichte die Hauptperson sein?
   **a.** Erfinde eine Hauptperson für deine Geschichte
      und eine Situation, die die Hauptperson ändern möchte.
   **b.** Schreibe deine Ideen auf ein Kärtchen.

Handlungsbaustein
Hauptperson/Situation

> *Sanne wacht eines*
> *Tages auf einem*
> *anderen Planeten*
> *auf …*

> *Caner wird*
> *plötzlich immer*
> *kleiner statt größer*
> *…*

> *Mein bester Freund/*
> *Meine beste Freundin*
> *ist weggezogen*
> *…*

**2** Welchen Wunsch hat deine Hauptperson?
   **a.** Überlege, welchen Wunsch deine Hauptperson haben könnte.
   **b.** Schreibe den Wunsch auf ein weiteres Kärtchen.

Handlungsbaustein
Wunsch

> *Sanne wünscht sich*
> *nichts sehnlicher, als …*

> *Caner möchte*
> *unbedingt …*

> *Ich habe vor …*

**3** Warum kann sich deine Hauptperson ihren Wunsch nicht erfüllen?
   **a.** Überlege, was dem Wunsch im Wege stehen könnte.
   **b.** Schreibe dieses Hindernis auf das dritte Kärtchen.

Handlungsbaustein
Hindernis

> *Es geht nicht,*
> *weil …*

> *Caner traut sich*
> *nicht …*

> *Ich weiß nicht,*
> *wie …*

**4** Wie kann sich deine Hauptperson ihren Wunsch erfüllen?
   **a.** Überlege, was deine Hauptperson tun könnte, um ihren Wunsch
      trotzdem zu erfüllen.
   **b.** Überlege dann, welche Folgen die Reaktion haben könnte.
   **c.** Schreibe deine Ideen auf das vierte Kärtchen.

Handlungsbaustein
Reaktion

**5** Wie soll die Geschichte enden?
   **a.** Entscheide dich, wie die Geschichte ausgehen soll.
   **b.** Schreibe eine Idee für das Ende auf das fünfte Kärtchen.

Handlungsbaustein
Ende

224   Arbeitstechniken trainieren: Die Handlungsbausteine

**Erzähltipp 1:** Du musst deine Hauptperson nicht bereits in der Einleitung vorstellen. Du kannst auch mit einer spannenden Situation anfangen, indem du erzählst, was passiert, wenn das Hindernis auftaucht oder die Hauptperson zu handeln beginnt.

in medias res ➤ S. 169

**6** Welcher Baustein soll bei dir am Anfang stehen?
  **a.** Plane den Aufbau deiner Geschichte möglichst spannend. Verschiebe dazu die Kärtchen und probiere verschiedene Möglichkeiten aus.
  **b.** Bringe die Kärtchen in die Reihenfolge, in der du deine Geschichte erzählen möchtest.
  **c.** Schreibe deine Geschichte mithilfe deines Erzählplans.

die Reihenfolge der Handlungsbausteine festlegen

*Baustein*
*Reaktion:*

*Baustein*
*… :*

**Erzähltipp 2:** Baue die Spannung langsam auf. Verrate die Lösung noch nicht, sondern erzähle ausführlich.

*Baustein*
*… :*

**Erzähltipp 3:** Erzähle, wie sich die Spannung löst. Ein unerwartetes Ende kann das Interesse der Leserinnen und Leser belohnen.

*Baustein*
*… :*

**Erzähltipp 4:** Überlege dir eine Überschrift, die gut zu deiner Geschichte passt und die Leser neugierig macht.

*Baustein*
*… :*

**W** Wähle aus den folgenden beiden Aufgaben eine aus.

**7** Wie verändert sich deine Geschichte, wenn du die Reihenfolge der Handlungsbausteine veränderst?
  **a.** Bringe die Kärtchen in eine andere Reihenfolge.
  **b.** Schreibe nun die Geschichte neu.
  **c.** Vergleiche deine Geschichten: Welche gefällt dir besser? Begründe deine Entscheidung.

**8** Schreibe die Geschichte „Hannes fehlt" von Seite 14 und 15 um.
  **a.** Untersuche die Handlungsbausteine der Geschichte.
  **b.** Verändere die Reihenfolge der Handlungsbausteine.
  **c.** Schreibe die Geschichte um.

„Hannes fehlt" ➤ S. 14–15

**Starthilfe**

Hannes war wieder da. Endlich konnten sie zurückfahren. Sie hatten so lange …

Arbeitstechniken trainieren: Die Handlungsbausteine

225

# Nachschlagen

## Im Wörterbuch nachschlagen

Mit dem Wörterbuch kannst du die Rechtschreibung eines Wortes überprüfen. Du findest das Wort, wenn du das Alphabet gut kennst.

**1** Schreibe die Wörter vom Rand in alphabetischer Reihenfolge auf.
   **a.** Schlage die Wörter in einem Wörterbuch nach.
   **b.** Überprüfe die Rechtschreibung und schreibe sie richtig auf.

Beginnen die Wörter mit dem gleichen Buchstaben, musst du dich nach den darauffolgenden Buchstaben richten.

**2** Wo findest du diese Wörter im Wörterbuch?
   **a.** Schlage die Wörter in einem Wörterbuch nach.
   **b.** Schreibe die Begriffe in der Reihenfolge auf,
   in der sie im Wörterbuch aufgeführt sind.

Ein Wörterbucheintrag umfasst viele Informationen.
Zum Wort **Telefon** findest du im Wörterbuch diesen Eintrag:

**Te | le | fon** das *griech.*, die Telefone: Fernsprechapparat;
**Te | le | fo | nat** das, des Telefonat(e)s, die Telefonate:
Telefongespräch; **te | le | fo | nie | ren; te | le | fo | nisch**

**3** Welche Informationen findest du in diesem Eintrag?
   Schreibe Erklärungen für die Zahlen 1 bis 6 auf.

**Starthilfe**
1 Hauptstichwort
2 Artikel

**4** Schreibe auf, welche weiteren Informationen
   man Wörterbucheinträgen entnehmen kann.

**Z 5** Im Tandem!
   **a.** Sucht Wörter im Wörterbuch und schreibt sie auf.
   **b.** Diktiert euch diese Wörter wechselseitig.
   **c.** Überprüft die Rechtschreibung mithilfe des Wörterbuchs.

### Wörter finden

Staub/pwedel
Grif/ffel
Telef/phon
Zinck/kwanne
Reisig/kbesen

Waschtag
Waschschüssel
Waschbrett
Waschtrog
Waschlauge
Waschkessel

226    Arbeitstechniken trainieren: Nachschlagen

# Im Lexikon nachschlagen

**Mithilfe der sogenannten Kopfwörter kannst du in Wörterbüchern oder in Lexika das Wort, das du suchst, schneller finden. Links oben steht das erste Wort, rechts oben das letzte Wort der jeweiligen Doppelseite.**

*mit Kopfwörtern arbeiten*

**1** a. Überlege, welches dieser Wörter – **Taxameter, Television, Terrasse** – nicht auf diesen Seiten zu finden ist.
b. Schlage im Lexikon nach und überprüfe deine Vermutung.
c. Schreibe die Wörter und ihre Bedeutung auf.

**Wenn du weitere Informationen zu einem Begriff benötigst, kannst du in verschiedenen Lexika nachschlagen.**

*Lexikonartikeln Informationen entnehmen*

> **Telefon** (das): eine Einrichtung zur Übertragung von Sprache (auch Daten und Signalen) mithilfe der Nachrichtentechnik. [...] Das erste Gerät zur elektronischen Tonübertragung konstruierte 1861 der dt. Physiker Johann Philipp Reis (1834–1874). Der Amerikaner Alexander Graham Bell (1847–1922) erfand 1876 das elektromagnetische Telefon, das im selben Jahr durch das Kohlemikrofon von Thomas Alva Edison entscheidend verbessert wurde.

**2** Was erfährst du in diesem Lexikoneintrag?
Notiere Stichworte dazu, wann welche Personen an der Entwicklung des Telefons beteiligt waren.

> **Das Telefon**
> Seit der Erfindung des Telefons (1876) hat es viele technische Verbesserungen gegeben. [...]
> Die meisten Telefonanrufe werden über Kupferkabel weitergeleitet, die entweder unterirdisch oder als Hochleitungen verlegt sind. Bei Ferngesprächen wird der Anruf über Sende- und Empfangsantennen, über ausgedehnte Kabelnetze oder sogar über Kommunikationssatelliten in der Erdumlaufbahn weitergeleitet. Egal, wie groß die Entfernungen auch sind, ein Anruf ist binnen weniger Minuten am Ziel.

**3** Welche Informationen findest du in diesem Lexikoneintrag?
Schreibe auf, wie Telefonanrufe weitergeleitet werden.

**Z 4** Vergleicht eure Ergebnisse von Aufgabe 2 und 3 in der Klasse.

# Im Internet recherchieren

## „Nachschlagen" im Internet

Im Internet findet ihr viele Informationen.
Aber was ist das Internet überhaupt?

**1** Sprecht darüber, was ihr schon alles über das Internet wisst.

Informationen zusammentragen

**2** Lest den folgenden Text mit dem Textknacker.

den Textknacker anwenden

### Das Internet

Das Internet ist ein Zusammenschluss
von vielen Computern auf der ganzen Welt.
Mithilfe dieser Computer werden Seiten oder
Bilder in Sekundenschnelle
5 weltweit ausgetauscht.
Wenn man sich früher über bestimmte Dinge
informieren wollte, konnte man
z. B. Bibliotheken besuchen und dort
in den Büchern nachschlagen.
10 Heute kann man zusätzlich das Internet
nutzen, um in kurzer Zeit
Informationen zu bekommen.
Das Internet ist sehr aktuell und
bietet auch Informationen zu eher
15 ungewöhnlichen Themen, die man
nicht immer in einem Lexikon findet.

**3** Im Tandem!
Beantwortet die folgenden Fragen mündlich:
– Wie informierte man sich früher über bestimmte Themen?
– Warum nutzt man heute auch das Internet?
– Wofür wird das Internet auch genutzt?

Fragen zum Text beantworten

**Z 4** Sprecht darüber, welche Vorteile es haben kann,
sich im Internet zu informieren.

Mithilfe von Suchmaschinen könnt ihr im Internet Informationen
zu bestimmten Themen nachschlagen.

**5** Ruft die Startseite der Suchmaschine **www.blinde-kuh.de** auf.
Gebt dazu die Adresse in das Adressfeld ein und
drückt die Eingabetaste.

Suchmaschinen nutzen

**6** Über welches Thema wollt ihr euch genau informieren?
**a.** Überlegt, was genau ihr über das Thema wissen möchtet.
**b.** Schreibt ein bis vier Stichwörter in das Suchfeld.

**Wenn du die Stichwörter eingegeben und bestätigt\* hast,
erhältst du Hyperlinks, kurz Links genannt. Damit sind die Seiten
im Internet wie in einem Buch untereinander verbunden.**

\* auf die Enter-Taste drücken
oder mit der Maus zweimal
klicken

**7** Wertet die gefundenen Links gemeinsam aus.
**a.** Lest die gefundenen Treffer überfliegend.
**b.** Besprecht, welche Links ihr gefunden habt.

die Suchergebnisse
auswerten

**Oft finden Suchmaschinen sehr viele Internetseiten
zu einem Thema.**

**8** Bei zu vielen Treffern könnt ihr gezielt nach Informationen suchen.
**a.** Gebt veränderte oder weitere Stichwörter in das Suchfeld ein.
**b.** Besprecht, welche Links geeignete Informationen
zu eurem Thema enthalten.

gezielt suchen

---

**Arbeitstechnik**

### Eine Suchmaschine benutzen

Mit einer Suchmaschine könnt ihr interessante Internetseiten suchen.
- **Überlegt**: Was **genau** möchtet ihr über ein bestimmtes **Thema** wissen?
- Schreibt ein bis vier **Stichwörter** in das **Suchfeld**.
  Sie sollen das Thema möglichst **genau beschreiben**.
- Setzt dabei zusammengehörende Wörter in **Anführungszeichen**,
  z. B. „Schule früher". Trennt die einzelnen Stichwörter durch
  Leerzeichen.
- **Lest** die gefundenen Treffer **überfliegend**.
- Wenn ihr mit dem Ergebnis nicht zufrieden seid, probiert es noch
  einmal **mit leicht veränderten** oder **weiteren** Stichwörtern.

---

**Z** **9** Gruppenarbeit!
Diskutiert über die Vor- und Nachteile dieser großen Menge
an Informationen.

Arbeitstechniken trainieren: Im Internet recherchieren

# Schrift üben – schreiben üben

## Eine Grußkarte gestalten

Mit einer selbst gestalteten Grußkarte kannst du jemand anderem mehr Freude bereiten als mit einer gekauften Grußkarte.
Du kannst deine Karte unterschiedlich gestalten. Der Anlass bestimmt die Gestaltung.

**1** Sammelt Anlässe, zu denen ihr Grußkarten verschicken könnt.

> **Starthilfe**
> Ostern, Einschulung, …

**Nils hat für Zorica eine Geburtstagskarte entworfen.**

**2** Wie könnte Nils seine Karte verbessern?
   **a.** Notiere Verbesserungsvorschläge.
   **b.** Schreibe den überarbeiteten Text auf.

*lesbar und schön schreiben*

**3** Lockere deine Hände vor dem Schreiben mit Übungen. Schreibe diese Formen ein paar Mal langsam ab.

*die Grußkarte gestalten*

Abbildungen verschönern deine Karte.
Du kannst dafür eigene Bilder zeichnen oder Fotos verwenden.

**4** Welche Motive sind für welchen Anlass geeignet?
   **a.** Schreibe passende Anlässe zu den Motiven auf.
   **b.** Schreibe weitere Motive und Anlässe auf.

> **Sonne**
> **Kerzen**
> **Blumen**
> **Schultüte**
> **Kleeblatt**

**5** Wähle einen Anlass aus und gestalte eine Grußkarte.
   **a.** Entwirf zuerst den Text.
   **b.** Überlege die Gestaltung:
      Wo steht der Text? Wo bleibt Platz für die Abbildungen?
   **c.** Schreibe den Text auf.
   **d.** Klebe das Bild oder Bilder dazu.

Lydia hat ihre Karte am Computer gestaltet, also dem Text ein Layout gegeben, wie die Fachleute sagen.

*eine Grußkarte am Computer gestalten*

### Herzlichen Glückwunsch!

**Lieber Timo,**
zu deiner bestandenen Angelprüfung
wünsche ich dir alles Gute!

*Hoffentlich fängst du ganz viele Fische.*

Liebe Grüße

Lydia

**6** Wie hat Lydia ihre Karte gestaltet?
  a. Beschreibe Lydias Grußkarte.
     Überprüfe das Layout mithilfe folgender Fragen:
     – Passt die Gestaltung der Karte zum Anlass?
     – Sind die Schriften (Art, Größe, Farbe) gut gewählt und
       angeordnet?
  b. Notiere Verbesserungsvorschläge für Lydias Karte.
  c. Gestalte eine Grußkarte für Timo.

**7** Wie kannst du deine Grußkarte schön gestalten?
Schreibe Tipps für das Layout auf.

*Tipps zum Layout aufschreiben*

**Z** Grußkarten könnt ihr entweder mit der Hand oder am Computer gestalten. Im Internet kannst du auch Grußkarten herunterladen und versenden.

*Gestaltungsarten bewerten*

**8** Im Tandem!
  a. Überlegt, wann ihr eine elektronische Grußkarte versenden würdet.
  b. Vergleicht die Möglichkeiten miteinander.
     Notiert jeweils Vor- und Nachteile.

*Starthilfe*

|  | Vorteile | Nachteile |
| --- | --- | --- |
| selbst gestaltete Grußkarte | – ist persönlich | – ist aufwändig |
| Grußkarte am Computer gestaltet | ... | ... |
| elektronische Grußkarte | ... | ... |

Arbeitstechniken trainieren: Schrift üben – schreiben üben

# Präsentieren: Kurzreferate

Ein Kurzreferat kannst du in sechs Schritten vorbereiten.

### 1. Schritt: Das Thema aussuchen

**1** **a.** Wähle ein Thema, das du in einem Kurzreferat vorstellen
möchtest.
**b.** Notiere erste Ideen und Fragen zum Thema in einer Mind-Map.

ein Thema auswählen

mehr zur Mind-Map
➤ S. 299

### 2. Schritt: Informationen beschaffen

**2** Suche im Internet oder in Sachbüchern nach Informationen
zu deinem Thema.

sich informieren

im Internet recherchieren
➤ S. 298

### 3. Schritt: Informationen aus Texten entnehmen

**3** Lies die gefundenen Texte mit dem Textknacker.

der Textknacker
➤ S. 298

**4** Schreibe die wichtigsten Informationen aus deinen Texten
in Stichworten auf Karteikarten.

Informationen notieren

### 4. Schritt: Das Kurzreferat gliedern und die Notizen ordnen

Damit die Zuhörer deinem Kurzreferat gut folgen können,
musst du die Inhalte in Abschnitte unterteilen und sinnvoll ordnen.

**5** In welcher Reihenfolge möchtest du deine Gedanken vortragen?
**a.** Ordne deine Karteikarten in einer sinnvollen Reihenfolge.
**b.** Nummeriere sie.

Informationen ordnen

### 5. Schritt: Überschrift, Einleitung und Schluss formulieren

Nun brauchst du für dein Kurzreferat noch eine Überschrift,
eine gute Einleitung und einen Schluss.

**6** **a.** Notiere eine Überschrift, die neugierig macht.
**b.** Sage in der Einleitung, worum es in deinem Kurzreferat geht.
**c.** Notiere Stichworte für ein bis zwei Schlusssätze.

232    Arbeitstechniken trainieren: Präsentieren

## 6. Schritt: Den Vortrag vorbereiten und üben

**7** Prüfe deine Stichworte für das Kurzreferat:
- Sind die Stichworte übersichtlich?
- Enthalten deine Stichworte alle wichtigen Informationen?

**Damit die Zuhörer deinem Kurzreferat gut folgen können, kannst du wichtige Informationen auf einer Folie anschaulich präsentieren.**

**8** Bereite für dein Kurzreferat eine Folie vor.
- **a.** Plane genau, wie deine Folie aussehen soll:
  - Wie soll die Überschrift heißen?
  - Welche Schlüsselwörter möchtest du aufschreiben?
  - Welche Bilder möchtest du auf die Folie aufdrucken?
  - Wie möchtest du die Folie gestalten?
  - Was möchtest du besonders hervorheben?
- **b.** Beschrifte nun deine Folie.

**9** Übe nun, dein Kurzreferat möglichst frei vorzutragen.

> **Arbeitstechnik**
>
> ### Ein Kurzreferat frei vortragen
>
> - Stelle dich so hin, dass **alle dich sehen** können.
> - Versuche, **frei** zu **sprechen** und wenig abzulesen.
> - Sprich **langsam** und **deutlich**.
> - Orientiere dich an deinen **Stichworten**.
> - Schreibe **Schlüsselwörter** an die Tafel.
> - **Schaue** beim Sprechen **die Zuhörer an**.
> - **Zeige Bilder und Materialien** an passenden Stellen.

**Auch die Zuhörer haben Aufgaben. Sie notieren sich nicht nur Stichworte zum Inhalt des Referats, sondern auch zum Vortrag.**

**10** Schreibt eine Checkliste mit Beurteilungsfragen.

**Die Klasse beobachtet die Vortragenden und bewertet zum Schluss den Vortrag.**

**11** **a.** Notiert während des Vortrags, was euch auffällt.
- **b.** Bewertet den Vortrag mithilfe der Checkliste.
- **c.** Sprecht über die Beurteilung:
  Was war gut? Was könnte man besser machen?
- **d.** Gebt Tipps zur Verbesserung.

---

> # Überschrift
>
> Das Wichtigste in Kürze
>
> - Stichworte
> - Stichworte
> - Stichworte    Bild
> - Stichworte
> - Stichworte
>
> Zusatzinformationen

**frei vortragen**

Checkliste ➤ S. 73

**den Vortrag bewerten**

---

Arbeitstechniken trainieren: Präsentieren

233

# Rechtschreiben: Die Trainingseinheiten

## 1. Trainingseinheit

**Was Wolken verraten |**

Wolken sind | verlässliche Wetterboten. | Es gibt sie |
in verschiedenen Formen, | Größen und Höhen. |
Zirruswolken | entstehen in Höhen | zwischen sechs |
und vierzehn Kilometern. | Sie bestehen |
5  aus feinsten Eiskristallen. |
Der Name kommt | aus dem Lateinischen. |
Zirrus heißt | auf Deutsch | Haarlocke oder Federbüschel. |
So ähnlich | sehen sie auch aus. | Wenn sich | solche Wolken |
verdichten, | steht schlechtes Wetter bevor. | Schäfchenwolken |
10 treten in Höhen | zwischen zwei | und sechs Kilometern auf. |
Sie bestehen | aus einer Mischung | von Eiskristallen |
und Regentropfen. | Diese Wolken | verraten uns, |
dass veränderliches Wetter | bevorsteht. | An sonnigen Tagen |
bilden sich oft | Haufenwolken am Himmel. | Sie sind |
15 ein gutes Zeichen, | denn es bleibt | noch eine Weile schön. |
Und draußen | macht das Spielen | bestimmt mehr | Spaß |
und Freude. | Wenn die Wolken jedoch | eine gleichförmige, |
graue | und tiefe Schicht bilden, | solltet ihr besser |
einen Regenschirm mitnehmen. |

Zirruswolken

**1** a. Lies den Text.
   b. Welcher Satz steht nicht im Text?
     Schreibe ihn ab.

- Diese Wolken verraten uns, dass veränderliches Wetter bevorsteht.
- Sie bestehen aus feinsten Eiskristallen.
- Schäfchenwolken sehen so aus wie kleine Schafe.

**2  a.** Im Text sind sechs zusammengesetzte Nomen hervorgehoben. Schreibe sie untereinander auf.
  **b.** Zerlege sie.
**Z c.** Bilde weitere zusammengesetzte Nomen.

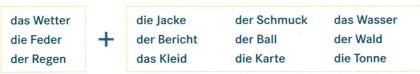

| das Wetter | | die Jacke | der Schmuck | das Wasser |
| die Feder | **+** | der Bericht | der Ball | der Wald |
| der Regen | | das Kleid | die Karte | die Tonne |

*zusammengesetzte Nomen*

---

Aus Nomen können Adjektive werden.
Die Endung macht's! **Dänemark – dänisch**

*Nomen werden zu Adjektiven*

die Türkei   England   Russland   der Iran   Italien   Spanien   Indien   China

**3** Bilde Adjektive aus den Ländernamen.

---

**Nomen**, die **gedachte oder vorgestellte Dinge** bezeichnen, schreibt man **groß**.

Frieden   Weile   Spaß   Freude   Lust   Ehre   Stille   Trauer   Glück

**4** Im Tandem!
  **a.** Diktiert euch die Wörter gegenseitig. Fügt die Artikel hinzu.
  **b.** Fügt zu jedem Nomen ein passendes Adjektiv hinzu.

*Starthilfe*
die Weile – die kleine Weile

**5** Im Text gibt es zwei Aufzählungen.
Schreibe die Sätze mit den Aufzählungen ab und unterstreiche die aufgezählten Nomen und Adjektive.

*Komma in Aufzählungen*

---

Die Teile einer **Aufzählung**, die nicht durch **und** verbunden sind, ...

**6** Schreibe den Anfang der Regel ab und ergänze das Ende.

**Z 7** Bilde einen Satz, in dem sowohl Nomen als auch Adjektive aufgezählt werden.

**8** Schreibe den Text ab. Beachte die Tipps beim Abschreiben.

*Tipps zum Abschreiben*
► S. 260

Training Rechtschreiben: Die Trainingseinheiten    235

# 2. Trainingseinheit

**Flugangst**

Hast du | auch schon einmal | auf der Besucherterrasse | eines großen Flughafens gestanden | und die landenden | und startenden | Maschinen beobachtet? | Vielleicht hast du | dann davon geträumt, | irgendwann einmal | eine große Flugreise |
5 zu unternehmen. | Doch nicht alle Menschen | träumen davon. | Für manche | ist das Fliegen | nämlich ein Albtraum. | Sie haben beim Fliegen | keine Freude. | Für solche Menschen | ist eine Einladung | zum Fliegen | kein Vergnügen. | Vor allem | beim Starten und Landen | kommt die Angst. |
10 Ihnen hilft | auch nicht die Tatsache, | dass das Fliegen | weniger risikoreich ist | als das Fahren | mit dem Auto. | Und eine Schiffsreise? | Sie dauert zwar länger, | aber beim Einsteigen, | beim Fahren | und beim Aussteigen | entstehen garantiert nicht | solche Ängste. |

**1**    **a.** Lies den Text.
      **b.** Finde die Wörter und Wortgruppen im Text.
      **c.** Schreibe sie zweimal.

> die Besucherterrasse    die landenden und startenden Maschinen
> irgendwann    ein Albtraum    risikoreich    garantiert

**2**    Mit einigen Wörtern und Vorsilben kannst du viele neue Verben bilden. Schreibe sie auf.

**Verben zusammensetzen**

**3**    Zwölf der neuen Verben aus Aufgabe 2 sind trennbare Verben – fünf dagegen sind untrennbar.
      **a.** Bilde mit den Verben Sätze.
      **b.** Welche fünf Verben sind untrennbar? Unterstreiche sie.

**Starthilfe**

Wir nehmen unser Angebot zurück.
(trennbar)

> Aus **Verben** können **Nomen** werden.
> Die starken Wörter **das**, **beim** und **zum** machen's!

**Verben werden zu Nomen**

**4** Neunmal wird so im Text aus einem Verb ein Nomen.
**Tipp:** Ein Wort wiederholt sich.
a. Schreibe die neun Fälle mit den starken Wörtern auf.
b. Markiere die Großbuchstaben mit Rot und unterstreiche die starken Wörter.

*Starthilfe*
das Fliegen, beim Landen, zum …

**5** Bilde aus Verben Nomen.

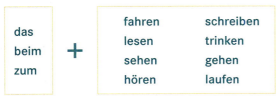

*Starthilfe*
das Fahren, beim Fahren, zum Fahren, …

**Manchmal ist ein Adjektiv eingefügt. Die Großschreibung bleibt:**
das Fahren – das schnelle Fahren

**6** Füge jeweils ein passendes Adjektiv aus der Randspalte ein.

das _____ Erzählen
beim _____ Feiern
zum _____ Hören
das _____ Rufen

laut
fröhlich
spannend
gut

**7** Schreibe die Sätze ab und entscheide, welche Verben du großschreiben musst.

Zum erfolgreichen L/lernen braucht man Ruhe und Zeit.
Beim L/lesen beginne ich manchmal zu träumen.
Das laute B/bellen des Hundes weckte mich unsanft auf.
Ich möchte dir gerne eine spannende Geschichte E/erzählen.
Das S/sprechen vor Publikum fällt mir nicht immer leicht.
Mein Großvater trägt zum besseren H/hören ein Hörgerät.

**Z 8** Im Tandem!
a. Schreibt jeder vier weitere Sätze auf.
b. Tauscht eure Sätze aus und überprüft gegenseitig die Groß- oder Kleinschreibung.

**Z 9** Schreibe den Text ab oder schreibt ihn als Partnerdiktat.

Tipps zum Abschreiben
➤ S. 260
Tipps zum Partnerdiktat
➤ S. 261

# 3. Trainingseinheit

**Leider nur ein Traum**

„Träumst du manchmal?", | fragte Anne | ihre Freundin Marie. |
„Eher selten, | aber gestern Nacht | habe ich
etwas Wunderbares | geträumt", | erwiderte sie. |
„Erzähl doch mal!", | bat Anne. | „Ich saß plötzlich |
5 in meinem Klassenraum | und musste | ein Diktat schreiben. |
Auf einmal | erschien an der Tafel | eine Geisterhand |
und schrieb ebenfalls | ein Diktat. | Ich war | völlig überrascht. |
Wenn ich | beim Schreiben | einen Rechtschreibzweifel hatte, |
schaute ich | nur kurz zur Tafel. | Ich kontrollierte | die Wörter |
10 nämlich, vielleicht und endlich. | Du kannst mir glauben, | dass mir |
das Schreiben | richtig Spaß machte. | Ich konnte ja | nichts
Falsches schreiben." | Ungläubig | starrte Anne | ihre Freundin an. |
Dann meinte sie: | „Marie, | das wünsche ich mir | nicht im Traum, |
sondern morgen | in der dritten Stunde. | Dann schreiben wir |
15 nämlich ein Diktat." | Marie lachte | und erwiderte: | „Ich wünsche
dir jedenfalls | alles Gute." |

**1 a.** Lies den Text.
   **b.** Beantworte die Fragen schriftlich in ganzen Sätzen.

   – Was erschien auf einmal an der Tafel?
   – Welche Wörter konnte Marie leicht kontrollieren?
   – Was wünscht sich Anne für den nächsten Tag?

## Eine kleine Silbe – eine große Wirkung!
un- + gläubig = ungläubig

**2 a.** Bilde neue Adjektive.
   **b.** Schreibe auf, wie sich die Bedeutung durch die Vorsilbe **un-**
   verändert.

Adjektive mit **un-**

| un- | **+** | ähnlich  barmherzig  dankbar  erfüllbar<br>appetitlich  bequem  durchsichtig  erträglich<br>geduldig  gewöhnlich  glücklich |

**Z 3** Schreibe drei Satzpaare auf, in denen die Bedeutung
der Adjektive mit und ohne die Vorsilbe **un-** verdeutlicht wird.

**Starthilfe**
Ich bin glücklich, weil du meine Freundin bist.
Ich bin unglücklich, weil …

238   Training Rechtschreiben: Die Trainingseinheiten

> Aus **Adjektiven** können **Nomen** werden.
> Die starken Wörter **etwas**, **nichts** und **alles** machen's!
> wunderbar – etwas Wunderbares, falsch – nichts Falsches,
> gut – alles Gute

Adjektive werden
zu Nomen

**4** Verwandle die Adjektive in Nomen.

> fertig  fremd  hübsch  geheim  praktisch  schmutzig
> schwierig  wichtig  süß  interessant  echt  aktiv  alt

**Ein besonderer Rechtschreibfall!**
**Warum wird erwidern nicht mit ie geschrieben?**
**Das Wort wider hat die Bedeutung gegen.**

**wider** ohne **ie**

**5** Schreibe die Sätze ab. Ergänze sie mit passenden Wörtern.

> Bei der Verhaftung leistete der Dieb erheblichen ............................ .
>
> Nur ............................ folgte Pia der Aufforderung, das Papier aufzuheben.
>
> „Ich bin es leid, dass du mir ständig ............................", stellte er fest.
>
> Auf Annes Frage ............................ Marie: „Eher selten, aber gestern Nacht
> habe ich etwas Wunderbares geträumt."

> Widerstand
> widerwillig
> erwidern
> widersprechen

**6** Im Tandem!
Schreibt die Wortreihen als Partnerdiktat.
– Diktiert euch gegenseitig alle Wortreihen.
– Tauscht eure Hefte aus und korrigiert die Fehler.

ein Partnerdiktat
schreiben

mehr zum Partnerdiktat
➤ S. 261

> bitten – bat – gebeten
> finden – fand – gefunden
> steigen – stieg – gestiegen
> sitzen – saß – gesessen
> binden – band – gebunden
> schreien – schrie – geschrien

**7** **a.** Sprich mit deinem Partner oder deiner Partnerin über die
hervorgehobenen Vokale. Wie ändern sich jeweils die Vokale
in den Wortreihen?

**Z** **b.** Bildet mit den Verben **fliegen**, **sprechen** und **fahren**
Wortreihen. Wie verändern sich die Vokale in diesen Reihen?

**8** Schreibe den Trainingstext ab.

Tipps zum Abschreiben
➤ S. 260

Training Rechtschreiben: Die Trainingseinheiten

239

# 4. Trainingseinheit

**Liebe Schülerin | und lieber Schüler, | wusstet ihr das schon? |**

Libellen sind | wahre Flugkünstler. | An Seen und Flüssen | hat man im Sommer | die Gelegenheit, | fliegende Libellen | zu beobachten. | Mal verharren sie | wie Hubschrauber | in der Luft | und dann | fliegen sie plötzlich | mit einer Geschwindigkeit | von bis zu |
5   55 Stundenkilometern davon. | Dabei ist | die Beschleunigung enorm. | Nach weniger | als einer halben Sekunde | beträgt ihre Geschwindigkeit | bereits 15 Stundenkilometer. | Einem Hindernis | können sie | blitzschnell ausweichen. | Mit großer Leichtigkeit | kann die Libelle | mal vorwärts |
10   und mal rückwärts fliegen. | Selbst ihre Nahrung | fängt sie im Flug. |
Libellen erweisen | sich eben | als wahre Flugkünstler. |
Toll, | solche Künstler | gibt es nicht | noch einmal. | Was meint ihr? |

**1**   a. Lies den Text.
    b. Beantworte die Frage am Schluss des Textes.

Mit den Vorsilben **ver-**, **be-**, **er-** entstehen neue Verben:

ver- + harren = verharren
be-  + tragen  = betragen
er-   + weisen  = erweisen

neue Verben bilden

**2**   a. Bilde neue Verben und schreibe sie auf.
[Z]   b. Ergänze weitere Verben mit den Vorsilben **ver-**, **be-** und **er-**.

[Z] **3**   Im Tandem!
    a. Überprüft, mit welchen Verben aus Aufgabe 2 alle drei Vorsilben neue Verben bilden können.
    b. Schreibt die neuen Verben auf.

**Starthilfe**
vertragen – betragen – ertragen

> Wörter mit den **Endungen -ung, -keit, -heit** und **-nis** sind Nomen.
> Sie **werden großgeschrieben**.

**4** Im Text gibt es sechs Nomen mit diesen Endungen.

**a.** Übertrage die Tabelle in dein Heft.

**b.** Schreibe die Nomen in die entsprechende Spalte.

Nomen mit **-ung, -keit, -heit** und **-nis**

| Wörter mit -ung | Wörter mit -keit | Wörter mit -heit | Wörter mit -nis |
|---|---|---|---|
| ... | ... | Gelegenheit | ... |
| ... | ... | ... | ... |

**5** Im Tandem!

**a.** Ergänzt jede Spalte um weitere Beispiele.

**b.** Für welche Spalte findet ihr die meisten Beispiele?
Habt ihr eine Erklärung dafür?

## Kurzer Vokal: **ss** – langer Vokal: **ß**

**ss** und **ß**

essen – aß

↑ ↑
kurz lang

**Z 6** Schreibe eine Wörterreihe nach der anderen auswendig auf
oder übe sie als Laufdiktat.

Tipps zum Laufdiktat
➤ S. 262

| Infinitiv | Präsens | Präteritum | Perfekt |
|---|---|---|---|
| lassen – | lässt – | ließ – | gelassen |
| essen – | isst – | aß – | gegessen |
| wissen – | weiß – | wusste – | gewusst |
| vergessen – | vergisst – | vergaß – | vergessen |

**7** Im Text sind zwei Kommas durch Pfeile gekennzeichnet.

**a.** Was trennen die Kommas vom folgenden Satz?

**b.** Schreibe die Regel ab und fülle die Lücken.

Kommasetzung

> Eine ▬▬▬▬▬▬ und ein ▬▬▬▬▬▬ werden
> durch ein Komma vom folgenden Satz ▬▬▬▬▬.

**8** Schreibe den Text ab. Unterstreiche alle Nomen mit den Endungen
**-ung, -keit, -heit** und **-nis**.

Tipps zum Abschreiben
➤ S. 260

Training Rechtschreiben: Die Trainingseinheiten

# 5. Trainingseinheit

**Spät abends** |

Das lange Lesen | war anstrengend. | Ich wurde müde. |
Das Buch | mit den ▓▓▓▓▓▓▓▓▓▓ | glitt mir | aus der Hand |
und ich nickte | auf dem Sofa ein. | In der Ferne | schlug gerade |
eine ▓▓▓▓▓▓▓▓ Mitternacht | und ein Hund | bellte kläglich. |
5 Plötzlich | hörte ich | ein knarrendes ▓▓▓▓▓▓▓▓▓. |
Dann | quietschte irgendetwas. | Als ich | voller Schrecken |
zur Zimmertür blickte, | öffnete sie | sich langsam. | Vor Angst |
wollte ich schreien, | doch das Wort Hilfe | blieb mir |
▓▓▓▓▓▓▓▓▓▓ stecken. | Jetzt | war es ▓▓▓▓▓▓▓▓▓. |
10 Schwaches Licht | fiel durch | den ▓▓▓▓▓▓▓▓ |
ins Zimmer | und breitete sich | allmählich | bis in | jede Ecke aus. |
Ein Schatten | huschte quer | durch den Raum | und ein intensiver, |
ekeliger Geruch | drang in | meine Nase. | Weil ich |
furchtbare Angst hatte, | wagte ich nicht, | mich zu bewegen. |
15 Als auf einmal | eine riesige ▓▓▓▓▓▓▓▓▓ | direkt |
vor mir stand, | schreckte ich hoch. | Da fiel | mein Blick |
auf das Buch, | das neben | dem Sofa lag. | Ich las | „Die Uhr |
schlägt ▓▓▓▓▓▓▓▓. | Gruselgeschichten". |
Jetzt begriff ich | und das ▓▓▓▓▓▓▓▓▓ Blut |
20 in meinen Adern | begann wieder zu fließen. |

Der Trainingstext ist eine Erlebniserzählung.
Er hat eine Einleitung, einen Hauptteil und einen Schlussteil.

**1** a. Lies den Text.
b. Schreibe den Text ab:
– Setze passende Wörter in die Lücken.
– Lass zwischen Einleitung und Hauptteil,
Hauptteil und Schluss jeweils eine Zeile frei.

> Aus **Verben** werden **Adjektive**. Die Endung **-bar** macht's!
> fürchten – furchtbar     Die Infinitivendung **(e)n** entfällt.

**2** Bilde aus den Verben Adjektive mit der Endung **-bar**.

> brennen   abwaschen   beherrschen   erziehen
> drehen   essen   entziffern   begreifen   zerlegen

---

Gruselgeschichten
Geräusch
Kirchturmuhr
Türspalt
im Halse
furchtbare Gestalt
gefrorene
Mitternacht

**Verben werden zu Adjektiven**

**3** Und nun umgekehrt!
Bilde zu den Adjektiven mit der Endung **-bar** Infinitive.

> verhandelbar   lieferbar   bezahlbar   dehnbar
> erneuerbar   abwaschbar   änderbar   lesbar

**d oder t? -ig oder -lich?**
Das Verlängern und deutliche Sprechen hilft:
**anstrengend/t** – das **anstrengende** Lesen   → also **d**
**ekelig/lich** – der **ekelige** Geruch   → also **-ig**

Konsonanten am Wortende

**4** Mach es mit diesen Wörtern genauso.

> eil         lächeln         wirk         entfern         ängst

**Häufige Fremdwörter mit der Endung -iv:**
intensiv   positiv   negativ   aktiv   passiv   kreativ

**5** Schreibe die Sätze ab und setze passende Fremdwörter
in die Lücken.

> Ich werde mich               auf die Klassenarbeit vorbereiten.
> Wir werden dich dabei                    unterstützen.
> Manche Menschen denken eher        , andere mehr        .
> Er spielte nicht mit, er schaute nur           zu.

intensiv
aktiv
positiv
negativ
passiv

---

Beginnt ein Satz mit **als** oder **weil**, folgt etwas später ein **Komma**.
Das Komma steht zwischen zwei Verbformen.

Komma bei **als** und **weil**

**6**  **a.** Im Text gibt es zwei als-Sätze und einen weil-Satz.
  Schreibe sie untereinander ab.
  **b.** Kreise **als** und **weil** ein.
  **c.** Unterstreiche die Verbformen vor und nach dem Komma.
  **d.** Kennzeichne das Komma mit einem Pfeil.

**Z 7** Bilde selbst zwei weitere Sätze mit **als** und **weil**.
Unterstreiche die Verbformen vor und nach dem Komma.
Kennzeichne das Komma mit einem Pfeil.

**Z 8** Schreibe eine eigene Gruselgeschichte.

Training Rechtschreiben: Die Trainingseinheiten

243

# 6. Trainingseinheit

**Lieber Onkel Julius, | liebe Tante Birgit! |**

Ich bedanke mich | ganz herzlich | bei euch beiden | für
das tolle Geburtstagsgeschenk. | Zusatzschienen und Weichen |
für meine Modelleisenbahn | kann ich | immer
gut gebrauchen. | Das Geburtstagsgeschenk | meiner Eltern |
5 war auch | eine große Überraschung. | Ich durfte |
mit meinen Freunden | allein | in der | alten Jagdhütte |
vom Großvater | übernachten, | ohne die Erwachsenen. |
Das hatte | ich mir | schon lange gewünscht. |
Es war | ein richtiges Abenteuer. | Ihr wisst ja, | dass es dort |
10 weder Strom | noch Wasser gibt. | Ein Feuer | durften wir |
wegen der | erhöhten Waldbrandgefahr | leider nicht machen. |
Aber wir hatten | starke Taschenlampen dabei. |
Die brauchten wir | vor allem | für unsere Nachtwanderung. |
So konnten wir | Bäumen, Büschen | und Sträuchern ausweichen. |
15 Beinahe hätten | wir uns verirrt. | Doch davon | erzähle ich |
euch später. | Noch einmal | vielen Dank | für euer Geschenk! |
Herzliche Grüße | – auch von | meinen Eltern. |
Euer Martin |

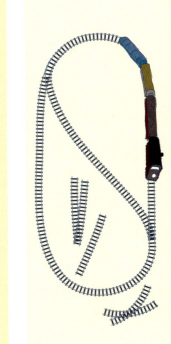

**1**  **a.** Lies den Brief.
    **b.** Einer der drei Sätze steht so nicht im Text. Schreibe ihn ab.

- Es war ein richtiges Abenteuer.
- Zusatzschienen und Lokomotiven kann ich
  für meine Modelleisenbahn immer gut gebrauchen.
- Ihr wisst ja, dass es dort weder Strom noch Wasser gibt.

| |
|---|
| Aus drei Nomen entsteht ein neues Nomen. |
| Nomen 1    Nomen 2    Nomen 3    Nomen 1 + 2 + 3 |
| das Modell + das Eisen + die Bahn = die Modelleisenbahn |

zusammengesetzte Nomen

**2**  Im Text gibt es noch zwei Beispiele. Schreibe sie genauso auf.

**3**  **a.** Welches Nomen wird durch die Abbildungen am Rand
     dargestellt?
    **b.** Schreibe weitere Nomen auf, die aus drei Nomen
     zusammengesetzt sind.

**Das kommt davon! Diese Wörter mit äu kannst du ableiten:**
die B**äu**me – der B**au**m          die Str**äu**cher – der Str**au**ch

Wechsel von **äu** zu **au**

**4** Leite ab!

> Gebäude, häufig, läuten, Säure, räumen, Sträuße, Häute,
> Räuber, äußerlich, träumen, Bäuerin, Häuser, Bäuche,
> Gebräuche, Häupter, Käufer

**Das Wort beide(n) wird immer kleingeschrieben:**
euch beiden    die beiden    wir beide    diese beiden

**5** Schreibe mit jedem Beispiel einen Satz auf.

> **Starthilfe**
> Einer von euch beiden hat gelogen.

**6** Schreibe die Wörterreihen nacheinander auswendig auf.
Mache es so:
Eine Wörterreihe lesen – zudecken – schreiben – kontrollieren.

besondere Verbformen

| Infinitiv | Präsens | Präteritum | Perfekt |
|-----------|---------|------------|---------|
| sein | er ist | er war | er ist gewesen |
| haben | sie hat | sie hatte | sie hat gehabt |
| werden | sie wird | sie wurde | sie ist geworden |

**Fremdwörter mit der Endung -ell:**
Modell    aktuell    generell    finanziell    speziell

Fremdwörter mit **-ell**

**7** Schreibe die Sätze ab und ergänze sie.

> Unser Klassenlehrer stellte fest: „                          erwarte ich,
> dass ihr pünktlich zum Unterricht erscheint."
>
> Peter gab zu: „Das Handy kann ich mir                          nicht leisten."
>
> Mein Vater meinte: „Wir brauchen einen Handwerker,
> der für diese Reparatur                          ausgebildet ist."
>
> „Deine Nachricht ist nicht mehr                          ",
> erwiderte meine Freundin.

**Z 8** Martin schreibt: „Doch davon erzähle ich euch später."
Du bist Martin. Erzähle die spannende Geschichte darüber,
wie sich die Jungen beinahe verirrt haben.

Training Rechtschreiben: Die Trainingseinheiten

245

# 7. Trainingseinheit

**Du hast gelogen!**

Traurig ging | Frau Schulte | ins Wohnzimmer. | „Du hast gelogen! | Dir glaub ich | nie mehr!" | So hatte | ihr 11-jähriger | Sohn Peter | sie angeschrien. | Sie hatte | ihm morgens | ihr Wort gegeben, | dass sie heute | früh genug | von der Arbeit | nach Hause |
5   kommen wird, | um mit ihm | neue Fußballschuhe | zu kaufen. | Sie wusste genau, | dass er | sie dringend brauchte. | Aber sie konnte | wieder einmal nicht | an ihrer Arbeitsstelle | pünktlich Schluss machen. | Sie glaubte, | dass sie sich | als alleinerziehende Mutter | mit ihrer Chefin | keinen Ärger |
10  erlauben kann. | Außerdem machte ihr | die Arbeit Freude | und die Chefin | hatte ihr | vor ein paar Tagen gesagt, | dass sie bald | eine Gehaltserhöhung | bekommen würde. | Frau Schulte | steckte in einer Zwickmühle | und sie spürte, | dass sie | ein schlechtes Gewissen hatte. | Nach einer Weile |
15  klopfte sie | an Peters Zimmertür, | um noch einmal | in Ruhe | mit ihm | zu reden. | Peter war einsichtig. | Schließlich umarmte er | seine Mutter, | denn trotz allem | hatte er sie | sehr lieb. | Frau Schulte meinte: | „Ich hoffe sehr, | dass so etwas | nicht noch einmal | vorkommt." |

**1**  a. Lies den Text.
   b. Im Text kommt das Wort **Zwickmühle** vor.
      Erkläre das Wort schriftlich.

Die Wörter **an** und **vor**:

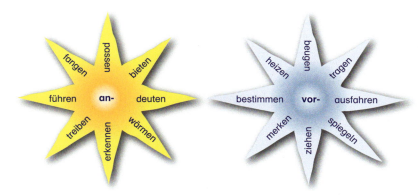

Verben zusammensetzen

**2**  a. Bilde neue Verben und schreibe sie auf.
   b. Ergänze weitere neue Verben mit **an** und **vor**.

> **Tageszeiten** und **Wochentage** mit einem **s** am Ende werden kleingeschrieben.

Tageszeiten: morgens  vormittags  mittags  nachmittags
abends  nachts
Wochentage: sonntags  montags  dienstags  mittwochs
donnerstags  freitags  samstags

Tageszeiten

**3** Schreibe die Tageszeiten und Wochentage auswendig auf.

**4** Schreibe die Wörterreihen nacheinander auswendig auf:
lesen – zudecken – schreiben – kontrollieren.

besondere Verbformen

| Infinitiv | Präsens | Präteritum | Perfekt |
|---|---|---|---|
| lügen | lügt | log | gelogen |
| laden | lädt | lud | geladen |
| schlagen | schlägt | schlug | geschlagen |
| rennen | rennt | rannte | gerannt |

**Zusammengesetzte Wörter mit außer-/außen-:**
außer + dem = außerdem      außen + Spiegel = Außenspiegel

Wörter mit **außer-** und **außen-**

**5** Bilde zusammengesetzte Wörter und schreibe sie auf.

Im Text gibt es sechs Sätze, die diesem Satzbild entsprechen:
_____, dass _____.
Hauptsatz                                Nebensatz

Komma vor **dass**

**6** a. Schreibe die Sätze ab.
b. Unterstreiche den Hauptsatz einmal und den Nebensatz zweimal.
c. Kreise **dass** ein und kennzeichne das Komma mit einem Pfeil.

**7** Schreibt den Text als Partnerdiktat.
Lasst die Kommas in den dass-Sätzen beim Diktieren weg.

Tipps zum Partnerdiktat
➤ S. 261

Training Rechtschreiben: Die Trainingseinheiten

247

# 8. Trainingseinheit

**Das kann ich!**

Am Ende dieser Trainingseinheit steht ein Text mit Fehlern.
Bearbeite alle Aufgaben und du bist fit für die Fehlersuche.

Die Silbe **end-** kommt von Ende:
endlich – das Warten hat ein Ende
endgültig – bis zum Ende gültig
endlos – ohne Ende
Endspiel – das Spiel am Ende des Wettbewerbs

Wörter mit **end-**

**1** Lerne die Wörter mit den Erklärungen wie englische Vokabeln.
Mache es so:
– rechte Spalte zudecken – die verdeckten Wörter schreiben,
– linke Spalte zudecken – die verdeckten Wörter schreiben.

**Z** **2** Schreibe mit jedem Wort aus Aufgabe 1 einen Satz auf.

Es gibt nur wenige häufig vorkommende Wörter,
die immer mit **ß** geschrieben werden:
Straße   heißen   groß   weiß   Gruß   draußen   Fuß   Spaß

häufige Wörter
mit **ß**

**3** Ordne die Wörter nach dem Alphabet.

Nach **l**, **n**, **r**, das merke ja, steht nie **tz** und nie **ck**!

**4** **a.** Übertrage die Tabelle in dein Heft.
**b.** Ordne die Wörter entsprechend in die Tabelle ein.
**c.** Ergänze in jeder Spalte der Tabelle zwei Wörter.

Starthilfe

| Wörter mit lk/lz | Wörter mit nk/nz | Wörter mit rk/rz |
|---|---|---|
| Volk, ... | ... | ... |

Volk   trinken   Pilz   tanzen   wirklich   Herz   Wolke
stolz   Balken   Holz   links   pflanzen   dunkel   Kranz   Park
Schmerz   Marke   stürzen

248   Training Rechtschreiben: Die Trainingseinheiten

> **Verben** können zu **Nomen** werden.
> Die starken Wörter **das, beim** und **zum** machen's!

Verben werden zu Nomen

**5** Bilde Nomen.

**6** Füge ein passendes Adjektiv ein.
**Tipp:** Die Großschreibung bleibt.

> Wörter mit den **Endungen -ung, -keit, -heit** und **-nis** sind **Nomen**.
> Sie werden **großgeschrieben**.

Wörter mit **-ung, -keit, -heit** und **-nis**

**7** Verwandle die Verben und Adjektive mit den Endungen in Nomen.

verzeichnen   achten   klug   geheim   wahr   sparsam   rechnen

**8** Der Text enthält fünf Rechtschreibfehler.
  **a.** Lies den Text genau.
  **b.** Schreibe die Fehlerwörter richtig auf. Markiere die Fehlerstelle.
  **c.** Schreibe den Text ab. Natürlich fehlerfrei.

### Ein echter Überlebenskünstler – der Zitronenfalter

Im Sommer tanzt und fliegt er zusammen
! mit anderen Schmetterlingen gereuschlos von einer Blüte
zur nächsten. Während viele Schmetterlinge im Winter erfrieren,
! kann er auch bei groser Kälte von bis zu minus 20 Grad überleben.
Wie macht das der Zitronenfalter? Wenn es kalt wird, scheidet er
einen Teil seiner Körperflüssigkeit aus. Den Rest, den er notwendig
zum Überleben braucht, hält er mit dem Frostschutzmittel Glycerin
flüssig, das er im Körper hat. Wenn es im Frühjahr wieder
wärmer wird, wacht er auf. Dann fliegt der Zitronenfalter wieder
! glücklich tanzend von einer Blüte zur nächsten, um entlich wieder
! süßen Nektar zu trincken.
! Alle achtung, der Zitronenfalter ist wirklich
ein echter Überlebenskünstler.

Achtung: 5 Fehler!

# Die Rechtschreibhilfen

Entwickle dein Rechtschreibgespür!
Lass Rechtschreibzweifel zu!
Ein Rechtschreibzweifel ist keine Schwäche, sondern eine Stärke.
Denn: Wenn du an einer Schreibung zweifelst,
bist du auf der richtigen Spur.
Du spürst: Hier muss ich eine Entscheidung treffen.
Rechtschreibhilfen helfen dir, richtige Entscheidungen zu treffen.

## Das Gliedern

> Beim Gliedern zerlegst du ein Wort in Sprechsilben.
> Das hilft dir beim richtigen Schreiben.
> Fuß | ball | welt | meis | ter | schaft

Wörter in Sprechsilben zerlegen

**1** a. Sprich das Wort **Fußballweltmeisterschaft** langsam
und übertrieben deutlich. Sprich es Silbe für Silbe.
b. Gliedere das Wort in Silben. Schreibe es auf.
c. Mache es mit den Wörtern am Rand genauso.

Starthilfe
viel | leicht
...

vielleicht
Arbeitsheft
interessant
Unterrichtsstunde
Fahrradgepäcktasche
Süßigkeiten

**Z** **2** a. Übertrage die Tabelle in dein Heft.
b. Trage in jede Spalte drei Wörter ein. Gliedere sie.

Starthilfe

| Wörter mit vier Silben | Wörter mit fünf Silben | Wörter mit sechs Silben |
| --- | --- | --- |
| ... | ... | ... |

Ein besonderer Fall!
Einsilbige Wörter mit Doppelkonsonanten:    Mann   soll   nass
**n/nn?   l/ll?   s/ss?**

Doppelkonsonanten

> Bilde zu **einsilbigen Nomen** den Plural,
> zu **Verbformen** den Infinitiv und steigere **Adjektive**. Gliedere dann.
> der Ma**nn** → die Mä**nn**er (Plural) → Mä**n** | **n**er
> er so**ll** → so**ll**en (Infinitiv) → so**l** | **l**en
> na**ss** → na**ss**er (Steigerung) → na**s** | **s**er

250    Training Rechtschreiben: Die Rechtschreibhilfen

**3** a. Übertrage die Tabelle in dein Heft.
b. Schreibe die Wörter am Rand in die richtige Spalte.
c. Füge den Plural, den Infinitiv und die Steigerungsform hinzu und gliedere sie.

der Ball · sie irrt · still
das Bett · es brennt · hell
der Herr · er hofft · schnell
der Kamm · sie stellt · dumm
das Schiff · es klappt · schlimm
die Nuss · er schwimmt · voll

*Starthilfe*

| Nomen | Verben | Adjektive |
|---|---|---|
| der Mann – die Män\|ner | soll – sol\|len | nass – nas\|ser |
| ... | ... | ... |

## Und nun umgekehrt!

**4** a. Übertrage die Tabelle in dein Heft.
b. Schreibe die Wörter am Rand in die richtige Spalte und gliedere sie.
c. Füge das einsilbige Nomen, die einsilbige Verbform und das einsilbige Adjektiv hinzu.
Achtung: Manchmal ändert sich der Stammvokal.

schaffen · die Fälle · krummer
wollen · die Griffe · dünner
stimmen · die Bretter · netter
knallen · die Ställe · frommer
können · die Sinne · dürrer
kippen · die Küsse · fetter

*Starthilfe*

| Nomen | Verben | Adjektive |
|---|---|---|
| die Stof\|fe – der Stoff | tref\|fen – er trifft | schlim\|mer – schlimm |
| ... | ... | ... |

## Warum spiegelt ein Spiegel?

Wenn du in den Spiegel schaust, siehst du dein Spiegelbild. Wie funktioniert das?
Zwei Bedingungen müssen erfüllt sein. Die Spiegeloberfläche muss glatt und glänzend sein. Außerdem muss der Körper oder
5 das Bild, das gespiegelt werden soll, von einer Lichtquelle beleuchtet sein. Denn spiegeln heißt, dass das Licht, das ausgesandt wird, zurückgeworfen wird.
Stell dir vor, du stehst am Rand eines Schwimmbeckens. Die Sonne strahlt hell und warm vom Himmel. Du beugst dich vor, um ins
10 Wasser zu springen. Die Sonnenstrahlen prallen auf dich und auf das Wasser und werden blitzartig zurückgeworfen. Du siehst dein Spiegelbild.
Ist die Wasseroberfläche allerdings gekräuselt, dann fliegen die Sonnenstrahlen in alle Richtungen davon.

**5** a. Schreibe die hervorgehobenen Wörter untereinander auf.
b. Füge zu den Nomen den Artikel hinzu.
c. Gliedere die Wörter wie in den Aufgaben 1 bis 4.

# Merkhilfen anwenden

> Die Wörter **dann**, **denn**, **wann** und **wenn** sind Merkwörter.
> Sie kommen nur in dieser Form vor.

die Merkwörter **dann**, **denn**, **wann** und **wenn**

**1** a. Schreibe die Sätze ab.
b. Setze passende Merkwörter in die Lücken.

> „_____ ich dich besuche, weiß ich noch nicht."
> „_____ ich dich aber besuche,
> bringe ich bestimmt ein Geschenk mit."
> „_____ wirst du dich sicher sehr freuen."
> „_____ ich habe für dich etwas Besonderes gekauft."

> **Nach l, n, r,** das merke ja, steht **nie tz** und **nie ck**!
> Volk   krank   stark   Holz   ganz   Herz

einen Merksatz anwenden

**2** a. Übertrage die Tabelle in dein Heft.
b. Schreibe die Wörter in die richtige Spalte.

*Starthilfe*

| Wörter mit lk/lz | Wörter mit nk/nz | Wörter mit rk/rz |
|---|---|---|
| Pilze, … | Schrank, … | Gewürz, … |

Schrank, Glanz, Gewürz, Balken, Pilze, Wolke, Pelz, senkrecht, welken, stolz, Schwanz, trinken, Salz, stürzen, Zirkel, Nelke, Park, Kranz, Schmerz, zwanzig, Markt, wirklich, kurz

**3** Sortiere die Wörter neu.

*Starthilfe*

| Wörter mit z | Wörter mit k |
|---|---|
| Glanz, … | Schrank, … |

**Z 4** a. Ergänze die Tabelle aus Aufgabe 3 durch weitere Wörter mit **z** und **k**.
b. Schreibe die neuen Wörter auch in die richtige Spalte der Tabelle aus Aufgabe 2.

252   Training Rechtschreiben: Die Rechtschreibhilfen

# Eine Rechtschreibhilfe erkennen

**1** Trage die Wörter ihrer Schreibung nach in eine Tabelle ein:
Wörter mit **ie** – Wörter mit **i**.

langes **i**

> Zwiebel, Ziege, Dienstag, Frieden, mir, schlief, ziemlich, Wiese,
> dieser, Tier, sieben, Riese, Biene, Brief, vier, tief, hier, Papier, gibt,
> Dieb, viel, Stiefel, niemand, Ziel, dienen, spielen, Schiene, wieder,
> Bier, lila, Fliege, Spiegel, Maschine, niedlich, Lied, lieb, Knie, dir,
> sie, Krieg, piepen, verschieden

**2** Was stellst du fest?
Schreibe deine Erkenntnis auf.

> **Starthilfe**
> Die Menge der Wörter mit ...

**3** Schreibe zu deiner Erkenntnis eine Rechtschreibhilfe.

> **Starthilfe**
> ie oder i? Im Zweifelsfall ...

**Z 4** Ergänze die Tabelle aus Aufgabe 1 durch weitere Wörter
mit **ie** und mit **i**.

## Teste dich!

**5** Der Text enthält sechs Rechtschreibfehler.
   **a.** Lies den Text genau.
   **b.** Entscheide Zweifelsfälle durch Anwendung
   der Rechtschreibhilfen.
   **c.** Schreibe die Fehlerwörter richtig auf. Markiere die Fehlerstelle.
   **d.** Schreibe den Text ab. Natürlich fehlerfrei!

Tipps zum Abschreiben
➤ S. 260

### Eine unangenehme Überraschung |

Die letzte Unterichtsstunde | ist zu Ende. | Michael rent |
zu seinem Fahrrad. | Überrascht bleibt er stehen | und murmelt: |
„Mein Fahrrad | ist weg. | Ich weiß | gantz genau, | dass ich es | wie
immer hir | unter den Bäumen | abgestellt habe." | Michael beginnt |
zu suchen. | Nach einer Weile | entdeckt er | sein Fahrrad |
auf der anderen Seite | des Schulhofs. | Erleichtert denckt er: |
„Hab ich doch | glat vergessen, | dass ich | heute Morgen | woanders
geparkt habe." | Mit einem Gefühl | der Erleichterung |
radelt er nun | nach Hause. |

*Achtung:
6 Fehler!*

Training Rechtschreiben: Die Rechtschreibhilfen

253

# Wortfamilien

Menschen sind miteinander verwandt und bilden Familien.

Wörter sind auch miteinander verwandt und bilden Familien.

Menschenfamilien haben Stammväter und Stammmütter.

Wortfamilien haben Wortstämme.

### Die Wortfamilien **halt**en und **schlag**en

abschlagen, Durchschlag, haltbar, abhalten, anschlagen, behalten, Abschlag, unschlagbar, Aufenthalt, Anschlag, anhalten, enthaltsam, Inhalt, Aufschlag, durchhalten, Rückhalt, aufschlagen, inhaltlich, Einhaltung, inhaltslos, Niederschlag, durchschlagen, erhalten

Wortstämme **-halt-** und **-schlag-**

**1** Schreibe die Wortfamilien untereinander auf.

> Starthilfe
> halt-en        schlag-en
> halt-bar    ab-schlag-en
> ab-halt-en    ...
> ...

**2** a. Ordne die Wörter der Wortfamilien **halten** und **schlagen** nach Wortarten. Lege dazu zwei Tabellen an.
b. Ergänze zu den Nomen den Plural.

**Z 3** Finde weitere Wörter der Wortfamilien **halten** und **schlagen** und schreibe sie in die Tabellen.

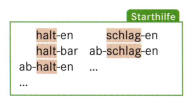

Starthilfe

| Wortstamm halt- |||
|---|---|---|
| Nomen | Verben | Adjektive |
| ... | ... | haltbar |

Starthilfe

| Wortstamm schlag- |||
|---|---|---|
| Nomen | Verben | Adjektive |
| der Durchschlag – die Durchschläge | abschlagen | ... |

254  Training Rechtschreiben: Die Rechtschreibhilfen

## Die Wortfamilie **geh**en

Wortstamm **-geh-**

**3** a. Bilde neue Verben zur Wortfamilie **gehen**.
b. Füge passende Nomen mit dem Baustein **-gang**
(von ge**gang**en) hinzu.

> **Starthilfe**
> vor + gehen = vorgehen – der Vorgang
> aus + gehen = ausgehen – der Ausgang
> weg + gehen = …

**Z 4** Im Tandem!
Findet weitere Verben und Nomen zur Wortfamilie.

**5** Erweitere die Wortfamilie durch Nomen mit dem Baustein **-gang**.

Jahr   Eis   Kirch(e)   Lehr(e)
Kontroll(e)   Land   See   Gehör
Kreuz   Arbeit(s)   Wahl

**+** -gang **= ?**

Baustein **-gang**

## Die Wortfamilie **End**(e)

Wortstamm **-end**

enden, beenden, Endung, Jahresende, endlich, Endlichkeit, unendlich, endlos, vollenden, Endabrechnung, Endergebnis, endgültig, Endkampf, Beendigung, Endspurt, Endziffer, Wochenende

**6** a. Schreibe die Familienmitglieder untereinander auf.
b. Schreibe die Sätze ab und setze passende
Mitglieder der Wortfamilie **End**(e) in die Lücken.

Zur Halbzeitpause lag meine Mannschaft zwar 0:2 zurück,
doch das _____ lautete 3:2.

Auf die _____ 2 der Lose entfällt jeweils
ein Gewinn von 10 Euro.

Als der Läufer den _____ anzog,
konnte ihm keiner mehr folgen.

Die Sommerferien sind nun _____ vorbei,
morgen beginnt wieder der Unterricht.

> **Starthilfe**
> end-en
> be-end-en
> Jahres-end-e
> …

Training Rechtschreiben: Die Rechtschreibhilfen

255

# Wortbildung

Nomen, Verben, Adjektive – welche Wortart hat den größten Anteil am Gesamtwortschatz der deutschen Sprache? Was denkst du?

**Baustelle Nomen**

| | | | |
|---|---|---|---|
| Fast jedes Nomen kann mit einem oder mehreren Nomen ein neues zusammengesetztes Nomen bilden. | | | |
| Nomen 1 | Nomen 2 | | Nomen 1 + 2 |
| der Fuß | + der Ball | = | der Fußball |
| Nomen 1 | Nomen 2 | Nomen 3 | Nomen 1 + 2 + 3 |
| der Fuß | + der Ball | + das Spiel | = das Fußballspiel |

zusammengesetzte Nomen

Zusammensetzungen aus zwei Nomen

Zusammensetzungen aus drei Nomen

**1** Bilde neue Nomen. Schreibe sie mit dem Artikel auf.
**Tipp:** Der Artikel des neuen Nomens richtet sich immer nach dem letzten Nomen.

| | |
|---|---|
| der Fuß + der Boden = ? | der Fuß + der Boden + die Heizung = ? |
| das Auto + die Tür = ? | das Auto + die Tür + das Schloss = ? |
| der Garten + das Tor = ? | der Garten + das Tor + das Gitter = ? |

Manchmal sind **zwischen den Nomen** ein oder zwei **Buchstaben eingefügt**.

e → das Bad + das Tuch = das Badetuch
s → die Geburt + der Tag = der Geburtstag
e(n) → die Decke + die Leuchte = die Deckenleuchte
es → der Tag + das Licht = das Tageslicht

eingefügte Buchstaben e, s, e(n), es

**2** Bilde zusammengesetzte Nomen. Füge **e**, **s**, **e(n)** oder **es** ein.

| | | | |
|---|---|---|---|
| der Hund | | die Leine | |
| die Freundschaft | | der Beweis | |
| das Jahr | + | die Zeit | = ? |
| der Held | | der Mut | |
| das Land | | die Grenze | |
| die Dose | | das Pfand | |
| der Präsident | | die Wahl | |

zusammengesetzte Nomen

256   Training Rechtschreiben: Die Rechtschreibhilfen

**Z** **3** **a.** Bilde neue Nomen aus zwei und drei Nomen.
**b.** Bilde auch Nomen, die aus mehr als drei Nomen zusammengesetzt sind.

**4** Und nun umgekehrt!
Zerlege die zusammengesetzten Nomen.

> der Riesenerfolg, das Traumtor, der Lebensmittelmarkt,
> das Sommergewitter, die Autobahnpolizei, die Stuhllehne,
> die Lesebuchseite, das Silvesterfeuerwerk,
> das Elternhaus, das Schifffahrtsmuseum

**Starthilfe**
> das Handballspiel = die Hand + der Ball + das Spiel

**Ein besonderes Nomen: die Stadt**
Mit diesem Nomen kannst du besonders viele neue Nomen bilden.

Verbindungen mit
**-stadt-**

**5** Bilde neue Nomen. Füge bei zwei Nomen einen passenden Buchstaben ein.

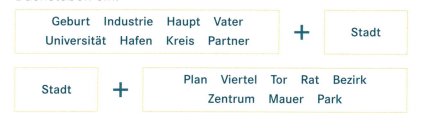

Aus einem **Verb** und einem **Nomen** entsteht ein **neues Nomen**.
sitzen + Ordnung = die Sitzordnung
Die Infinitivendung **(e)n** entfällt.

Verbindungen
aus **Verb** und **Nomen**

**6** Bilde Nomen. Schreibe sie mit ihrem Artikel auf.

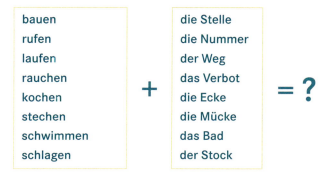

mehr zu Nomen
➤ S. 272–275

Training Rechtschreiben: Die Rechtschreibhilfen                                257

# Baustelle Verben

Verben können sich mit Vorsilben verbinden.

ver-  +  halten  =  verhalten
be-                   behalten

*Verbindungen aus Vorsilbe und Verb*

**7**  a. Bilde neue Verben und schreibe sie auf.
  b. Verwende zwei Verben mit **ver-** und **be-** in Sätzen.

*Verben mit ver- und be-*

Aus Nomen oder Adjektiven entstehen neue Verben.

Nomen/Adjektiv  +  Infinitivendung (e)n  =  neues Verb

| das Öl |   | -en | ölen |
|---|---|---|---|
| weit | + | -en | = weiten |
| der Zucker |   | -n | zuckern |

*Verbindungen aus Nomen/Adjektiven mit der Endung –en*

**8**  Bilde mit den Nomen und Adjektiven neue Verben und schreibe sie auf.
Achtung: Zweimal wird **a** zu **ä** und einmal **o** zu **ö**!

der Fisch, süß, der Schlaf, hart, der Dank, grün, die Antwort, tot, das Grab, lieb, das Kleid, scharf, das Leid, fett, die Mauer, bequem, der Preis

**9**  Schreibe die Sätze ab und setze passende Verben in die Lücken.

Ich _____ dir herzlich für deine große Hilfe.
Tiere _____ sehr, wenn Menschen sie falsch behandeln.
Jeder Krieg bedeutet: Menschen _____ Menschen.
Ich _____ das Meer, die Wellen und den Wind.
Nach langem Zögern _____ er endlich: „Ja, ich habe nicht die ganze Wahrheit gesagt."

*mehr zu Verben*
▶ *S. 280–287*

## Baustelle Adjektive

> Adjektive verbinden sich mit Adjektiven.
> **hell + blau = hellblau**

*Verbindungen aus Adjektiv und Adjektiv*

**10** Bilde neue Adjektive und schreibe sie auf.

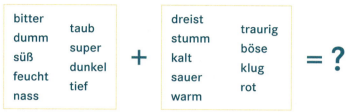

> Aus **Verben** entstehen neue **Adjektive**. Die Endung **-fähig** macht's!
> **schwimmen + fähig = schwimmfähig**
> Die Infinitivendung -(e)n entfällt.

*Verbindungen aus Verb und Endung **-fähig***

**11** Bilde neue Adjektive und schreibe sie auf.

> **Nomen** verbinden sich mit **Adjektiven** – neue Adjektive entstehen.
> **die Umwelt + gerecht = umweltgerecht**

*Verbindungen aus Nomen und Endung **-gerecht***

**12** Bilde neue Adjektive und schreibe sie auf.
**Tipp:** Es gibt mehrere Möglichkeiten.

**Z 13** Bilde selbst neue Adjektive aus einem Nomen und **-gemäß**, **-gerecht**, **-ähnlich**, **-bereit**, **-voll** und schreibe sie auf.

*mehr zu Adjektiven ➤ S. 276–279*

# Die Arbeitstechniken

## Das Abschreiben

Abschreibübungen sind sehr wichtig für richtiges Schreiben.
Du brauchst deine ganze Konzentration und deine beste Schrift.
Mit den Trainingstexten kannst du das Abschreiben üben.

**1** a. Wähle einen Trainingstext oder einen eigenen Text aus.
b. Schreibe den Text nach den **Schritten 1 bis 7** ab.

Trainingseinheiten
▶ S. 234–249

**1. Schritt:** Lies den Text langsam und sorgfältig.
Lies ihn laut, wenn du niemanden störst.

lesen
↓

**2. Schritt:** Gliedere den Text in Sinnabschnitte.
Mache dazu Striche
nach zusammengehörenden
Wortgruppen.

**Starthilfe**
Plötzlich | hörte ich | ein Geräusch. |

gliedern
↓

**3. Schritt:** Präge dir die Wörter
eines Sinnabschnittes genau ein.
Lies dazu Silbe für Silbe, Wort für Wort.

einprägen
↓

**4. Schritt:** Jetzt schreibe die Wörter auswendig auf.
Schreibe nur in jede zweite Zeile.
Schreibe langsam und ordentlich.

schreiben
↓

**5. Schritt:** Nun kontrolliere.
Vergleiche Wort für Wort.

kontrollieren
↓

**6. Schritt:** Hast du einen Fehler entdeckt,
streiche das Wort mit dem Lineal durch.
Schreibe es richtig darüber.

korrigieren
↓

**7. Schritt:** Die Fehlerwörter kommen
in die Rechtschreibkartei.

in die Rechtschreib-
kartei eintragen

# Das Partnerdiktat

Bei einem Partnerdiktat geht es darum, mithilfe eines Partners oder einer Partnerin einen Text oder eine Wörterliste fehlerfrei aufzuschreiben. Das gelingt, wenn ihr einige Tipps beachtet.

**vor dem Partnerdiktat**

Trainingseinheiten
➤ S. 234–249
Training mit Wörterlisten
➤ S. 264–265

**1** Probiert das Partnerdiktat mit dem Trainingstext von Seite 242.
  **a.** Lest zunächst jeder für sich den Text.
  **b.** Sprecht danach über mögliche Rechtschreibklippen.
  **c.** Seht euch an, in welche Sinnabschnitte der Text gegliedert ist.

> **Bäume** mit -äu- oder -eu-?

> Das kann man durch **Ableiten** herausfinden.

**Tipp:** In anderen Übungstexten müsst ihr die Striche nach zusammengehörenden Wortgruppen selbst setzen.

**2** Schreibt den Text nun als Partnerdiktat. Beachtet die folgenden Tipps:

**beim Partnerdiktat**

> **Arbeitstechnik**
>
> ## Partnerdiktat
>
> | **Ein Partner diktiert.** | **Der andere Partner schreibt.** |
> |---|---|
> | – Setze dich so hin, dass du **gut sehen** kannst, was dein Partner schreibt. | |
> | – **Lies** den ersten Satz **vor**. | – **Höre** dir den Satz in Ruhe an. |
> | – **Diktiere** dann nacheinander die **Sinnabschnitte**. | – **Schreibe** nun **Sinnabschnitt** für Sinnabschnitt.<br>– Schreibe nur in jede zweite Zeile.<br>– Sage „**Stopp**", wenn du nicht mitkommst. |
> | – Bei einem **Fehler** sage sofort „**Stopp**".<br>– **Lass** deinem Partner **Zeit**, den Fehler zu finden. | – Lies den letzten Sinnabschnitt und versuche, den Fehler zu finden. |
> | – Gib **Hilfen**, wenn er den Fehler nicht findet.<br>– Oder zeige den Diktattext. | – Lass dir helfen, wenn du unsicher bist. |
> | | – Streiche das **Fehlerwort** durch.<br>– Schreibe das Wort richtig darüber. |

**3** **a.** Lest das Diktat noch einmal langsam und deutlich vor. Überprüft dabei den geschriebenen Text.
  **b.** Nehmt alle Fehlerwörter in die Rechtschreibkartei auf.

**nach dem Partnerdiktat**

Training Rechtschreiben: Die Arbeitstechniken

261

# Das Laufdiktat

Mit dem Laufdiktat kannst du gut allein trainieren.
Du kannst üben, dir die richtige Schreibung von Wörtern einzuprägen. Du kannst dich selbst überprüfen und deine Fehler selbstständig korrigieren.

**1** Probiere das Laufdiktat mit dem Trainingstext von Seite 234 aus.   *vor dem Laufdiktat*
  a. Lies den Text einmal in Ruhe durch.
  b. Sieh dir an, in welche Sinnabschnitte der Text gegliedert ist.
  c. Lege den aufgeschlagenen Trainingstext auf einen weit entfernten Tisch.

**2** Übertrage den Trainingstext Sinnabschnitt für Sinnabschnitt   *beim Laufdiktat*
in dein Heft. Beachte die Schritte 1. bis 4. genau:

> **Arbeitstechnik**
> **Laufdiktat**
> 1. **Laufe zum** Tisch mit dem **Trainingstext**.
> 2. **Präge dir** die Wörter eines Sinnabschnittes und ihre Schreibung genau **ein**.
> 3. **Behalte** sie **im Gedächtnis**, während du zu deinem Arbeitsplatz gehst.
> 4. **Schreibe** die Wörter des Sinnabschnittes **auf**. Schreibe nur in jede zweite Zeile.

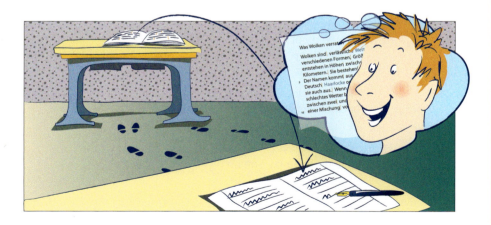

**3** Kontrolliere nun selbst.   *nach dem Laufdiktat*
  a. Lege den Trainingstext neben dein Heft.
  b. Vergleiche sorgfältig Wort für Wort.
  c. Entdeckst du einen Fehler, streiche das Wort durch. Schreibe es richtig in die Zeile darüber.

Training Rechtschreiben: Die Arbeitstechniken

# Die Rechtschreibkartei

In deiner Rechtschreibkartei kannst du Fehlerwörter sammeln.

Schreibe die Fehlerwörter zunächst auf Lernkärtchen.
Du kannst Lernkärtchen selber herstellen oder
fertige Karteikarten benutzen.

**Lernkärtchen beschriften**

**Arbeitstechnik**

**Rechtschreibkartei**

1. Schreibe das Fehlerwort
   in die Mitte der ersten Zeile.
2. Füge bei Verbformen das Personalpronomen
   und den Infinitiv hinzu.
3. Füge bei Nomen den Artikel,
   den Plural bzw. den Singular hinzu.
4. Schreibe auch ganze Wortgruppen auf.
5. Unterstreiche die Fehlerstelle.
6. Schreibe gut lesbar
   („Sonntagsschrift") und fehlerlos.
7. Schreibe zu dem Fehlerwort Rechtschreibtipps.

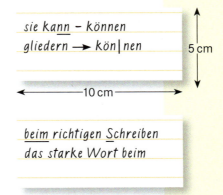

**1** Lege zu deinen Fehlerwörtern Lernkärtchen an.
  a. Beachte dabei die Arbeitstechnik (Tipps 1 bis 6).
  b. Schreibe zu den Fehlerwörtern passende Rechtschreibtipps
     (Tipp 7) dazu. Hier findest du Beispiele:

| trinken | der Widerstand | endlich |
|---|---|---|
| Nach l, n, r, das merke ja, steht nie tz und nie ck. | wider hat die Bedeutung gegen | die Silbe end- kommt von Ende |

So arbeitest du mit den Lernkärtchen:
Fehlerwort + Rechtschreibtipp lesen – einprägen –
Kärtchen umdrehen – schreiben – kontrollieren.
Wichtig: Wiederholen – wiederholen,
denn das Geheimnis des Erfolgs ist die Wiederholung.

**Z** Trainiere deine Fehlerwörter besonders.

  **2** a. Schreibe zu jedem Fehlerwort zwei bis drei
         verwandte Wörter auf.
       b. Bilde mit jedem Fehlerwort einen Satz.

Training Rechtschreiben: Die Arbeitstechniken

# Training mit Wörterlisten

Ein Training mit Wörterlisten ist besonders geeignet
für Wörter, die du dir einprägen musst.

---

**Wörter mit ch und x**

Luchs, Ochse, boxen, Praxis,
Fuchs, extra, Achse, Lexikon,
Hexe, faxen, Axt, Büchse,
wachsen, Text, Luxus

---

**Wörter mit aa, ee und oo**

Saal, Beere, Boot, Staat, leer,
Meer, doof, Seele, Speer, Moos,
Haar, Kaffee, Zoo, Tee, Waage,
Schnee

---

**1**    **a.** Übertrage die Tabelle in dein Heft.
      **b.** Schreibe die Wörter mit **ch** und **x** in die passende Spalte.

> **Starthilfe**
>
> | Wörter mit ch | Wörter mit x |
> |---|---|
> | Luchs, … | boxen, … |

**2**    **a.** Übertrage die Tabelle in dein Heft.
      **b.** Schreibe die Wörter mit **aa**, **ee** und **oo** in die passende Spalte.

> **Starthilfe**
>
> | Wörter mit aa | Wörter mit ee | Wörter mit oo |
> |---|---|---|
> | Saal, … | Beere, … | Boot, … |

**3**    Schreibe die Nomen und Verben aus den Aufgaben 1 und 2
      noch einmal ab.
      **a.** Ergänze bei den Nomen die Artikel.
      **b.** Füge bei den Verben die 3. Person Singular im Präsens hinzu.

> **Starthilfe**
>
> der Luchs, der Saal, …
> boxen – er boxt, …

**4**    Ordne die Wörter mit **ä** in eine Tabelle ein.

---

**Wörter mit ä**

Lärm, März, spät, Bär, Mädchen, Schädel, Gerät, Käse,
abwärts, sägen, vorwärts, schräg, Träne, rückwärts

---

> **Starthilfe**
>
> | eine Silbe | zwei Silben |
> |---|---|
> | der Lärm, … | das Mädchen, … |

**Z** **5**    Schreibe die Wörter in dein Heft. Fülle dabei die Lücken.

---

Pra   is, l   r, abw   rts, wa   sen, S   l,
sp   t, Sch   del, Kaff   , Le   ikon

---

**264**    Training Rechtschreiben: Die Arbeitstechniken

## Ordne weiter!

**Wörter mit ent-**

entschuldigen, Entschließung, entbehrlich, entfaltbar, Entführung, entscheiden, entdecken, entflammbar, Entzündung, enthaltsam, entfernen, Entsprechung, entschuldbar, Entwicklung, entgegnen, entspannen, Entschädigung

**Wörter mit -ah- und -äh-**

Gefahr, ähnlich, wahr, allmählich, Draht, jährlich, gewähren, mahlen, Sahne, zahlreich, ernähren, wahrscheinlich, erwähnen, zahlen, ahnen, Erzählung, Nähe, Wähler

**6** **a.** Übertrage die Tabelle in dein Heft. Lasse dabei in jeder Spalte ausreichend Platz.
**b.** Ordne die Wörter mit **Ent-, ent-, -ah-, -äh-** nach Wortarten.

Starthilfe

| Nomen mit Ent- | Verben mit ent- | Adjektive mit ent- | Nomen mit -ah-/-äh- | Verben mit -ah-/-äh- | Adjektive mit -ah-/-äh- |
|---|---|---|---|---|---|
| die Entschließung, … | entschuldigen, … | entbehrlich, … | die Gefahr, … | gewähren, … | ähnlich, … |

**7** **a.** Schreibe die Nomen und Verben mit der Vorsilbe **Ent-/ent-** aus Aufgabe 6 noch einmal ab.
Füge zu den Nomen das entsprechende Verb und zu den Verben ein entsprechendes Nomen hinzu.
**b.** Sortiere die Wörter mit **-ah-/-äh-** getrennt nach **-ah-** und **-äh-**.

Starthilfe

die Entschließung – entschließen
entschuldigen – die Entschuldigung
…

**8** Ordne die Wörter mit **rr** und **pp** in die Tabelle ein.
Füge bei den Nomen jeweils den Artikel hinzu.

**Wörter mit rr und pp**

Geschirr, doppelt, kippen, Gruppe, Teppich, herrlich, Treppe, irren, Apparat, knurren, Pfarrer, sperren, Appetit, Mappe, korrekt, Grippe

Starthilfe

| Wörter mit rr | Wörter mit pp |
|---|---|
| das Geschirr, … | doppelt, … |

**9** Im Tandem!
**a.** Diktiert euch abwechselnd Wörter aus den Aufgaben 6 und 8.
**b.** Überprüft die Schreibung aller Wörter.
**c.** Korrigiert die Fehler.

Training Rechtschreiben: Die Arbeitstechniken

## z Weiterführendes: Ordnen – Ableiten – Verlängern

### Gärtnerei Grünberg: Heute im Angebot

Abend, gemäß, elegant, Gebäude, ruhig, endlich, Gespräch, fertig, hundert, eigentlich, Bad, irgendjemand, Apparat, Automat, Härchen, Ärger, häufig, aufräumen, beschädigen, äußern, Jugend, Leid, Element, übrig, hoffentlich, ewig, enttäuschen, Bescheid, Elend, Prozent, Rat, ändern, Verkäufer, geizig, plötzlich, gesamt, Gestalt, Mitglied, tausend, gleichgültig, wahrscheinlich, hungrig, regelmäßig, läuten, tot, Kontinent, ledig, bekanntlich, Säure, versäumen, schädlich, Patient, privat, Tod, während, neugierig, ehrlich, vorläufig, schämen, zunächst, Student, wütend, tatsächlich, Präsident, gemütlich, vernünftig, öffentlich, Kamerad, Schuld, tätig, vorzüglich, verhältnismäßig, zierlich, schwierig, traurig, ordentlich

Leider ist bei der Anlieferung der Blumen alles durcheinandergeraten.

**z 1** a. Übertrage die Blumenkästen in dein Heft.
b. Ordne die Wörter in die richtigen Kästen ein.

Kasten 1: Wörter mit **-d** — Abend, …
Kasten 2: Wörter mit **-t** — elegant, …
Kasten 3: Wörter mit **-ä-** — gemäß, …
Kasten 4: Wörter mit **-äu-** — Gebäude, …
Kasten 5: Wörter mit **-ig** — ruhig, …
Kasten 6: Wörter mit **-lich** — endlich, …

Herr Meier möchte einen bunten Blumenstrauß.
Er wählt aus den verbliebenen Blumen aus jedem Kasten vier Blumen aus.

**z 2** Stelle den Blumenstrauß für Herrn Meier zusammen.
 – aus Kasten 1: 2 einsilbige / 2 zweisilbige Blumen
 – aus Kasten 3: 2 dreisilbige / 2 viersilbige Blumen
 – aus den Kästen 2, 4, 5, 6: 2 zweisilbige / 2 dreisilbige Blumen

| Wörterladen: Heute im Angebot |||
|---|---|---|
| Straßenverkehr/Bahnverkehr | Gesundheit/Krankheit | klug/dumm |
| Halteverbot, Bahnsteig, Einbahnstraße, Fernbahnhof, Güterzug, Verkehrsampel, Fahrkartenautomat, Parkverbot, Signalanlage, Vorfahrtsschild | Körperpflege, Badeurlaub, Fitness, Gymnastikkurs, Muskeltraining, Herzinfarkt, Erkältung, Krebsklinik, Fieber, Rückenschmerzen | intelligent, gescheit, pfiffig, gewitzt, schlau, töricht, blöd, beschränkt, dämlich |
| mutig/ängstlich || sprechen/schreiben |
| angstvoll, furchtsam, kühn, entschlossen, scheu, tapfer, schüchtern, verwegen, schreckhaft, todesmutig || quatschen, stottern, kritzeln, jammern, flüstern, schmieren, notieren, stöhnen, abschreiben, tippen |

**3** a. Übertrage die Kisten in dein Heft. Lasse in jeder Kiste ausreichend Platz.
b. Ordne die Wörter aus dem Wörterladen in die entsprechenden Kisten ein. Ergänze bei den Nomen den bestimmten Artikel.

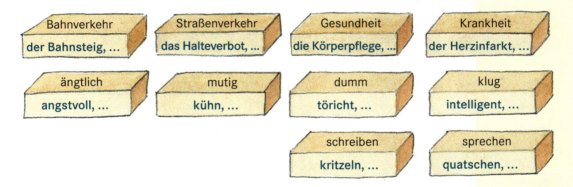

Z **4** Im Tandem!
a. Ergänzt in jeder Kiste ein weiteres Wort.
b. Denkt euch Sätze aus, in denen möglichst viele Wörter aus den Kisten vorkommen. Sie dürfen auch witzig sein.
c. In den Kisten gibt es nur ein Wort, das aus sechs Silben besteht. Wer findet es zuerst?

# Sprache und Sprachen

## Englische Wörter bei uns

Henner und Göran haben auf einem Stadtspaziergang nach englisch klingenden Wörtern gesucht.
Ihre Funde haben sie mit der Digitalkamera fotografiert.
Sieben ihrer Fotos haben sie in die Klasse mitgebracht.

**1** a. Was bedeuten die Aufschriften auf den Geschäften?
Schreibe deine Vermutungen dazu auf.
b. Schreibe die englisch klingenden Wörter der Aufschriften ab.
c. Übersetze jede Aufschrift wörtlich in die deutsche Sprache.
**Tipp:** Nimm ein englisch-deutsches Wörterbuch zu Hilfe.

englische Wörter übersetzen

**Starthilfe**
second hand: Geschäft für gebrauchte Kleidung und ...

**Info**

Im Alltag hören, sehen und verwenden wir viele Wörter
aus der englischen Sprache:
– **Wörter, die für uns schon „deutsch" sind:** Das sind Wörter,
  die man auch im deutschen Wörterbuch findet (Mountainbike, Jeans),
– **weitere englische Wörter**, die man nur im deutsch-englischen
  Wörterbuch findet,
– **„falsch" verwendete englische Wörter:** Das Wort Handy bedeutet
  z. B. im Englischen nicht „Mobiltelefon".

**2** Im Alltag begegnet ihr vielen Wörtern aus Fremdsprachen.

    **a.** Lest den Infokasten.

    **b.** Warum werden im Deutschen so viele Wörter aus
Fremdsprachen verwendet – vor allem aus dem Englischen?
Sprecht darüber.

    **c.** Welche der folgenden Wörter würdet ihr selbst eher benutzen?
Begründet eure Auswahl.
**Outfit** oder **Kleidung**
**Tools** oder **Werkzeuge**

*über englische Wörter im Deutschen nachdenken*

**3** Warum werden aus anderen Sprachen nur wenige Wörter
übernommen? Diskutiert darüber.

*dänisch
polnisch
türkisch
russisch*

**W** Geht es auch ohne englische Wörter? Bearbeitet eine der
folgenden Aufgaben und beantwortet anschließend diese Frage.

**4** Geht es auch ohne englische Wörter?

    **a.** Erfindet selbst pfiffige deutsche Aufschriften für die Geschäfte
von Seite 268.
Die Aufschriften müssen zu den Geschäften passen.

    **b.** Schreibt die deutschen Aufschriften auf.

    **Tipp:** Ihr könnt die Schilder und Aufschriften neu gestalten.

*englische Wörter durch deutsche Wörter ersetzen*

**5** **a.** Macht einen Erkundungsspaziergang. Sucht in eurer Umgebung
englische Aufschriften an Geschäften.

    **b.** Notiert die Aufschriften, macht Skizzen oder Fotos.

    **c.** Übersetzt die Aufschriften und gestaltet sie neu.

    **d.** Hängt eure Ergebnisse in der Klasse aus.

**6** Welche englischen Wörter verwendet ihr selbst oft?

    **a.** Sammelt diese Wörter und schreibt sie auf.

    **b.** Versucht, sie ins Deutsche zu übersetzen.

**Starthilfe**
cool: lässig
…

*englische Wörter sammeln und übersetzen*

Training Grammatik: Sprache und Sprachen

269

# Begriffe ordnen und zuordnen

## Ober- und Unterbegriffe

In einer Bücherei sind Bücher nach verschiedenen Bereichen geordnet. Informationen kannst du in Sachbüchern nachschlagen, Geschichten kannst du in Romanen lesen.

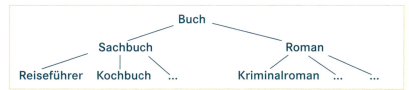

**1** Welche Arten von Büchern kennst du?
   **a.** Sieh dir die Übersicht genau an.
   **b.** Beschreibe die Übersicht mündlich.

**Ober- und Unterbegriffe unterscheiden**

**2** In der Übersicht gibt es Oberbegriffe und Unterbegriffe. Ergänze die folgenden Sätze.

**Roman** ist ein ▒ zu **Buch**.
Aber **Roman** ist auch der ▒ zu **Kriminalroman**.

**3** Schreibe weitere Unterbegriffe zu **Sachbuch** und **Roman** auf.

**Unterbegriffe finden**

Auch andere Begriffe kannst du ordnen.

**Begriffe zuordnen**

| Rose | Regal | Bett | Ludo | Geranie | Malefiz |
| Schrank | Mancala | Tulpe | Peteka | Backgammon |
| Stuhl | Sofa | Lilie | Narzisse | Sonnenblume |
| Tisch | Sessel | Bingo | Brennball | Orchidee |

Kleidung
Spiel
Blume
Musikinstrument
Möbelstück

**4  a.** Ordne diese Unterbegriffe den Oberbegriffen vom Rand zu.
   **Achtung:** Zu zwei Oberbegriffen gibt es keine Unterbegriffe.

**Starthilfe**
  Blume
  / \
Rose  ...

   **b.** Schreibe diese beiden Oberbegriffe auf. Finde für sie jeweils vier Unterbegriffe und schreibe sie dazu.

**5** Ordne die folgenden Nomen in einer Übersicht an.
   **a.** Welche Nomen gehören zusammen? Woran erkennst du das? Finde jeweils passende Oberbegriffe.
   **b.** Ordne die Nomen in einer Übersicht.
   **c.** Ergänze weitere Unterbegriffe.

**Oberbegriffe finden**

| der Blumenkohl | die Kirsche | der Orangensaft |
| die Pflaume | die Kiwi | der Apfel |
| der Spinat | der Spargel | die Ananas |
| der Kakao | die Milch | das Mineralwasser |
| der Rotkohl | der Apfelsaft | die Aprikose |
| die Kartoffel | die Limonade | die Banane |

Im Erdkundeunterricht hat die Klasse 6 a Begriffe an der Tafel geordnet. In der Pause hat Cem einige Karteikarten vertauscht.

**6** Ordne die Karteikarten nach passenden Oberbegriffen.
   **a.** Ordne die Karteikarten einander richtig zu und schreibe sie auf.
   **b.** Finde passende Oberbegriffe und ergänze sie.
      **Tipp:** Schlage die Namen im Atlas nach.

**nach Oberbegriffen ordnen**

**Z** Auch in anderen Fächern, z. B. im Biologieunterricht, erleichtern Übersichten das Lernen.

**7** Wie kannst du diese Begriffe in eine Übersicht einordnen?
   **a.** Ordne die folgenden Begriffe in eine Übersicht.

**Begriffe ordnen**

| Pflanzen | Tiere | Wale | Blumen | Delfine | Vögel |
| Spatz | Säugetiere | Fische | Lurche | Lebewesen | |

   **b.** Ergänze weitere Begriffe.

Training Grammatik: **Begriffe ordnen und zuordnen**

# Die Wortarten wiederholen

## Die Wortarten im Überblick

Zur Eröffnung des Sportfestes findet ein Freundschaftsspiel gegen die Fußballmannschaft der Nachbarschule statt. Alexa, Sascha und Benito organisieren das Spiel.

Ist die andere **Mannschaft** schon da?

Ist der Fußball **hart** genug?

Wo **steckt** denn der Trainer?

**1**　a. Lest, worüber Alexa, Sascha und Benito sprechen.
　　b. In jeder Sprechblase ist ein Wort hervorgehoben.
　　　 Bestimmt die Wortarten der hervorgehobenen Wörter.

**Die drei Freunde müssen vor dem Spiel noch einige Fragen klären.**

„Wo ist die ▭ für die Schiedsrichterin?"
„Svenja ist nicht da. Wer ▭ denn für sie?"
„Haben alle die ▭ Trikots mitgebracht?"
„Wer hat den ▭ für die Umkleideräume?"
„Hinterher haben alle Durst. Stehen ▭ Getränke bereit?"
„Wo ▭ ich bloß den Ersatzball?"

**2**　Schreibe die Fragen der drei Freunde vollständig auf.
　　 Passende Wörter findest du in der Wörterliste.
　　 **Tipp:** Beachte die Endungen der Adjektive und Verben.

**Z 3**　Woran müssen die drei denken?
　　　 a. Schreibe ein Gespräch.
　　　 b. Unterstreiche Nomen, Verben und Adjektive.

---

die Wortarten bestimmen

(der) Schlüssel
kalt
spielen
(die) Pfeife
haben
rot

Nomen, Verben und Adjektive einsetzen

Die Spielerinnen und Spieler der Nachbarschule treffen gerade ein.

Der **große Bus** der anderen **Mannschaft steht** schon
vor dem **Sportplatz**. Die **Spieler steigen aus**. Sie **tragen**
**blaue Trikots**. Der **Trainer spricht** mit dem **Trainer** der **anderen**
**Mannschaft**. **Alexa**, **Sascha** und **Benito begrüßen** die **Gäste**.

**4** In den Sätzen sind Nomen, Verben und Adjektive hervorgehoben.          nach Wortarten ordnen
    **a.** Übertrage die Tabelle in dein Heft.
    **b.** Ordne die Wörter in die Tabelle ein.
       – Schreibe die Nomen mit bestimmtem und unbestimmtem
         Artikel auf.
       – Schreibe bei Verben und Adjektiven die Grundform auf.
    **c.** Schreibe zu jeder Wortart drei eigene Beispiele auf.

| | | Starthilfe |
| Nomen | Verben | Adjektive |
|---|---|---|
| der Bus – ein … | stehen, … | groß, … |

**Z** **5** Was geschieht dann? Wer tut was?
    **a.** Schreibe Sätze auf.
    **b.** Unterstreiche Nomen, Verben und Adjektive.
    **c.** Ordne Nomen, Verben und Adjektive in die Tabelle ein.

**6** **a.** Informiere dich in „Wissenswertes auf einen Blick":          Wissenswertes auf einen Blick
       – Was sind Nomen?          ➤ S. 307–310
       – Was drückt man mit Verben aus?
       – Was kann man mit Adjektiven tun?
    **b.** Schreibe die Fragen und die Antworten auf.

**Alle Beteiligten müssen sich auf das Spiel vorbereiten.**

**7** Wie bereiten sich die Spieler, die Trainer und
die Schiedsrichterin auf das Spiel vor?
Schreibe Sätze auf.
    – Du kannst die Wörter aus der Randspalte
      verwenden.
    – Du kannst eigene Nomen, Verben und Adjektive verwenden.

**Z** **8** Lena, Tim und Anton bereiten Essen und Getränke vor.
Was bereiten sie vor?
    **a.** Sammelt Nomen, Verben und Adjektive.
    **b.** Schreibt einen kurzen Bericht über die Vorbereitungen.

(der) Ball
(der) Platz
(das) Trikot
(das) Wasser
(die) Schiedsrichterin
(die) Pfeife
(die) Fans
(die) Spieler
(die) Fußballschuhe

umziehen
trinken
anziehen
aufpumpen
aufräumen
kontrollieren
begrüßen

schnell
aufgeregt
sorgfältig

Training Grammatik: Die Wortarten wiederholen

Das Spiel hat begonnen.

**Die folgenden Wörter kannst du in einem Bericht über den Spielverlauf verwenden.**

| Torwart | angreifen | geschickt | kräftig | Foul |
| auswechseln | hart | gemein | abgeben | zielen |
| Stürmer | Pfosten | Elfmeter | treten | weit |

**9** Ordne die Wörter in einer Tabelle.
Schreibe die Nomen mit bestimmtem Artikel auf.

*Starthilfe*

| Nomen | Verben | Adjektive |
|---|---|---|
| der Torwart … | angreifen … | geschickt … |

**10 a.** Schreibe einen Bericht über den Spielverlauf.
Verwende dabei die Wörter aus deiner Tabelle.
**b.** Unterstreiche in deinen Sätzen die Nomen, Verben und Adjektive in verschiedenen Farben.

*die verschiedenen Wortarten in einem eigenen Text verwenden*

**Kristina kommentiert das Fußballspiel.**

„Noch immer ___ es 1:1 zwischen den Mannschaften.
Die Spieler der 6 a haben den ___. Karim gibt ab an Daniela,
Daniela ___ zu Lisa. Das war ein ___ Pass.
Lisa ___ einen ___ Pass auf den Stürmer der 6 a.
Der wird sofort gestört von zwei ___ der 6 c und gibt ab.
Da ___ der Ball von der linken Flanke herein.
Marco, der ___ Außenstürmer der 6 a, steht völlig frei vor dem Tor.
Er ___, Kopfball und Tor. Tor, Tor! Das war ein ___ Fehler
der Abwehr der 6 c. Das könnte der ___ für die 6 a sein.
Aber die Spieler der 6 c ___ mit dem Ball in die ___ der 6 a.
Doch da ertönt der ___. Das Spiel ___ mit 2:1 für die 6 a!"

(die) Hälfte
(der) Abwehrspieler
(der) Schlusspfiff
(der) Sieg
(der) Ball

kommen
verlängern
springen
stürmen
stehen
enden
schießen

**11** Schreibe den Kommentar vollständig auf. Passende Nomen, Verben und Adjektive findest du in den Wörterlisten.

hoch
toll
schwer
schnell

**12** Im Tandem!
**a.** Schneidet einen kurzen Sportartikel aus der Zeitung aus.
Übermalt einige der Nomen, Verben und Adjektive.
**b.** Tauscht eure Sportartikel aus. Ergänzt die fehlenden Wörter.
**c.** Kontrolliert euch gegenseitig.

Dann beginnen die Sportwettkämpfe. Hier wird darüber berichtet.
Aber da ist etwas durcheinandergeraten.

**Nomen zuordnen**

**Ein Ball** hielt eine Willkommensrede. Der dritte Läufer der Staffel
verlor **den Sand**. Beim Hochsprung fehlte **der Rektor**. Ein Maßband
fiel in **die Bahn**. **Der Staffelstab** überprüfte die Stoppuhren.
Die Läuferinnen liefen über **die Hochsprungmatte**.
Beim Weitwurf flog **ein Trainer** über die Tribüne.

**13** Verbessere den Bericht. Schreibe ihn auf.

> **Starthilfe**
> Der Rektor hielt …

**Z** **14** Was könnte man über das Sportfest berichten?
  **a.** Schreibe Sätze auf. Vertausche dabei die Nomen.
  **b.** Gib die Sätze deiner Nachbarin oder deinem Nachbarn.
    Korrigiert die Sätze.

Auch im Bericht über die Pause stimmt etwas nicht …

**Adjektive einsetzen**

In der Pause laufen alle mit **langsamen** Schritten in die Kantine.
Sport macht **satt**. Die **älteren** Schülerinnen und Schüler sind
zuerst da. Wer **dumm** ist, stellt sich sofort an. Die Schlange wird
immer **kürzer**. Es gibt **heißes** Mineralwasser und **kalte** Würstchen
5 mit **alten** Brötchen. **Weiche** Eier und **süße** Gurken liegen auch
auf der Theke. Alle essen **winzige** Portionen.
Denn es ist **unbekannt**: Wer Sport treibt, wird nicht **dünn**!

**15** Verbessere den Bericht.
  **a.** Suche zu jedem Adjektiv das Gegenteil.
    Tausche die Adjektive aus.
  **b.** Schreibe die richtigen Sätze auf.

Am nächsten Tag dreht sich alles noch einmal um das Sportfest.

**Verben einsetzen**

Alle ▒ über das Fußballspiel. Jonas ▒, wie er gefoult wurde.
Sie ▒ über den Elfmeter. Der Torwart ▒, wie er den Ball
gehalten hat. Der Trainer ▒, wo der Ball geblieben ist. Keiner ▒.
Nur Sascha und Niko ▒ miteinander. Sie ▒, dass die Schüler
der anderen Schule den Ball noch haben.

**16** Setze passende Verben aus dem Wortfeld **sagen** ein.
Vorschläge findest du in der Wörterliste.

> sprechen
> erzählen
> reden
> berichten
> fragen
> antworten
> flüstern
> meinen

Training Grammatik: **Die Wortarten wiederholen**

275

# Wortart: Adjektive

## Adjektive steigern

Die Klasse 6a plant eine Ausstellung zum Thema „Spurensuche". Finn sucht dafür im Keller seiner Oma nach alten Gegenständen.

wertvoll
alt
hässlich
interessant
altmodisch
rostig
sonderbar
warm
groß
selten

**1** Bevor Finn alle Gegenstände mitbringt, beschreibt er sie seinem Freund Jan.
Wie lassen sich die Gegenstände am besten beschreiben?
a. Notiert zu jedem Gegenstand passende Adjektive.
b. Ergänzt weitere Gegenstände für die Ausstellung.
c. Notiert passende Adjektive.

mit Adjektiven beschreiben

Gemeinsam überlegen Finn und Jan, welche Gegenstände für die Ausstellung vorgeschlagen werden sollen.

**2** Vergleicht die Gegenstände miteinander.
a. Schreibt Sätze auf. Verwendet die Steigerungsformen.
b. Unterstreicht die Endungen der gesteigerten Adjektive.

Adjektive steigern

> **Starthilfe**
> Der alte Teddy ist wertvoll. Die Vase ist wertvoll**er**. Am wertvoll**sten** ist der Ring. …

---

Will man beschreiben, wie sich Gegenstände, Tiere, Menschen … unterscheiden, kann man **gesteigerte Adjektive** verwenden:

| Grundform | Komparativ (1. Steigerungsform) | Superlativ (2. Steigerungsform) |
|---|---|---|
| groß | größer | am größten |

276  Training Grammatik: Adjektive

Nicht nur Finn hat Gegenstände mitgebracht. Nun diskutiert
die Klasse darüber, welche der mitgebrachten Gegenstände
ausgestellt werden sollen.

**Neele:** Finns Ring ist genauso schön wie Selmas Kette.
**Jan:** Nein. Der Ring ist schöner als die Kette.

**3** **a.** Schreibe die Sätze ab.

**b.** Unterstreiche die Adjektive und das darauffolgende Wort.

**c.** Markiere die Endungen der Adjektive.

**d.** Besprecht gemeinsam, welche Regelmäßigkeit zwischen
der Endung und dem verwendeten Verbindungswort besteht.

Regeln erschließen

> Will man Gegenstände, Tiere, Menschen ... miteinander vergleichen,
> verwendet man die **Verbindungswörter wie + Grundform
> des Adjektivs** oder **als + 1. Steigerungsform des Adjektivs.**
> Er ist so groß wie ich.      Sie ist größer als ich.

**4** Vergleiche fünf weitere Gegenstände von Seite 276 miteinander.
Schreibe fünf Sätze auf.

mit Adjektiven
vergleichen

> **Starthilfe**
> Der Koffer ist genauso groß wie die Tasche.
> ...

Mithilfe der folgenden Leitfragen kannst du dein Wissen
über Adjektive überprüfen und als Merkwissen aufschreiben.

**5** Beantworte die folgenden Fragen schriftlich:
- Was kann man mit Adjektiven beschreiben?
- Schreibt man Adjektive groß oder klein?
- Wie nennt man die 1. und die 2. Steigerungsform?
- Wie lauten die Endungen der Steigerungsformen
  von Adjektiven?
- Welches Verbindungswort verwendet man
  zusammen mit der 1. Steigerungsform?

Merkwissen erschließen

> **Starthilfe**
> Adjektive
> Mit Adjektiven kann man z. B. Gegenstände,
> Tiere und Menschen beschreiben.
> ...

Training Grammatik: Adjektive

# Gegensätze ausdrücken

**Bülent hat für die Schülerzeitung das Klassenzimmer beschrieben. Er hat sich aber einen Scherz erlaubt …**

In unserem Klassenzimmer stehen fünfzehn alte Doppeltische.
Die Stühle haben eine weiche Sitzfläche und eckige Rückenlehnen.
Die Tafel ist schmutzig, aber der Fußboden ist oft sauber.
Auf den schmalen Fensterbänken stehen riesige Pflanzen.
5 Wir haben auch einen uralten Computer.
Er steht zwischen dem schwarzen Schrank und dem Bücherregal.
Eigentlich ist unser Klassenzimmer sehr hässlich.

**1** Verbessere Bülents Beschreibung.
    **a.** Finde alle Adjektive und schreibe sie untereinander auf.
    **b.** Schreibe zu jedem Adjektiv ein gegensätzliches Adjektiv auf.
    **c.** Schreibe den Text mit den jeweils gegensätzlichen Adjektiven auf.

*adjektivische Gegensatzpaare finden*

**Starthilfe**
alt – neu
…

**So kannst du üben, Adjektive in eigenen Texten zu verwenden:**

**2** Schreibe einen eigenen Text mit gegensätzlichen Adjektiven.
    **a.** Wähle eine der Abbildungen aus.
    **b.** Notiere Adjektive zu dieser Abbildung.
    **c.** Ergänze die gegensätzlichen Adjektive.
    **d.** Schreibe einen Text mit den gegensätzlichen Adjektiven.

*Adjektive verwenden*

**3** Im Tandem!
    **a.** Tausche den Text mit einer Partnerin oder einem Partner aus.
    **b.** Verbessere den Text deiner Partnerin oder deines Partners.

# Zusammengesetzte Adjektive bilden

Mit zusammengesetzten Adjektiven kannst du Gegenstände oder Lebewesen noch genauer beschreiben:
Nomen + Adjektiv = Adjektiv

**1**  a. Mithilfe dieser Bilder und der Wörter am Rand kannst du zusammengesetzte Adjektive finden.
b. Schreibe die zusammengesetzten Adjektive auf.

**Starthilfe**
blitzschnell, …

zusammengesetzte Adjektive bilden

schnell
grün
kalt
hoch
weiß
leicht

**2**  Die zusammengesetzten Adjektive enthalten Vergleiche. Schreibe die Vergleiche mit **wie** auf.

**Starthilfe**
blitzschnell: schnell wie der Blitz
…

**3**  Bilde mithilfe der Wörter der beiden Wörterlisten zusammengesetzte Adjektive. Schreibe sie auf.

| Stahl | | blau | | |
| Wunder | | rund | | |
| Kugel | + | glatt | = | ? |
| Blut | | schön | | |
| Spiegel | | rot | | |
| Himmel | | grau | | |

Adjektive zusammensetzen

**4**  Bilde Sätze mit den zusammengesetzten Adjektiven aus Aufgabe 3. Du kannst die Nomen vom Rand oder eigene Nomen verwenden.
a. Schreibe die Sätze auf.
b. Unterstreiche die Adjektive.
c. Frage nach den Adjektiven.
d. Unterstreiche die Fragewörter.

Straße
Fisch
Auto
Edelstein
Kleid

**Starthilfe**
Die Straße ist spiegelglatt.
Wie ist die Straße? – Spiegelglatt.
…

Training Grammatik: Adjektive

# Wortart: Verben

## Zusammengesetzte Verben

**Die Klasse 6 b will für die Pausen ein Spiele-Café einrichten.**

Wir tun was! Die 6 b sucht Helfer!
Wir wollen in unserer Schule ein Spiele-Café einrichten.
Dafür wollen wir:
Ideen zusammentragen,
viele Helfer ansprechen.
Denn wir müssen:
einen Raum aussuchen,
Möbel aufstellen,
Spiele ausprobieren,
Öffnungszeiten aufschreiben
und vieles mehr!

**1** **a.** Beantworte die folgenden Fragen schriftlich in ganzen Sätzen.
– Was wollen die Schülerinnen und Schüler tun?
– Was müssen sie tun?
**b.** Unterstreiche in deinen Sätzen alle Verbformen.

zusammengesetzte
Verben erkennen

> **Starthilfe**
>
> Die Schülerinnen und Schüler wollen ein
> Spiele-Café einrichten. Sie wollen dazu ...

---

Manche Verben sind **trennbar**:
einrichten = ein + richten.
Diese Verben werden im **Infinitiv** immer zusammengeschrieben.
Den Infinitiv verwendet man, wenn z. B. im Satz Modalverben
vorkommen wie **wollen**, **müssen**, **können**, **dürfen**:
Wir **wollen** Ideen **zusammentragen**.

---

**Z** **2** Was müssen, wollen, können die Schülerinnen und Schüler noch
alles tun?
Schreibe Sätze auf. Verwende Modalverben und
zusammengesetzte Verben.

280    Training Grammatik: **Verben**

Die Klasse 6 b hat viele Helferinnen und Helfer gefunden.
Alle versuchen, gemeinsam die noch offenen Probleme zu lösen.

> Bei trennbaren Verben können **im Satz** die beiden Verbteile **auseinanderstehen**.
> Wie sammeln wir das Geld ein? – einsammeln
>
> Ein Teil des Verbs steht dann meist am Ende des Satzes.

**3** a. Schreibe die Aussagen aus den Sprechblasen auf.
   b. Unterstreiche und verbinde in jedem Satz die zwei Verbteile.
   c. Schreibe jeweils den Infinitiv dazu auf.

> Starthilfe
> Ich nehme die Mitarbeiter auf. – aufnehmen
> ...

Vor einem Verb als Grundwort können verschiedene Wörter stehen.
Dadurch ändert sich meist die Bedeutung des Verbs.

**4** Im Tandem!
   a. Bildet zusammengesetzte Verben mit **nehmen**.
      Schreibt die neuen Verben auf.
   b. Bildet mit den fünf Verben fünf Sätze und schreibt sie auf.
   c. Erklärt, wie sich die Bedeutung des Verbs jeweils verändert.

über Bedeutungsunterschiede nachdenken

**5** a. Schreibe zusammengesetzte Verben mit **geben** und **sehen** auf.
   b. Schreibe mit je drei zusammengesetzten Verben Sätze auf.

Training Grammatik: Verben

# Zeitformen anwenden

**Was ist geschehen?**

ein Unfall in Bildern

das Lebensmittelgeschäft
der Feinkostladen
der Zebrastreifen
die Bremsen
die Zeugen
der Krankenwagen
die Trage

betreten
überholen
schleppen
warten
quietschen
rollen

**1** Was ist geschehen?
Berichtet mündlich,
was nacheinander geschehen ist.

**Starthilfe**
Der Mann ist aus … gekommen.
…
… hat … angehalten.
…

Was?
Wo?
Wann?
Wer?
Wie?

Training Grammatik: **Verben**

# Perfekt: Mündlich erzählen

In der Bachstraße ist ein Unfall geschehen.
Amadou und Lena sind Zeugen.
Sie berichten der Polizistin, was geschehen ist.

**2** a. Schreibe die Sätze in den Sprechblasen ab.
b. Unterstreiche die Verbformen.

> Wenn man etwas **mündlich** erzählt, was schon vergangen ist,
> verwendet man meist das **Perfekt**.
> Viele Verben bilden das Perfekt mit **haben**.
> Einige Verben bilden das Perfekt mit **sein**:
> sie haben erzählt, etwas ist passiert

|  | haben: | sein: |
|---|---|---|
| ich | habe | bin |
| du | hast | bist |
| er/sie/es | hat | ist |
| wir | haben | sind |
| ihr | habt | seid |
| sie | haben | sind |

**3** Schreibt eine Fortsetzung des Gesprächs auf.
Was haben Amadou und Lena der Polizistin noch berichtet?
a. Seht noch einmal die Bilder auf Seite 282 an.
b. Lest das Gespräch zu dritt mit verteilten Rollen vor.

> **Starthilfe**
> Der ... hat ... betreten.
> Dann ist ... herangerast.
> ...

**4** Im Tandem!
Die Polizistin fragt nun auch den Fahrer des grünen Wagens,
wie der Unfall geschehen ist.
a. Schreibt die Fragen und die Antworten als Gespräch auf.
b. Lest das Gespräch mit verteilten Rollen vor.

Training Grammatik: Verben

# Präteritum: Schriftlich berichten

**Die Polizistin hat sich Notizen gemacht.**
**Sie verfasst einen Unfallbericht. So beginnt er:**

*mehr zum Bericht ➤ S. 300*

Am 25.4. um 16.00 Uhr ereignete sich in der Bachstraße ein Unfall.
Herr Rose wollte am Zebrastreifen die Straße überqueren.
Er wartete zunächst. Ein grüner Pkw hielt vor dem Zebrastreifen.
Herr Rose betrat den Zebrastreifen. Als er gerade
5  mitten auf der Straße war, raste ein roter Pkw auf ihn zu.
Er überholte den grünen Pkw.

**1** **a.** Schreibe den Anfang des Berichts ab.
**b.** Unterstreiche die Verbformen.

*Präteritumformen erkennen*

> Wenn man **schriftlich** über etwas berichtet,
> was schon vergangen ist,
> verwendet man das **Präteritum**.

**2** **a.** Schreibe den Unfallbericht.
– Du kannst die folgenden Sätze verwenden und
passende Verbformen ergänzen.
– Du kannst auch eigene Sätze formulieren.
**b.** Unterstreiche in deinen Sätzen die Präteritumformen.

*Präteritumformen bilden*

Der rote Pkw ▨ nicht mehr rechtzeitig bremsen.
Er ▨ Herrn Rose ▨. Herr Rose ▨.
Die Einkaufstaschen ▨ auf die Straße.
Gemüse und Obst ▨ über die Straße.

> können
> anfahren
> stürzen
> fallen
> kullern

**3** Schreibe den Bericht mithilfe der folgenden Stichworte zu Ende.
Setze dabei die Verben ins Präteritum.

*den Bericht schreiben*

- zwei Kinder, Amadou B. und Lena C., die Zeugen des Unfalls (sein)
- den Krankenwagen (rufen)
- nach weiteren Zeugen (umsehen)
- nach wenigen Minuten, der Krankenwagen (ankommen)
- die Sanitäter den Mann (versorgen)
- auf die Trage (legen)
- ins Franziskuskrankenhaus (transportieren)
- danach den Fahrer des roten Pkws (befragen)

**Eine Reporterin wollte für ihren Bericht weitere Zeugen befragen. Aber außer Lena und Amadou konnte niemand Genaueres berichten. Die Leute waren alle beschäftigt, als der Unfall geschah.**

**Folgendes steht später im Zeitungsbericht.**

Als der Unfall geschah, streichelte eine Frau gerade ihren Hund.
Zur gleichen Zeit reparierte ein Mädchen sein Fahrrad.
Ein Mann mit Schlips las die Zeitung.

**4** a. Schreibe die Sätze ab.
b. Unterstreiche die Präteritumformen.

> Viele Verben bilden das **Präteritum** mit folgenden **Endungen**:
> ich bremste, du bremstest, er/sie/es bremste,
> wir bremsten, ihr bremstet, sie bremsten
> Bei einigen Verben **ändert** sich im Präteritum der **Wortstamm**:
> ich rief, sie riefen
> Manche Verben haben in der 1. und 3. Person Singular Präteritum
> **keine Endung**: es geschah

**5** Auch der Fensterputzer, der Postbote und der Bauarbeiter waren beschäftigt.
a. Schreibe weitere Sätze für den Zeitungsbericht auf.
b. Unterstreiche die Präteritumformen.

laufen
werfen
putzen
abladen
aufladen

**Z 6** a. Schreibe eine kurze Zeitungsmeldung über den Unfall in der Bachstraße. Beantworte darin die W-Fragen.
b. Überlege dir eine treffende Überschrift für deine Zeitungsmeldung.

Training Grammatik: Verben

# Präteritum und Präsens

**So reiste man früher – so reist man heute**

Früher ____ man sehr beschwerlich.
Oft ____ man wochenlang mit der Postkutsche von einem Ort zum anderen. Für eine Entfernung von 100 Kilometern ____ man mindestens drei Tage.
5 Man ____ seine Siebensachen in riesige Lederkoffer und ____ sie auf die Kutsche.
Ein Pferdegespann ____ die Kutsche, in der die Reisenden ____.

Heutzutage ____ man mit dem Auto, der Bahn oder dem Flugzeug.
So ____ man in kürzerer Zeit viel weitere Strecken.
10 Außerdem ____ das Reisen auch viel bequemer.
Allerdings ____ es auch oft Staus und die Abgase ____ unsere Umwelt.

> überwinden
> fahren
> geben
> packen
> sitzen
> reisen
> sein
> brauchen
> reisen
> schnallen
> verschmutzen
> ziehen

**1** Übertrage den Text in dein Heft.
Setze die Verben aus der Wörterliste in der richtigen Zeitform ein.

> **Starthilfe**
> Früher reiste man sehr beschwerlich …
> Heutzutage reist man mit dem Auto …

**2** Notiere sechs eigene Sätze über das Reisen früher und heute.
Verwende Verben im Präteritum und im Präsens.

> dauern   langweilen   hören   sitzen   spielen   sehen

**Z 3** Spurensuche!
Wie sah der Alltag früher aus? Wie sieht er heute aus?
Schreibe Sätze auf.
Achte bei den Verben auf die richtige Zeitform.

**Präteritum- und Präsensformen verwenden**

mehr über Verben im Präsens und im Präteritum
➤ S. 308

Spurensuche ➤ S. 56–66

286   Training Grammatik: Verben

# Futur: In der Zukunft

**Wie wirst du in der Zukunft reisen?**

| | | |
|---|---|---|
| Erdmobil | Reise ins Innere der Erde | Reise zum Mond |
| Raumschiff | Tauchgang zum Meeresgrund | Spaceshuttle |
| Meereslift | Besuch auf anderen Planeten | Jet |

**1** **a.** Schreibe auf, wie und wohin du vielleicht bald reisen wirst.
   **b.** Unterstreiche die Verbformen.

> **Starthilfe**
> Bald werde ich ... reisen.

> Wenn man über Dinge spricht, die in der Zukunft liegen,
> die also noch nicht geschehen sind,
> verwendet man oft das **Futur**.
> Ich **werde** mit einem Raumschiff **verreisen**.

*über die Zukunft schreiben*

> ich werde
> du wirst
> er/sie/es wird
> wir werden
> ihr werdet
> sie werden

## Zeitreise in die Zukunft

Letzte Woche erzählte meine Freundin von einem Besuch
bei einer Wahrsagerin.
Die Wahrsagerin sagte zu meiner Freundin:
„Du ▨ nächstes Jahr eine weite Reise ▨.
5  Viele interessante Menschen ▨ du dann ▨. Du ▨ auch bald
eine Glückssträhne ▨.

> unternehmen
> haben
> kennen lernen

**2** **a.** Schreibe den Text ab.
       Setze die Verben aus der Randspalte im Futur ein.
   **b.** Schreibe eine Fortsetzung.
   **c.** Unterstreiche alle Verbformen.

*Futurformen verwenden*

**Z** **3** Stelle dir vor, du lernst auf einer Reise in die Zukunft neue Freunde
kennen. Schreibe dazu eine Geschichte auf.

> **Starthilfe**
> Auf meiner Reise in die Zukunft werde
> ich ein kleines, seltsames Wesen
> treffen. Ich werde es fragen, ...

**Z** **4** Die Zukunft wird dir viel Schönes bringen!
Schreibe auf, was in der Zukunft geschehen wird.
Was wirst du allein oder mit Freunden erleben?

Training Grammatik: Verben

# Wortart: Pronomen

## Personalpronomen und Possessivpronomen

Elisa und Sakine planen ihren Nachmittag.

Hallo, ich bin's – Elisa. Sag mal, hast du Lust, mit mir heute in den Stadtpark und später in die Eisdiele zu gehen? Teresa hat gesagt, dass sie auch mitkommt, dann sind wir schon zu dritt … Vielleicht treffen wir auch die Jungen aus der 6 c …

**1** In der Sprechblase kommen Personalpronomen vor.
   **a.** Schreibe die Personalpronomen auf.
   **b.** Ergänze weitere Personalpronomen.

*Personalpronomen erkennen*

**2** Schreibe sechs Sätze auf, die das Telefongespräch fortsetzen. Verwende in jedem Satz ein Personalpronomen.

*Personalpronomen verwenden*

> **Starthilfe**
> Sakine: „Super, ich komme gerne mit! Wir könnten …"

> **Personalpronomen** kann man für Personen, Lebewesen und Dinge einsetzen. Sie können im **Singular** und im **Plural** stehen.

Im Stadtpark entsteht im Laufe des Nachmittags ein großes Durcheinander. Nur Sakine behält den Überblick.

*Possessivpronomen verwenden*

Elif und Sakine    Sandy    Sascha    Teresa    Robert und Bülent    Teresa und Elisa

> ich – mein/meine
> du – dein/deine
> er – sein/seine
> sie – ihr/ihre
> es – sein/seine
> wir – unser/unsere
> ihr – euer/eure
> sie – ihr/ihre

**3** **a.** Schreibe auf, was Sakine sagt.
   **b.** Unterstreiche die Possessivpronomen.

> **Starthilfe**
> Ich glaube, das ist <u>dein</u> Handy, oder? Elif und ich haben die Decke mitgebracht. Es ist … Sascha …

> Die Endungen der Possessivpronomen richten sich nach den dazugehörenden Nomen. Wenn du nach ihnen mit **Wen?** oder **Was?** fragen kannst, kann sich die **Endung** der Possessivpronomen ändern. Ich gebe dir mein<u>en</u> Sonnenhut.

**Als die Mädchen aufbrechen wollen, müssen sie ihre Dinge erst einmal sortieren.**

**Elisa:** „Mein Ohrring war verschwunden. Zum Glück habe ich meinen Ohrring gefunden."
**Teresa:** „Und ich habe deinen MP3-Player in dem Durcheinander entdeckt! Dein MP3-Player lag auf der Decke."
5 **Teresa:** „Ich vermisse nur noch meinen Ball. Wo ist mein Ball?"
**Sakine:** „Hier ist er! Hat Malte seinen Federballschläger vergessen?"
**Elisa:** „Ich denke schon. Teresa, wir müssen unseren Grill noch einpacken! Unsere Holzkohle ist schon verglüht."

**4** Im Tandem!
In welchen Wortgruppen haben sich die Endungen der Possessivpronomen verändert? Untersucht den Text.
  **a.** Fragt nach den Wortgruppen mit Possessivpronomen.
  **b.** Schreibt die Fragen und die Antworten auf.
  **c.** Unterstreicht die Endungen der Possessivpronomen.

> **Starthilfe**
> Wer oder was war verschwunden?
> Mein<u> </u>Ohrring war verschwunden.
> Wen oder was habe ich zum Glück gefunden?
> Zum Glück habe ich mein<u>en</u> Ohrring gefunden.
> …

Endungen unterstreichen

**Am Abend schreibt Elisa ihrem Freund Carlos eine E-Mail, in der sie von den gemeinsamen Erlebnissen des Tages erzählt.**

**Z 5** Schreibe die E-Mail von Elisa an Carlos.
Verwende Possessivpronomen.

> **Starthilfe**
> Hallo, Carlos,
> heute sind meine Freundinnen und ich unterwegs gewesen. In der Eisdiele haben wir zufällig unsere Freunde aus der Parallelklasse getroffen …

Training Grammatik: Pronomen

# Wortart: Konjunktionen

## Mit Konjunktionen Sätze verbinden

**Cem begründet, warum ihm das Kartenspiel „Wizard" gut gefällt:**

mehr zu Spielen
➤ S. 79–88

Das Kartenspiel „Wizard" gefällt mir besonders gut, denn die
Abbildungen der Karten zeigen Zwerge, Elfen, Riesen und Zauberer.
Die Spielregeln sind ganz einfach zu verstehen, weil es in diesem
Spiel vor allem darum geht, Stiche zu erraten. Ich trage „Wizard"
5 immer bei mir. Weil man das Spiel mit drei, vier, fünf oder auch
sechs Spielern spielen kann, ergibt sich oft eine Spielgelegenheit.

**1** **a.** Schreibe die Sätze ab, die Begründungen enthalten.
   **b.** Unterstreiche **denn** und **weil**.
   **c.** Unterstreiche in dem **denn**-Satz und in den **weil**-Sätzen
   die Verben. Wo stehen diese jeweils?

Begründungen
abschreiben

> **Konjunktionen** (Bindewörter) verbinden Sätze.
> Vor den Konjunktionen denn und weil steht dann ein **Komma**.
> **Denn** und **weil** leiten Begründungen ein.

**Leo gefällt das Kartenspiel nicht so gut. Er erklärt, warum:**

Ich schwärme nicht für die Welt der Magier,　　　　　Zwerge, Elfen, Riesen
und Zauberer interessieren mich nicht.

Mir gefallen Kartenspiele nicht,　　　　　ich mich beim Spielen gern bewege.

**2** Bilde zusammengesetzte Sätze.
   **a.** Schreibe die Sätze auf und verbinde sie mit **denn** oder **weil**.
   **b.** Markiere jeweils das Komma.
   **c.** Unterstreiche die Verben in den **denn**- und **weil**-Sätzen.

zusammengesetzte
Sätze bilden

**Z** **3** **a.** Schreibt jeder eine Empfehlung zu einem Spiel,
   das euch gefällt. Begründet mit **denn**- und **weil**-Sätzen.
   **b.** Tauscht eure Texte aus und überprüft die Kommasetzung und
   die Stellung der Verben.

290  Training Grammatik: **Konjunktionen**

Eylem, Marie, Timo und Kati spielen mit Cem zusammen „Wizard".

| | | |
|---|---|---|
| Jeder Spieler sagt, wie viele Stiche er bekommen wird. | bevor → | Die Runde beginnt. |
| Alle Spieler schätzen ihre Stiche. | während → | Ein Spieler schreibt die Schätzungen auf. |
| Jeder Spieler zählt seine Punkte. | nachdem → | Die erste Runde ist beendet. |

**4** **a.** Verbinde immer zwei zusammengehörende Sätze
mit einer Konjunktion. Schreibe sie auf.
**b.** Unterstreiche **bevor**, **während** und **nachdem**.
**c.** Markiere die Stellung des Verbs in den Nebensätzen.
**d.** Überprüfe die Kommasetzung.

Sätze mit Konjunktionen schreiben

> Mit den **Konjunktionen nachdem**, **bevor** und **während**
> kannst du ausdrücken, **wann** etwas passiert.
> Auch hier gilt: **Komma** nicht vergessen!

Eylem und Timo sind von „Wizard" begeistert. Sie schreiben
eine Spielanleitung für die Spielewand in der Klasse.

*Das Spiel wird in mehreren Runden gespielt.*
*Die Karten werden verteilt. Die erste Runde beginnt.*
*Die restlichen Karten werden in die Mitte gelegt und die oberste Karte*
*wird umgedreht. Sie ist eine wichtige Karte. Sie zeigt die Trumpffarbe an.*
*Alle Spieler sortieren ihre Karten nach der Trumpffarbe.*
*Der linke Nachbar des Kartengebers bedient die Trumpffarbe zuerst.*
*Die anderen Spieler folgen seinem Beispiel im Uhrzeigersinn. ...*

**5** Verbessere den Anfang der Anleitung von Eylem und Timo.
**a.** Schreibe die Sätze auf und verbinde sie mit passenden
Konjunktionen. Stelle die Verben, falls nötig, um.

> **Starthilfe**
> Das Spiel wird in mehreren Runden gespielt.
> Die Karten werden verteilt, bevor die erste Runde beginnt.

**b.** Überprüfe die Kommasetzung und ergänze fehlende Kommas.

**Z 6** Schreibe eine Spielanleitung zu einem Spiel, das du gern spielst.
Verbinde die Sätze mit passenden Konjunktionen.

Training Grammatik: Konjunktionen

291

# Der Satz: Satzglieder

## Die Satzglieder wiederholen

Subjekt, Prädikat und Objekt sind die wichtigsten Satzglieder. Mithilfe der Umstellprobe kannst du herausfinden, ob ein Wort oder eine Wortgruppe ein Satzglied bildet.

Herr Kampmann öffnet die Tür.

**1** Wende die Umstellprobe an diesem Satz an. Welche Wörter bzw. Wortgruppen lassen sich nur zusammen umstellen?
    **a.** Schreibe den Satz ab.
    **b.** Markiere Subjekt, Prädikat und Objekt unterschiedlich.
    **c.** Stelle die Satzglieder um und schreibe die Sätze auf.

**Umstellprobe**

Die Kampmanns haben Hacivat und Karagöz eingeladen. Dafür müssen sie noch einiges vorbereiten.

| Sahne schlagen | Tisch decken |
| Kaffee kochen | Servietten falten | Tee kochen |
| Getränke kaufen | Kuchen backen |

mehr über Hacivat und Karagöz ➤ S. 98–102

**2** Was tun Herr und Frau Kampmann, Stefan und Petra? Bestimme die Satzglieder.
    **a.** Schreibe Sätze mithilfe der Wortgruppen.
    **b.** Lege eine Tabelle mit drei Spalten an.
    **c.** Schreibe die Satzglieder in die jeweilige Spalte.

**Satzglieder bestimmen**

*Starthilfe*

| Subjekt Wer? | Prädikat Was tut? | Objekt Wem?/Wen oder was? |
|---|---|---|
| Petra | schlägt | die Sahne. |
| … | … | … |

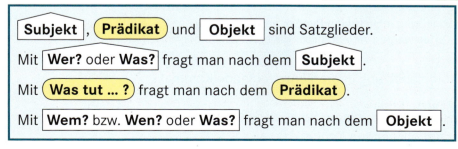

**Am nächsten Tag kommen Hacivat und Karagöz zu Besuch.**

Hacivat und Karagöz besuchen ░░░. Karagöz schenkt ░░░ Blumen.
Herr Kampmann schneidet ░░░ an. Frau Kampmann verteilt ░░░.
Stefan hilft ░░░. Petra holt ░░░. Karagöz folgt ░░░ in die Küche.

**3** Ergänze die fehlenden Dativ- und Akkusativobjekte.

    **a.** Schreibe die vollständigen Sätze auf.

    **b.** Markiere in jedem Satz die Dativobjekte und
       die Akkusativobjekte unterschiedlich.

*Dativ- und Akkusativobjekte ergänzen*

| Subjekt Wer? | Prädikat Was tut? | Dativobjekt Wem? | Akkusativobjekt Wen? oder Was? |
|---|---|---|---|
| Herr Kampmann | gibt | den Gästen | die Hand. |
| Petra | ... | ... | ... |
| Frau Kampmann | ... | ... | ... |
| Hacivat | ... | ... | ... |
| Karagöz | ... | ... | ... |
| Stefan | ... | ... | ... |

**4** Bilde mithilfe der Tabelle sinnvolle Sätze.

    **a.** Schreibe die Tabelle ab und ergänze sie.

    **b.** Frage nach den Dativ- und Akkusativobjekten.

    **c.** Schreibe die Fragen und die Antworten auf.

    **Tipp:** Nicht in jedem Satz
    müssen beide Objekte vorkommen.

*nach Dativ- und Akkusativobjekten fragen*

> **Starthilfe**
> Wem gibt Herr Kampmann die Hand?
> Herr Kampmann gibt den Gästen die Hand.
> ...

**Z 5** Bilde mit den Verben vom Rand eigene Sätze.

    **a.** Schreibe sechs Sätze auf.

    **b.** Unterstreiche in jedem Satz die Verben.

    **c.** Bestimme in jedem Satz die Objekte und markiere sie
       unterschiedlich.

*Objekte bestimmen*

empfangen
danken
gehören
bewundern
gefallen
kennen

---

**Objekte** können im Dativ oder Akkusativ stehen.

Mit **Wem?** fragt man nach dem **Dativobjekt**.

Mit **Wen?** oder **Was?** fragt man nach dem **Akkusativobjekt**.

Ob ein Dativobjekt oder ein Akkusativobjekt folgt,
wird vom Verb bestimmt.

---

*Training Grammatik: Satzglieder*

# Adverbiale Bestimmungen

**Beim Besuch von Hacivat und Karagöz geschehen einige Unglücke.**

Stefan lässt **in der Küche** einen Stapel Teller fallen.
Petra sprüht Karagöz eine kleine Portion Sahne **auf den Arm**.
Karagöz schließt sich **im Bad** ein und kommt nicht wieder heraus.
Frau Kampmann gießt Hacivat Tee **auf den Teller**.

**1** Welche adverbialen Bestimmungen des Ortes findest du im Text?
  a. Frage nach den hervorgehobenen Satzgliedern und schreibe die Fragen auf.
  b. Ergänze die Antworten.

*Starthilfe*
Wo lässt Stefan …?
…

**adverbiale Bestimmungen des Ortes**

**2** Ergänze die Sätze um eine sinnvolle Zeitangabe.
  a. Erfrage die adverbialen Bestimmungen der Zeit mit **Wann?**.
  b. Schreibe die Fragen und die Antworten auf.
  c. Markiere die adverbialen Bestimmungen der Zeit.

*Starthilfe*
Wann lässt Stefan einen Stapel Teller fallen? Am Nachmittag …
…

**adverbiale Bestimmungen der Zeit**

**Die Familien vereinbaren ein Picknick im Stadtpark.**

___ treffen sich Hacivat und die Kampmanns ___ .
Karagöz kommt einige Minuten später ___ .
___ suchen sie gemeinsam einen schönen Picknickplatz.
___ laufen Stefan und Petra an den nahe gelegenen Bach,
während Hacivat und Karagöz ___ eine Partie Tavla spielen.
Das Spiel hat Karagöz ___ mitgebracht.

- am Samstag
- zum vereinbarten Treffpunkt
- unter einem Baum
- im Park
- vor dem Essen
- aus Istanbul
- am Eingang des Stadtparks

**3** Ergänze die adverbialen Bestimmungen der Zeit und des Ortes.
  a. Erfrage die adverbialen Bestimmungen.
  b. Schreibe den Text vollständig auf.
  **Z**  c. Schreibe die Geschichte weiter.

**adverbiale Bestimmungen verwenden**

> Mit einer **adverbialen Bestimmung** kann man ausdrücken,
> **wann** etwas geschieht oder **wo** etwas geschieht.
> Nach der adverbialen Bestimmung **der Zeit** fragt man mit **Wann?**.
> Nach der adverbialen Bestimmung **des Ortes**
> fragt man mit **Wo?**, **Woher?** oder **Wohin?**.

294  Training Grammatik: Satzglieder

# Satzglieder bestimmen

Am Abend schreibt Petra ihrer Freundin Rumina eine E-Mail
über eine Fahrradtour mit Hacivat und Karagöz.

---

To: Rumina

Liebe Rumina,
unsere Fahrradtour war nicht so spannend!
Um zehn Uhr holten wir unsere Fahrräder **aus der Garage**.
Meine Mutter verstaute **die Getränke** in der Gepäcktasche.
**Hacivat und Karagöz** warteten schon an der Goethestraße.
**Nach ungefähr zehn Kilometern** hatte Stefan
einen platten Reifen. Hacivat gab **ihm** das Flickzeug.
**Dann** fing es an zu regnen. Und ich hatte keine Regenjacke
dabei!
Nach einer halben Stunde **schien** die Sonne wieder.
**In einer kleinen Gastwirtschaft** machten wir
eine längere Pause. Dort **verabredeten** wir
einen gemeinsamen Kinobesuch in der nächsten Woche.
Auf der Rückfahrt zeigte **mein Vater** uns eine verfallene Burg
auf einem Hügel. Was für ein Tag!
Bis bald! Deine Petra

---

**1** Bestimme die hervorgehobenen Satzglieder.
   **a.** Frage nach den hervorgehobenen Satzgliedern.
   **b.** Schreibe die Fragen und die dazugehörigen Antworten auf.

Satzglieder bestimmen

Dort verabredeten wir einen gemeinsamen Kinobesuch
in der nächsten Woche.

**2** Bestimme alle Satzglieder in diesem Satz.
   **a.** Stelle die Satzglieder so oft wie möglich um und schreibe die
      verschiedenen Möglichkeiten auf.
   **b.** Bestimme die Satzglieder und markiere sie unterschiedlich.
   [Z] **c.** Wie ändert sich die Bedeutung des Satzes,
      wenn ein anderes Satzglied am Anfang steht? Schreibe es auf.

Satzglieder umstellen

die Bedeutung
von Satzstellungen
erkennen

[Z] **3** Bestimme weitere Satzglieder in der E-Mail. Schreibe dazu
   eine Tabelle auf und trage die Satzglieder ein.

| Subjekt | Prädikat | Dativobjekt | Akkusativobjekt | adverbiale Bestimmungen | |
|---------|----------|-------------|-----------------|-------------------------|------------|
|         |          |             |                 | des Ortes | der Zeit |
|         |          |             |                 |           |          |

Training Grammatik: Satzglieder

# Wissenswertes auf einen Blick

## Texte – Literatur – Medien

### Sagen

In Sagen wird von ungewöhnlichen Ereignissen erzählt. Oft werden Personen, Orte oder Ereignisse genannt, die es wirklich gab. Vieles ist jedoch hinzugedichtet. Dabei entstehen manchmal auch verschiedene Fassungen einer Geschichte, die zusammen eine Sage bilden.

*Sagen lesen und Sagen untersuchen ➤ S. 138–149*

### Gedicht

Gedichte haben mindestens eine Strophe und sind in Versen (Gedichtzeilen) geschrieben. Sie reimen sich häufig.

– Der **Reim** ist der möglichst genaue Gleichklang von Wörtern.

*Gedichte von Bäumen ➤ S. 128–137*

*Reime untersuchen ➤ S. 130–131*

| Reime am Ende von Gedichtzeilen, die aufeinanderfolgen, nennt man Paarreime. | | Reimt sich jeweils der übernächste Vers, so spricht man von Kreuzreimen. | | Ein Reim, der einen Paarreim umschließt, heißt umarmender Reim. | |
|---|---|---|---|---|---|
| Pflaumen**baum** | a | | | | |
| **kaum** | a | **kaum** | e | **ledern** | c |
| **drum** | b | hat | f | **kann** | d |
| um | b | Pflaumenbaum | e | an | d |
| | | Blatt | f | **Federn** | c |

– Eine **Strophe** verbindet eine bestimmte Anzahl von Versen (Gedichtzeilen) zu einer Einheit und gliedert das Gedicht oder Lied.
– Ein **Vers** besteht aus betonten und unbetonten Silben, die in einer ganz bestimmten Ordnung aufeinanderfolgen.

### Sprachliche Bilder

Sprachliche Bilder sind Wörter oder Wortgruppen, die nicht in ihrer eigentlichen, sondern in einer übertragenen Bedeutung verwendet werden. Texte wirken durch sprachliche Bilder anschaulicher. In der Fantasie der Leser oder der Hörer können so Bilder von den beschriebenen Lebewesen, Gegenständen, Stimmungen oder Gefühlen entstehen,

z. B.: Die Sträucher umsummen die Füße der Bäume.

*mehr zu sprachlichen Bildern ➤ S. 132–135*

## Fabel

Fabeln sind eine alte Form des Erzählens. Es gibt Fabeln, die in anderen Ländern in verschiedenen Fassungen erzählt werden. In Fabeln kommen **sprechende Tiere** vor, denen **bestimmte Eigenschaften zugeschrieben** werden. Diese Eigenschaften können auch auf Menschen übertragen werden. Auf diese Weise werden in Fabeln verschiedene menschliche Verhaltensweisen indirekt kritisiert. Am Ende einer Fabel steht oft **eine Lehre**, in der zusammengefasst ist, was man aus der Fabel lernen kann.

Fabeln ➤ S. 160–167

## Roman

Als Roman bezeichnet man verschieden umfangreiche Formen des Erzählens. Romane können ihrem Inhalt nach ganz unterschiedlich sein, z. B. gibt es Abenteuerromane, Jugendromane, Zukunftsromane, fantastische Romane und viele andere Arten von Romanen.

Romane ➤ S. 181–185

## Geschichte/Erzählung

Als Erzählung bezeichnet man verschiedene Kurzformen des Erzählens, die nicht genauer durch bestimmte Merkmale gekennzeichnet sind.

Geschichten/Erzählungen
➤ S. 14–15, 16–17, 98–99, 107–108, 114–115

---

### Eine Geschichte verstehen: Die Handlungsbausteine

Um den Aufbau und die Wirkung einer Geschichte zu verstehen, suche im Text nach den **fünf Handlungsbausteinen**. Sie finden sich in fast allen Erzähltexten und enthalten das Wichtigste der Handlung. Wenn du diese fünf Bausteine hast, kannst du **den Aufbau und die Wirkung einer Geschichte** verstehen.

Stelle diese **Fragen**, wenn du die Erzählbausteine ermitteln willst:
- Wer ist die **Hauptperson**? In welcher **Situation** steckt sie?
- Welchen **Wunsch** hat sie?
- Welches **Hindernis** ist ihr im Weg?
- Wie **reagiert** die Hauptperson auf das Hindernis, wie versucht sie, es zu überwinden?
- Wie **endet** die Geschichte? Ist die Hauptperson erfolgreich?

die Handlungsbausteine einer Geschichte untersuchen
➤ S. 17, 115, 117, 147–148, 155–157, 172, 185, 222–223

---

### Szenisches Spiel, szenisch interpretieren

Ihr könnt selbst Spielszenen zu einer Geschichte schreiben und gestalten.
- Legt fest, welche **Figuren** es gibt und wer welche **Rolle** spielt.
- Notiert, was die Figuren **sagen**, **denken** und wie sie sich **fühlen**.
- Schreibt, wo nötig, **Regieanweisungen** auf.
- **Übt** nun das gemeinsame Spiel: Drückt die Gefühle der Figuren durch **Betonung**, **Körpersprache** und **Gesichtsausdruck** aus.
- Besprecht: Wie haben sich die Spielenden in ihren Rollen gefühlt? Wie hat die Szene auf die **Zuschauer** gewirkt?

Spielszenen gestalten und spielen
➤ S. 101, 107–110, 158–159

---

Wissenswertes auf einen Blick

# Texte lesen, verstehen, sich informieren

## Der Textknacker

- Die **Bilder** über und neben dem Text helfen dir, den Text zu verstehen.
- Die **Überschrift** verrät dir etwas über das **Thema**.
- Einen **Gesamteindruck** bekommst du, wenn du einmal den ganzen Text liest.
- **Absätze** gliedern den Text.
- **Schlüsselwörter** sind besonders wichtige Wörter.
- Manche Wörter werden **am Rand** oder **unter dem Text** erklärt.
- Suche Wörter, die du nicht verstehst, im **Lexikon**.

Textknacker
➤ S. 34–36, 46–47, 58–59, 63–64, 68–69, 71–72, 210–221

## Wörter nachschlagen

- Suche das Wort unter dem richtigen Buchstaben des Alphabets. Im Wörterbuch oder Lexikon steht **der Buchstabe** des Alphabets auf jeder Seite **oben oder unten oder am Rand**.
- Wenn die Wörter mit demselben Buchstaben beginnen, musst du dich **nach dem zweiten Buchstaben richten**.
- Manchmal musst du dir sogar **den dritten, vierten oder fünften Buchstaben ansehen**.
- Finde **mithilfe der Kopfwörter** heraus, ob das gesuchte Wort auf den aufgeschlagenen Seiten steht oder ob du weiterblättern musst.

Nachschlagen kannst du auf ➤ S. 226–227 üben.

## Im Internet recherchieren

- Mit einer **Suchmaschine** könnt ihr gezielt nach bestimmten Informationen suchen.
- Gebt **ein Stichwort oder mehrere Stichworte** ins Suchfeld ein.
- Die gefundenen Seiten werden als **Links** angezeigt.
- Prüft, ob die angezeigten Links **Wichtiges für euer Thema** enthalten könnten.
- Lest dann die passenden **Internettexte mithilfe des Textknackers**.

Internet
➤ S. 228–229

## Eine Lesemappe anlegen

Deine persönliche Lesemappe wird dich beim Lesenlernen begleiten.
- Gestalte ein **schönes Deckblatt**.
- Lege alle **Texte**, die du **rund ums Lesen** schreibst, in deine Lesemappe.
- Sammle darin außerdem deine **Bilder** und **Plakate**, die du zu Texten gestaltet hast, sowie **Lesetipps**.

Lesemappe
➤ S. 210–221

## Eine Grafik lesen

Grafiken können **zusätzliche Informationen** zu Sachtexten enthalten.
- Lies die **Überschrift** der Grafik und benenne das Thema.
- Lies die **Erklärungen**, zum Beispiel die **Legende**.
- Sieh dir nun die Grafik **genauer** an.
- **Stelle Fragen** an die Grafik und **formuliere** entsprechende **Antworten**.
- **Erkläre** mit eigenen Worten, was in der Grafik dargestellt ist.

Grafiken ➤ S. 37, 44, 45

# Ideen sammeln, planen, schreiben, überarbeiten

## Ideensammlung: Cluster

So kannst du vorgehen:
- Nimm dir **ein leeres Blatt** Papier.
- Schreibe **in die Mitte** ein Wort oder eine Wortgruppe,
  z. B. Bäume oder mutig sein.
  **Kreise** das Wort oder die Wortgruppe **ein.**
- Schreibe nun die **Wörter rund um das Wort** auf,
  die dir *genau jetzt* dazu einfallen.
- **Verbinde** die neuen Wörter **durch Striche** mit dem Kernwort.
- Manchmal kannst du auch zu den neuen Wörtern **weitere Wörter** finden.

Einen Cluster kannst du auf ➤ S. 112, 129, 189 und 205 anfertigen.

## Ideensammlung: Mind-Map

Eine Mind-Map ist eine „Gedankenkarte".
Mit einer Mind-Map könnt ihr **Ideen sammeln** und eure **Gedanken ordnen.**
- Schreibt das **Thema in die Mitte** eines leeren Blattes.
- **Rahmt** das Thema ein.
- Zeichnet **Linien** von der Mitte, also vom Thema aus.
- Schreibt wichtige **Stichworte** zum Thema auf die Linien.
- Zeichnet **Abzweigungen** von den Linien.
- Schreibt **Unterpunkte** auf die Abzweigungen.

Eine Mind-Map kannst du auf ➤ S. 62, 71 und 232 anfertigen.

## Planen, schreiben, überprüfen, überarbeiten

**Vor dem Schreiben**
- **Lies die Aufgabe** mehrmals **genau** durch.
- **Schreibe** genau auf, **was du tun sollst.**
- **Beantworte** die Fragen zum **Schreibziel:**
  - **Für wen** oder **an wen** schreibe ich?
  - **Was** möchte ich **erreichen?**
- **Sammle Informationen** und Ideen.

**Während des Schreibens**
- **Beantworte** die Fragen zum **Aufbau** deines Textes:
  - **Wie** schreibe ich den Text?
  - **In welcher Reihenfolge** schreibe ich?
- **Ordne** deine **Informationen.**
- **Schreibe** einen **Entwurf.** Finde eine **Überschrift.**

**Nach dem Schreiben**
- **Überprüfe** deinen Text. Verwende **Checklisten.**
- **Überarbeite** deinen Text. Achte auf die **Rechtschreibung.**

Planen, schreiben, überprüfen, überarbeiten ➤ S. 48–50, 51–54, 74–78, 89–92, 123–127

## Eine Anleitung schreiben

In einer Anleitung beschreibst du, wie man etwas tun kann.
- Ordne die einzelnen **Schritte in der richtigen Reihenfolge** an.
- Beschreibe die Arbeitsschritte so, dass andere sie **leicht verstehen** bzw.
  **ausführen** können.
- Verwende die **Man-Form**, Verbformen mit **werden** (Passiv) oder
  **Aufforderungsformen** (Imperative).

Versuchsanleitung ➤ S. 42–43, 51–54
Spielanleitung ➤ S. 84–85

Wissenswertes auf einen Blick

## Texte überarbeiten in der Schreibkonferenz

In einer Schreibkonferenz überarbeitet ihr die Texte gemeinsam
in der Gruppe nach vorher vereinbarten Regeln.
1. Die Autorin oder der Autor **liest** seinen **Text vor**.
   Die anderen **hören aufmerksam zu**.
2. **Fragt nach**, wenn ihr etwas nicht verstanden habt.
3. Sagt zunächst, **was** an dem vorgelesenen Text **gut gelungen ist**.
4. Überlegt gemeinsam, **wie** der Text **verbessert** werden kann.
5. **Überarbeitet** den Text **gemeinsam**. Arbeitet auch an **einzelnen Sätzen**.
6. Korrigiert **Rechtschreibfehler**.
7. Schreibt den Text noch einmal **in Reinschrift** ab.

*mehr zur Schreibkonferenz*
➤ *S. 89–92*

## Einen Bericht schreiben

Ein Bericht soll **genau** und **sachlich** geschrieben sein.
Er soll **knapp**, **einfach** und **klar** sein.
In einem Bericht werden die W-Fragen beantwortet:
- **Was** ist passiert?
- **Wo** passierte es?
- **Wann** passierte es?
- **Wer** war beteiligt?
- **Wie** kam es dazu?
- **Was** ist die **Folge**?
- **Was geschah** der Reihe nach?

Manchmal müssen auch **weitere W-Fragen** beantwortet werden,
z. B. wer verletzt wurde, welcher Schaden entstanden ist oder
wer das Geschehene bezeugen kann.
Wenn man über **Vergangenes schriftlich** berichtet, verwendet man
das **Präteritum**.

*Bericht*
➤ *S. 74–78, 282–285*

*für die Schülerzeitung
berichten*
➤ *S. 60–61*

# Erzählen

## Nach einem Erzählplan erzählen

Wenn du eine **eigene Geschichte** erzählen möchtest,
mache dir zunächst einen Erzählplan.
- Für den Erzählplan überlegst du dir die **Bausteine** deiner Geschichte:
  - Baustein **Hauptperson** und **Situation**
  - Baustein **Wunsch**
  - Baustein **Hindernis**
  - Baustein **Reaktion**
  - Baustein **Ende**
- **Notiere** für jeden Baustein deine **Ideen** in Stichworten.
  Du kannst dazu **Fragen** stellen:
  - Wer soll meine Hauptperson sein?
  - In welcher Situation ...?
  - ...
- **Ordne** die Bausteine in einer **sinnvollen Reihenfolge**.
- **Erzähle** nun deine **Geschichte** mithilfe der Bausteine.
  Beachte dabei die **Tipps zum spannenden Erzählen**.

*Erzählen kannst du auf*
➤ *S. 123–127, 224–225*

300    Wissenswertes auf einen Blick

### Spannend erzählen

- Lege **Karteikärtchen zu jedem Handlungsbaustein** deiner Geschichte an.
- Plane den Anfang deiner Geschichte. Entscheide, **mit welchem Handlungsbaustein** deine Geschichte beginnen soll, um das Interesse der Leserinnen und Leser zu wecken.
- Baue die Spannung weiter auf. Verrate nicht zu viel auf einmal, **erzähle ausführlich**.
- Beschreibe Personen, Orte und Gefühle mit treffenden Adjektiven.
- Erzähle **erst am Schluss**, wie sich die **Spannung löst**.
- Überlege dir eine **Überschrift**, die die Leser neugierig macht.

Übungen zum spannenden Erzählen
➤ S. 123–127, 224–225

von persönlichen Erlebnissen in einem Brief erzählen
➤ S. 127

# Argumentieren, diskutieren, präsentieren

### Eine Pro-und-Kontra-Diskussion führen

- Du kannst **andere überzeugen**, wenn du deine Meinung mit Argumenten dafür (Pro-Argumente) und Argumenten dagegen (Kontra-Argumente) begründest.
  In einer Pro-und-Kontra-Diskussion werden **verschiedene Meinungen vertreten**, dazu sind **gut begründete Argumente** und **Beispiele** wichtig.
- Wählt einen **Diskussionsleiter**, damit die Diskussion **geordnet verläuft**. Sie oder er sollte auf die **gleichwertige Dauer der Redeanteile** achten.
- Teilt die Klasse in ein Pro- und in eine Kontra-Gruppe ein.
- Tragt eure Argumente vor und geht auch auf die Argumente der anderen ein.
- Einigt euch auf ein **Ergebnis** in der Diskussion.
- Am Ende der Diskussion fasst der Diskussionsleiter die Diskussion zusammen und trägt das Ergebnis vor.

Argumentieren und diskutieren könnt ihr auf ➤ S. 18–21, 25–28 und 40–41 üben.

### Stellung nehmen

In einer Stellungnahme versuchst du zu einer strittigen Frage deine Meinung überzeugend zu begründen.
Schreibe zunächst das **Thema** auf, zu dem du Stellung nehmen möchtest.
Formuliere dann deine **Meinung** dazu.
**Begründe** deine Meinung **mit Argumenten:**
Behauptung (Meinung): Auf der Erde wird es wärmer.
Begründung (Argument): Die Sonnenstrahlen können nicht ins All entweichen.

Stellung nehmen
➤ S. 39, 40, 41, 195

### In einem Brief andere überzeugen

- Schreibe in den Briefkopf oben rechts **Ort** und **Datum**.
- Formuliere eine **Anrede**.
- Schreibe im **Einleitungssatz**, worum es geht, was dein Anliegen ist.
- Äußere **deine Meinung**.
- **Begründe** deine Meinung mit überzeugenden **Argumenten**.
- Fasse am Ende dein Anliegen noch einmal zusammen.
- Beende den Brief mit der **Grußformel** und deiner **Unterschrift**.

Stellung nehmen
➤ S. 39, 41, 195

Wissenswertes auf einen Blick

## Ein Buch vorstellen

Nenne zuerst den **Titel** und den **Autor** des Buches.
- Sage, welche **Art von Buch** es ist (z. B. Jugendbuch, Sachbuch).
- Stelle die **Hauptpersonen** vor.
- **Erzähle kurz** vom **Inhalt** des Buches, aber verrate nicht zu viel.
- Gib den Inhalt im **Präsens** wieder.
- Erkläre, **warum** dir das Buch **gut gefallen** hat.
- **Lies einen Ausschnitt** aus dem Buch vor.

ein Buch vorstellen
➤ S. 168, 176, 187, 189

## Ein Kurzreferat frei vortragen

- Stellt euch so hin, dass alle euch sehen können.
- Versucht, **frei** zu **sprechen** und wenig abzulesen.
- Sprecht **langsam** und **deutlich**.
- Orientiert euch an euren **Stichworten**.
- Schreibt **Schlüsselwörter** an die Tafel.
- **Schaut** beim Sprechen **die Zuhörer an**.
- **Zeigt** eure **Bilder und Materialien** an passenden Stellen.

ein Kurzreferat frei vortragen
➤ S. 73, 233

## Eine Overhead-Folie gestalten

- Schreibt einen **Entwurf** zur Gestaltung der Folie auf ein Blatt.
- Notiert die **Überschrift** des Kurzreferats.
- Schreibt **die wichtigsten Informationen** in Stichworten auf.
- Wählt **Abbildungen**, die zum Thema passen, **kopiert** sie auf eine Folie.
- **Beschriftet die Folie** mit abwaschbaren Folienstiften.
- Ihr könnt die Folie auch **am Computer gestalten.**

eine Overheadfolie gestalten
➤ S. 65, 69, 73, 233

## Ein Gedicht auswendig lernen und frei vortragen

- Lerne die erste Strophe **Zeile für Zeile** auswendig.
- Sprich dann die **Strophe als Ganzes**.
- Gehe **genauso bei den anderen Strophen** vor.
- Am Anfang kannst du dir mit einem Blatt Papier helfen:
  Lege es so, dass du **jeweils nur den Anfang jeder Zeile** lesen kannst.
- Schaue beim Vortragen die Zuhörer an.
- Sprich das Gedicht auswendig, aber halte das Gedichtsblatt in der Hand,
  damit du notfalls nachschauen kannst.
- **Sprich deutlich** und **nicht zu schnell**.
- Denke an die **Pausen** und die **Betonung**.
- Gestalte deinen Vortrag mit passender **Mimik** und **Gestik**.

ein Gedicht auswendig lernen
➤ S. 129, 192
ein Gedicht frei vortragen
➤ S. 133, 192

## Texte vorlesen

Tipp 1: Lies den Text mehrmals leise. Lies ihn gründlich.
Tipp 2: Der Textknacker hilft dir, den Text zu verstehen.
Tipp 3: Beachte beim Vorlesen die Satzzeichen: Mache jeweils eine Pause.
Tipp 4: Senke bei einem Punkt am Satzende etwas die Stimme.
Bei einem Komma oder einem Semikolon halte die Stimme oder
hebe sie leicht an.
Tipp 5: Ausdrucksvoll liest du, wenn du einzelne Wörter besonders betonst.
Tipp 6: Übe das gute Vorlesen mehrmals, bevor du den Text anderen vorliest.

# Rechtschreiben

## Die Arbeitstechniken

### Das Abschreiben

➤ S. 260

Du brauchst deine ganze **Konzentration** und deine **beste Schrift**.
1. **Lies** den Text **langsam** und **sorgfältig**.
2. **Gliedere** den Text **in Sinnabschnitte**.
   Mache dazu Striche nach zusammengehörenden Wortgruppen.
3. **Präge** dir die Wörter eines Sinnabschnittes genau **ein**.
4. Jetzt **schreibe** die Wörter **auswendig** auf.
   Schreibe nur in jede zweite Zeile.
   Schreibe langsam, ordentlich und nicht zu eng.
5. Nun **kontrolliere** Wort für Wort.
6. Streiche **Fehlerwörter** durch und schreibe sie richtig darüber.
7. Die Fehlerwörter kommen in die **Rechtschreibkartei**.

### Das Partnerdiktat

➤ S. 261

**Ein Partner diktiert.**

- Setze dich so hin,
  dass du **gut sehen** kannst,
  was dein Partner schreibt.
- **Lies** den ersten Satz **vor**.
- **Diktiere** dann nacheinander
  die **Sinnabschnitte**.
- Bei einem **Fehler** sage
  sofort **„Stopp"**.
- **Lass** deinem Partner **Zeit**,
  den Fehler zu finden.
- Gib **Hilfen**, wenn er
  den Fehler nicht findet.
- Oder zeige den Diktattext.

**Der andere Partner schreibt.**

- **Höre** dir den Satz in Ruhe **an**.
- **Schreibe** nun **Sinnabschnitt**
  für Sinnabschnitt.
- Schreibe nur in jede zweite Zeile.
- Sage **„Stopp"**, wenn du nicht
  mitkommst.
- Lies den letzten Sinnabschnitt
  und versuche, den Fehler zu finden.
- Lass dir **helfen**, wenn du
  unsicher bist.
- Streiche das **Fehlerwort** durch.

- Schreibe das Wort richtig darüber.

### Das Laufdiktat

➤ S. 262

- **Lies** einen Trainingstext.
- **Markiere Sinnabschnitte** durch senkrechte Striche im Text.
- Lege den Text auf einen **weit entfernten Tisch**.
- **Laufe** zum Tisch mit dem Trainingstext.
- **Präge** dir die Wörter des ersten Sinnabschnittes **ein**.
- **Merke** sie dir, während du zu deinem Arbeitsplatz gehst.
- **Schreibe** die Wörter des ersten Sinnabschnittes **auf**.
  Schreibe **nur in jede zweite Zeile**.
- Schreibe so **den ganzen Text** auf.
- **Vergleiche** deinen Text Wort für Wort mit der Vorlage.
- Streiche **Fehlerwörter** durch und schreibe sie richtig darüber.

Wissenswertes auf einen Blick

# Rechtschreibhilfen

## Das Gliedern

➤ S. 250–251

Wenn du nicht sicher bist, ob du alle Buchstaben eines Wortes
geschrieben hast, kannst du das Wort gliedern.
Beim Gliedern **zerlegst** du ein Wort **in Sprechsilben**.
1. Sprich das Wort **langsam** und übertrieben deutlich.
   Sprich **Silbe für Silbe**.
2. **Achte** dabei **auf jeden Laut**, vor allem am Silbenende.
3. Schreibe das Wort anschließend auf.
4. Bilde zu einsilbigen Nomen mit Doppelkonsonanten am Ende den Plural,
   zu Verben den Infinitiv und steigere Adjektive.
   Gliedere dann.
   Mann ➝ Männer ➝ Män|ner
   er soll ➝ sollen ➝ sol|len
   nass ➝ nasser ➝ nas|ser

## Das Verlängern

➤ S. 250–251

Wenn du nicht hörst, **mit welchem Buchstaben ein Wort endet**,
kannst du es verlängern. Oft hörst du beim Sprechen eines Wortes
am Ende ein **p**, **t** oder **k**, musst aber **b**, **d** oder **g** schreiben.
Durch Verlängern kannst du den Endbuchstaben **hörbar machen** und
eine Entscheidung treffen: der Korb ➝ die Körbe.

## Wortfamilie – Wortstamm

➤ S. 254–255

Wörter sind miteinander **verwandt** und bilden Wortfamilien.
Viele Wörter sind **aus mehreren Teilen** zusammengesetzt:
aus dem **Wortstamm** und aus anderen Bausteinen: aus – seh – en.
**Gleiche Wortstämme** schreibt man meist gleich.
Wenn du unsicher bist, wie man ein Wort richtig schreibt,
suche verwandte Wörter, die du sicher schreiben kannst.

## Wortbildung

➤ S. 256–259

Viele Wörter sind **zusammengesetzt**. Wenn du die einzelnen Bausteine richtig
schreibst, dann kannst du auch die Zusammensetzungen richtig schreiben.
- Fast jedes Nomen kann mit einem oder mehreren weiteren Nomen
  ein neues **zusammengesetztes Nomen** bilden:
  der Garten + die Bank = die Gartenbank.
  Manchmal sind zwischen den Nomen ein oder zwei Buchstaben eingefügt:
  der Tag + es + das Licht = das Tageslicht.
- Neue Verben entstehen durch Verbindungen aus **Verben mit Vorsilben**:
  ver- + sprechen = versprechen.
- Neue Adjektive entstehen aus **Nomen und Adjektiven** oder
  aus **Verb und** der Endung **-bar**:
  die Umwelt + freundlich = umweltfreundlich, essen + -bar = essbar.
- Aus **Nomen und Verben** können Adjektive werden.
  Die Endungen **-ig** und **-lich** machen's!
  der Mut – mutig, feiern – feierlich

304    Wissenswertes auf einen Blick

## Das Ableiten

Wenn du nicht hörst, ob ein Wort mit **ä** oder **e**,
mit **äu** oder **eu** geschrieben wird,
kannst du es ableiten und eine Entscheidung treffen.
Suche **verwandte Wörter** mit **a** oder **au**: der Baum ➝ die Bäume.

➤ S. 245

## Großschreibung

### Wörter werden zu Nomen

– Aus Adjektiven können Nomen werden.
  Die starken Wörter **etwas**, **nichts** und **alles** machen's!
  weich – etwas Weiches        neu – nichts Neues
– Aus Verben können Nomen werden.
  Die Wörter **das**, **beim** und **zum** machen's!
  landen – beim Landen

➤ S. 237, 239

### Nomen mit -ung, -keit, -heit und -nis

Wörter mit den **Endungen -ung**, **-keit**, **-heit** und **-nis** sind Nomen.
Sie werden großgeschrieben:
die Wohnung, die Süßigkeit, die Schönheit, das Hindernis.

➤ S. 241, 249

## Zeichensetzung

### Satzarten und Zeichensetzung

– Nach einem **Aussagesatz** steht ein **Punkt**:
  Sie fühlte etwas Weiches.
– Nach einem **Fragesatz** steht ein **Fragezeichen**:
  Aber was war darin?
– Nach einem **Ausrufesatz** steht ein **Ausrufezeichen**:
  O nein, das darf doch nicht wahr sein!
– Nach einem **Aufforderungssatz** steht meist ein **Punkt**:
  Reinige bitte den Käfig.
– Nach einem **Befehl** kann auch ein **Ausrufezeichen** stehen:
  Gib das sofort her!
– Nach einem Punkt, Fragezeichen oder Ausrufezeichen **schreibt man groß**.

Übungen dazu
➤ S. 103

### Anreden und Ausrufe

Anreden und Ausrufe werden durch ein Komma vom folgenden Satz getrennt.
Liebe Schülerinnen und Schüler, wusstet ihr das schon?
Toll, solche Künstler gibt es nicht noch einmal.

➤ S. 240–241

### Komma bei Aufzählungen

Adjektive und Nomen kann man aufzählen.
Die Wörter einer **Aufzählung** trennt man durch Kommas voneinander.
Ausnahme: kein Komma vor **und**:
Ich bin ein höfliches, ehrliches, intelligentes, kitzliges und ehrgeiziges
Mädchen.

➤ S. 235

Wissenswertes auf einen Blick

305

## Sätze mit dass

Nach Verben des Sagens, Denkens und Meinens folgen oft **dass**-Sätze.
Der **dass**-Satz wird durch **Komma** vom Hauptsatz abgetrennt.
Ich hoffe sehr, dass so etwas nicht noch einmal vorkommt.

➤ S. 246–247

## Komma bei als und weil

Beginnt ein Satz mit **als** oder **weil**, folgt etwas später ein **Komma**.
Das Komma steht zwischen zwei Verbformen:
Als ich voller Schrecken zur Zimmertür blickte, öffnete sie sich langsam.
Weil ich furchtbare Angst hatte, wagte ich mich nicht hinaus.

➤ S. 242–243

## Wörtliche Rede

Wörtliche Rede erkennt man an den **„Anführungszeichen"**
am Anfang und am Ende.
Oft steht ein **Begleitsatz** dabei:
– manchmal davor:
   Hacivat sagt: „Es hat schon lange nicht geregnet."
   Karagöz: „Wieso gesegnet?"
   Hacivat: „Geregnet!"
– manchmal dahinter:
   „Wie bitte?", fragt Karagöz.

Übungen dazu auf
➤ S. 102–103

306   Wissenswertes auf einen Blick

# Grammatik

## Wortarten

### Nomen

**Nomen** bezeichnen Lebewesen (Menschen, Tiere, Pflanzen), Gegenstände
und gedachte oder vorgestellte Dinge.
Lebewesen: der Trainer, die Schiedsrichterin
Gegenstände: der Ball, das Trikot
gedachte oder vorgestellte Dinge: der Traum, das Geräusch

Übungen dazu
➤ S. 272–275

**Nomen schreibt man** im Deutschen immer **groß**.
Vor Nomen steht oft ein **bestimmter Artikel** (der, das, die)
oder ein **unbestimmter Artikel** (ein, ein, eine).
der Sportplatz – ein Sportplatz
das Foul – ein Foul
die Mannschaft – eine Mannschaft

Fast alle Nomen können im **Singular** (Einzahl) und
im **Plural** (Mehrzahl) stehen:
der Spieler – **die Spieler**
das Ergebnis – **die Ergebnisse**
die Pause – **die Pausen**

Aus zwei oder drei Nomen kann man ein **zusammengesetztes Nomen** bilden.
Werden zwei Nomen zusammengesetzt,
richtet sich der Artikel nach dem letzten Nomen:
der Ball – der Fußball
das Spiel – das Fußballspiel
Ist das Grundwort ein **Nomen**, dann ist auch das zusammengesetzte Wort
ein Nomen.
Bestimmungswort + Grundwort = zusammengesetztes Wort
verstecken + das Spiel = das Versteckspiel
Manchmal wird in der Mitte ein **e, s, n** oder **es** eingefügt:
das Bad + das Tuch = das Bad**e**tuch
die Geburt + der Tag = der Geburt**s**tag
die Decke + die Leuchte = die Decke**n**leuchte
der Tag + das Licht = das Tag**es**licht

Übungen zu zusammen-
gesetzten Nomen
➤ S. 244, 256–257

Wissenswertes auf einen Blick

307

Jedes Nomen kann in **verschiedenen Fällen** (Kasus) stehen.
Man kann nach dem Fall, in dem ein Nomen steht, fragen.

Im Deutschen gibt es vier Fälle:     Fragen:
Nominativ (1. Fall)                   **Wer oder was?**
Genitiv (2. Fall)                     **Wessen?**
Dativ (3. Fall)                       **Wem?**
Akkusativ (4. Fall)                   **Wen oder was?**

## Nomen im Singular

| Geschlecht / Fall (Kasus) | **männlich** | **sächlich** | **weiblich** |
|---|---|---|---|
| 1. Fall **(Nominativ)** Frage: **Wer oder was?** | der/ein Traum | das/ein Geräusch | die/eine Maus |
| 2. Fall **(Genitiv)** Frage: **Wessen?** | des/eines Traum(e)s | des/eines Geräusch(e)s | der/einer Maus |
| 3. Fall **(Dativ)** Frage: **Wem?** | dem/einem Traum | dem/einem Geräusch | der/einer Maus |
| 4. Fall **(Akkusativ)** Frage: **Wen oder was?** | den/einen Traum | das/ein Geräusch | die/eine Maus |

## Nomen im Plural

| Geschlecht / Fall (Kasus) | **männlich** | **sächlich** | **weiblich** |
|---|---|---|---|
| 1. Fall **(Nominativ)** | die Träume | die Geräusche | die Mäuse |
| 2. Fall **(Genitiv)** | der Träume | der Geräusche | der Mäuse |
| 3. Fall **(Dativ)** | den Träumen | den Geräuschen | den Mäusen |
| 4. Fall **(Akkusativ)** | die Träume | die Geräusche | die Mäuse |

In welchem **Kasus** das Nomen steht,
richtet sich nach seiner Funktion im Satz.
Das heißt, es kommt darauf an, welches **Satzglied** das Nomen ist.

Zum Beispiel steht ein Subjekt im Nominativ;

Objekte können im Dativ oder im Akkusativ stehen.

Übungen zu den Satzgliedern
➤ S. 292–295

308     Wissenswertes auf einen Blick

# Verben

## Verben im Präsens

**Verben** im **Präsens** verwendet man, um auszudrücken,
– was man regelmäßig tut: Sie spielt jeden Tag mit ihrer Katze.   oder
– was man jetzt tut: Sie spielt jetzt gerade mit ihrer Katze.
Bei vielen Verben bleibt im Präsens der **Verbstamm** gleich.
Es verändern sich nur die **Endungen**. Sie richten sich nach der Person.
**Zusammengesetzte Verben** stehen im Satz auseinander.

| Infinitiv | sagen | | einkaufen |
|-----------|-------|--------|-----------|
| Person | Singular | Plural | Singular |
| 1. | ich sage | wir sagen | ich kaufe ein |
| 2. | du sagst | ihr sagt | du kaufst ein |
| 3. | er/sie/es sagt | sie sagen | er/sie/es kauft ein |

## Verben im Präteritum

Wenn man schriftlich über etwas berichtet oder erzählt,
was schon vergangen ist, verwendet man das **Präteritum**:
Man nutzte die Kartoffelpflanzen zunächst als Zierpflanzen.
Bei einigen Verben ändert sich im Präteritum der **Verbstamm**:
**Präsens:** Ich **weiß** es nicht.     **Präteritum:** Ich **wusste** es nicht.

*Übungen dazu
➤ S. 284–286*

## Verben im Perfekt

Wenn man etwas mündlich erzählt, was schon vergangen ist,
verwendet man meist das **Perfekt**.
Viele Verben bilden das **Perfekt** mit **haben**: Sie **hat** gebacken.
Einige Verben bilden das Perfekt mit **sein**, vor allem Verben der Bewegung:
Wir **sind** gelaufen.
Bei einigen Verben verändert sich im Perfekt der **Verbstamm**:
**Präsens:** Die Kinder **rennen**.     **Perfekt:** Die Kinder sind **gerannt**.

*Übungen dazu
➤ S. 282–283*

## Verben im Futur

Wenn man über Dinge spricht, die in der Zukunft liegen,
also noch nicht geschehen sind, dann verwendet man oft das **Futur**.

*Übungen dazu
➤ S. 287*

## Zusammengesetzte Verben

Manche Verben sind **zusammengesetzt**:
anerkennen = an + erkennen,    vortragen = vor + tragen.
Achte darauf, dass du diese Verben im **Infinitiv** immer zusammenschreibst.
Den Infinitiv verwendet man wenn z. B. im Satz **Modalverben** vorkommen
wie **wollen, müssen, können, dürfen**: Wir **wollen** ein Gedicht vortragen.
Wenn man zusammengesetzte Verben **im Satz** verwendet, können sie
**auseinander stehen**. Wann fangen wir an? – anfangen
Der eine Teil des Verbs steht dann meist am Ende des Satzes.

*Übungen dazu
➤ S. 280–281*

Wissenswertes auf einen Blick

## Pronomen

Die **Personalpronomen ich, du, er, sie, es, wir, ihr, sie** kann man
für Personen, Lebewesen und Dinge einsetzen.
Wenn Personalpronomen für Nomen eingesetzt werden,
muss man die Nomen nicht ständig wiederholen.

**Possessivpronomen** zeigen an, wem etwas gehört.
Sie können im **Singular** und im **Plural** stehen:
**mein/meine/, dein/deine, sein/seine, ihr/ihre,
unser/unsere, euer/eure, ihr/ihre**.
Wenn man nach einer Wortgruppe mit einem Possessivpronomen
mit **wen oder was?** fragen kann, kann sich auch die Endung des
Possessivpronomens ändern.
Zum Glück habe ich mein**en** Ohrring gefunden.

*Übungen dazu*
➤ S. 288

*Übungen dazu*
➤ S. 288–289

## Adjektive

*Übungen dazu*
➤ S. 276–279

- Adjektive werden auch als **Eigenschaftswörter** bezeichnet.
  Sie werden immer **kleingeschrieben**.
- Mit **Adjektiven** kann man Personen, Tiere oder Gegenstände
  genauer beschreiben:
  ein langes Kleid, eine nette Lehrerin
- **Gegensätzliche Eigenschaften** kann man mit **Adjektivpaaren** ausdrücken:
  groß – klein, lang – kurz

---

Will man beschreiben, wie sich Personen, Tiere, Gegenstände unterscheiden,
kann man **gesteigerte Adjektive** verwenden:

| Positiv | Komparativ | Superlativ |
|---|---|---|
| (Grundform) | (1. Steigerungsform) | (2. Steigerungsform) |
| (so) groß (wie) – | größer (als) | – am größten |

Einige Adjektive haben besondere Steigerungsformen:

| gut | – besser | – am besten |
|---|---|---|
| viel | – mehr | – am meisten |

---

Ein Adjektiv kann im Satz verschiedene Aufgaben erfüllen.
- Es kann vor einem **Nomen** stehen: Maria ist eine schnelle Läuferin.
- Dann kann sich die **Endung** verändern:
  Maria jubelt der schnellen Läuferin zu.
- Ein Adjektiv kann auch allein stehen: Die Läuferin ist schnell.
  Dann hat es keine Endung.

## Konjunktionen

*Übungen dazu*
➤ S. 290–291

**Konjunktionen (Bindewörter)** verbinden Sätze.
Die Konjunktionen weil und denn leiten Begründungen ein.
Die Konjunktionen nachdem, bevor und während drücken aus, wann etwas
passiert.
Die mit wenn, weil, dass, als eingeleiteten Sätze sind **Nebensätze**.
Sie sind immer mit einem Hauptsatz verbunden.
In einem Nebensatz steht die gebeugte Verbform immer am Ende.

# Satzglieder

## Umstellprobe

Mit der Umstellprobe kann man Satzglieder ermitteln:

Meine Freundin Maria trinkt einen heißen Kakao.

Einen heißen Kakao (trinkt) meine Freundin Maria.

*Übungen zur Umstellprobe*
*➤ S. 292*

## Subjekt

Das Subjekt kann eine Person oder auch eine Sache sein.

Mit Wer? oder Was? fragt man nach dem Subjekt.

Es kann aus einem Wort oder mehreren Wörtern bestehen.

Sabine hat Geburtstag. – Wer? hat Geburtstag? – Sabine.

*Übungen zum Subjekt*
*➤ S. 292*

## Prädikat

Das (Prädikat) sagt etwas darüber aus, was jemand tut oder was geschieht.

Mit (Was tut/tun ...?) fragt man nach dem Prädikat.

Es kann auch aus mehreren Teilen bestehen.

Eric (schenkt) ihr ein Buch.

Eric (hat) ihr ein Buch (geschenkt).

*Übungen zum Prädikat*
*➤ S. 292*

## Objekte

Mit Wen? oder Was? fragt man nach dem Akkusativobjekt.

Sabine bringt die Gäste zur Tür. – Wen bringt Sabine zur Tür? – Die Gäste.

Er sucht Papier und Bleistift. – Was sucht er? – Papier und Bleistift.

Mit Wem? fragt man nach dem Dativobjekt.

Sarah gratuliert Sabine. – Wem gratuliert Sarah? – Sabine.

*Übungen zum Akkusativ- und Dativobjekt ➤ S. 293*

## Adverbiale Bestimmung von Zeit und Ort

Nach der **adverbialen Bestimmung** der **Zeit** fragt man mit **Wann?**
Nach der **adverbialen Bestimmung** des Ortes fragt man **Wo?, Woher?, Wohin?**
Am Samstag treffen sich Hacivat und Karagöz im Park.
 – Wann treffen sich Hacivat und Karagöz im Park? – Am Samstag.
 – Wo treffen sich Hacivat und Karagöz am Samstag? – Im Park.

*Übungen zur adverbialen Bestimmung von Zeit und Ort ➤ S. 294*

Wissenswertes auf einen Blick

# Textquellen

**Beijia, Huang** (geb. 1955 in der Provinz Jiangsu/China): Seidenraupen für Jin Ling (S. 193). Aus: Seidenraupen für Jin Ling. Zürich (NordSüd) 2008, S. 126–127.

**Brednich, Rolf** Wilhelm (geb. 1935 in Worms): Die trojanische Couch (S. 148). Aus: Die Spinne in der Yucca-Palme: Sagenhafte Geschichten von heute. München (Becksche Reihe, C.H. Beck Verlag) 2007. S. 106.

**Dowd, Siobhan** (geb. 1960 in London/Großbritannien, gest. 2007 in Oxford/Großbritannien): Der Junge, der sich in Luft auflöste (S. 222). Aus: Der Junge, der sich in Luft auflöste. Hamburg (Carlsen) 2008.

**Dragt, Tonke** (geb. 1930 in Batavia/heutiges Indonesien): Turmhoch und meilenweit (S. 180, 182). Aus: Turmhoch und meilenweit. Frankfurt/M. (Fischer Schatzinsel) 1999, S. 131–135.
Das Geheimnis des Uhrmachers (S. 180, 184). Aus: Das Geheimnis des Uhrmachers. Frankfurt/M. (Fischer Schatzinsel) 1997, S. 43.
Die Türme des Februar (S. 180, 194). Aus: Die Türme des Februar. Weinheim (Beltz & Gelberg Tb 651) 2004, S. 25, 220.

**Eich, Günter** (geb. 1907 in Lebus, gest. 1972 in Salzburg/Österreich): Wald, Bestand an Bäumen (S. 137). Aus: Gesammelte Werke, Bd. 1, Die Gedichte. Die Maulwürfe. Hrsg. v. Axel Vieregg, Frankfurt/M. (Suhrkamp Verlag) 1991, S. 270/71.

**Fürnberg, Louis** (geb. 1909 in Iglau, gest. 1957 in Weimar): Alt möchte ich werden (S. 131). Aus: Gesammelte Werke. Bd. 2 Gedichte 1946–1957 von Louis Fürnberg, Lotte Fürnberg, und Gerhard Wolf. Berlin und Weimar (Aufbau Verlag) 1965.

**Guggenmos, Josef** (geb. 1922 in Irsee/Allgäu, gest. 2003 in Irsee/Allgäu): Bruder Ahorn (S. 128). Aus: Überall und neben dir. Weinheim (Beltz & Gelberg) 1989, S. 153.

**Heuck, Sigrid** (geb. 1932 in Köln): Meister Joachims Geheimnis (S. 169). Frankfurt/M. (Fischer Schatzinsel, S. Fischer Verlag) 1997. S. 15–17.

**Inkiow, Dimitar** (geb. 1932 in Chaskowo/Bulgarien, gest. 2006 in München): Das Trojanische Pferd (S. 166). Aus: Die Abenteuer des Odysseus. Wien (Gabriel Verlag) 1999.

**Kästner, Erich** (geb. 1899 in Dresden, gest. 1974 in München): Die Schildbürger bauen ein Rathaus (S. 154). Aus: Die Schildbürger. Zürich (Atrium Verlag) 1951. Das fliegende Klassenzimmer (S. 195).

Aus: Das fliegende Klassenzimmer. Hamburg (Dressler), Zürich (Atrium Verlag) 1935, S. 115.

**Kirsch, Sarah** (geb. 1935 in Limlingerode): Bäume (S. 137). Aus: Katzenleben. Gedichte. Stuttgart (Deutsche Verlagsanstalt) 1991.

**Kordon, Klaus** (geb. 1943 in Berlin): Biologie (S. 128). Aus: Überall und neben dir. Weinheim (Beltz & Gelberg) 1989.

**Kremer, Michael:** Geschichte am Rubbelbrett erlebt (S. 58). Aus: Westdeutsche Zeitung vom 30.06.2005.

**Krüss, James** (geb. 1926 auf Helgoland, gest. 1997 auf Gran Canaria): Der Apfelbaum ist aufgeblüht (S. 128). Aus: Der wohltemperierte Leierkasten. Gütersloh (Sigbert Mohn Verlag) 1961.

**Manz, Hans** (geb. 1931 in Wila bei Zürich/Schweiz): Wunder des Alltags (S. 121), Waldsterben (S. 136). Aus: Hans-Joachim Gelberg (Hrsg.): Überall und neben dir. Weinheim (Beltz & Gelberg) 1989.

**Manzoni, Carlo** (geb. 1909 in Mailand/Italien, gest. 1975 in Mailand/Italien): Der Schlüssel (S. 107). Nach: Hundertmal Signor Veneranda. München (Langen Müller Verlag in der F. A. Herbig Verlagsbuchhandlung) 1966.

**Maurer, Georg** (geb. 1907 in Reghin/Rumänien, gest. 1971 in Potsdam): Bäume (S. 133). Aus: Walfried Hartinger, Christel Hartinger, Eva Maurer (Hrsg.) Werke in zwei Bänden. Leipzig (Connewitzer Verlagsbuchhandlung) 2007.

**Müller, Wilhelm:** Am Brunnen vor dem Tore (S. 130). Aus: Jung, Heinz/Kremer, Gerd: Liedertreff. Berlin (Cornelsen) 1994.

**Nasrettin Hoca** (14. Jh.): Die Geschichte vom verlorenen Esel (S. 150). Nach: Der Fuchs geht um ... auch anderswo. Weinheim (Beltz & Gelberg) 1991.

**Naylor, Phyllis Reynolds** (geb. 1933 in Anderson in Indiana/USA): Peinlich, peinlich, Alice (S. 170). Frankfurt/M. (Fischer Schatzinsel, S. Fischer Verlag) 2007, S. 28–31.

**Pludra, Benno** (geb. 1925 in Mückenberg): Insel der Schwäne (S. 189). Aus: Insel der Schwäne. Weinheim (Der Kinderbuch Verlag) 2007, S. 5.

**Richter, Lena:** Eifersucht (S. 16). Originalbeitrag.

**Roth, Eugen** (geb. 1895 in München, gest. 1976 in München): Der Baum (S. 136). Aus: Überall und neben dir. Weinheim (Beltz & Gelberg) 1989.

**Saint-Exupéry, Antoine de** (geb. 1900 in Lyon/Frankreich, 1944 über dem Mittelmeer abgeschossen): Der kleine Prinz

(S. 22). Aus: Der kleine Prinz. Düsseldorf (Karl Rauch) 1956.

**Snicket, Lemony** (geb. 1970 in San Francisco/USA): Die unheimliche Mühle (S. 178). München (Manhattan Bücher, Wilhelm Goldmann Verlag) 2005, S. 9–11.

**Uhland, Ludwig** (geb. 1787 in Tübingen, gest. 1862 in Tübingen): Einkehr (S. 132). Aus: Werke Bd. 1. Gedichte. Hrsg. v. W. Scheffler. München (Winkler Verlag) 1980.

**von der Grün, Max** (geb. 1926 in Bayreuth, gest. 2005 in Dortmund): Vorstadtkrokodile (S. 116). Reinbek (Rowohlt) 1987, S. 12 f.

**Wölfel, Ursula** (geb. 1922 in Duisburg): Hannes fehlt (S. 14). Aus: Die grauen und die grünen Felder. Weinheim (Beltz & Gelberg) 1981.
Der Nachtvogel (S. 114). Ebenda.

**Wolf, K. P.** (geb. 1954 in Gelsenkirchen): der einzelgänger (S. 173). München (Ars Edition) 2007, S. 43–45.

**Zotter, Gerri/Lobe, Mira/Welsh, Renate:** Wald (S. 136). Aus: Das Sprachbastelbuch. Hrsg. v. H. Domenego. Wien/München (Jugend und Volk) 1983.

## Unbekannte und ungenannte Verfasser:

Kann jemand 100 Freundinnen und 55 Freunde haben? (S. 25). Originalbeitrag.

Kuckuck (S. 33). Originalbeitrag.

Kuckuck, Kuckuck ruft's aus dem Wald – doch wie lange noch? (S. 34). Originalbeitrag.

Die Bedrohung der Erdatmosphäre (S. 37). Originalbeitrag.

Die Entstehung des Weltalls (S. 46). Originalbeitrag.

Was das Klassenzimmer verrät ...(S. 63). Informationen aus: http://www.asg-erlangen.de [08.05.2009]

Der Computer – eine der bedeutendsten Erfindungen des 20. Jahrhunderts (S. 68). Originalbeitrag.

Ein Buch entsteht (S. 71). Originalbeitrag.

Ein Unfall mit Sachschaden (S. 74). Originalbeitrag.

So viele Zeichen, so verschiedene Bedeutungen ... (S. 96). Originalbeitrag.

Andere Länder, andere Bräuche (S. 98). Originalbeitrag.

Es hat schon lange nicht mehr geregnet (S. 102). Originalbeitrag.

Sich verständigen – mit und ohne Worte (S. 104). Originalbeitrag.

Mutig sein (S. 113). Originalbeitrag.

Schatzgräberei am Frauenberg (S. 138).
Aus: Das große deutsche Sagenbuch.
Hrsg. v. Heinz Rölleke. Düsseldorf
(Patmos. Artemis & Winkler) 1996.

Das hockende Weib (S. 140). Nach: Josef
Seiler: Die Dörenther Klippen und das
hockende Weib. Aus: Westfälisches Haus-
buch. Hrsg. v. Diethard H. Klein. Freiburg
(Verlag Rombach) 1983, S. 55.

Die Sage von Sadko (S. 143). Nach: Annelies
Graßhoff: Sadko, der Sänger aus Nowgorod. Stuttgart (Urachhaus) 1986.

Wie Eulenspiegel einem Esel das Lesen
beibrachte (S. 151). Aus: Deutsche
Schwänke. Hrsg. v. Leander Petzoldt.
Stuttgart (Reclam) 1979.

Wie Eulenspiegel in Magdeburg verkündete,
dass er vom Rathauserker fliegen wollte
(S. 152). Aus: Deutsche Schwänke. Hrsg.
v. Leander Petzoldt. Stuttgart (Reclam)
1979.

Der Sperling und der Vogel Strauß (S. 160).
Nach: Käthe Reicheis: Fabeln aus aller
Welt. Wien (öbv&hpt Verlag) 2004, S. 24.

Das Chamäleon und der Elefant (S. 160).
Aus: http://gutenberg.spiegel.de
[25.05.2009]

Das Kamel und die Ziege (S. 161).
Aus: http://gutenberg.spiegel.de
[25.05.2009]

Der Löwe und der Hase (S. 162). Originalbeitrag.

Der schlaue Hase (S. 163). Nach: Käthe
Reicheis: Fabeln aus aller Welt. Wien
(öbv&hpt Verlag) 2004, S. 74–75.

Die zwei Ziegen (S. 164). Nach: Albert
Ludwig Grimm: Fabel-Bibliothek für
die Jugend. Die auserlesensten Fabeln
alter und neuer Zeit. Erstes Bändchen.
Frankfurt a. M. (Wilmans) 1827,
S. 180 f.

Rede von Äsop (S. 166). Originalbeitrag.

Der Hahn und der Diamant (S. 167). Aus:
http://www.labbe.de/lesekorb/index.
asp?themaid=82&titelid=248
[25.05.2009]

Der Pfau und die Dohle (S. 167). Aus:
http://gutenberg.spiegel.de
[25.05.2009]

Vorwort aus Was ist was? Klima (S. 190).
Aus: Werner Buggisch/Christian
Buggisch: Was ist was? Klima. Nürnberg
(Tessloff Verlag) 2008, S. 2.

Fernsehprogramm (S. 201). Aus: rtv vom
02.05. – 08.05.2009. rtv media solutions
GmbH.

Milch und Milchprodukte in der Ernährung
(S. 213). Originalbeitrag.

Die fliegenden Kraftwunder (S. 214).
Von Thorsten Ehrenberg und Dorothee
Teeves. Aus: Welt der Wunder 3/09.
(Heinrich Bauer Verlag KG),
S. 34–41.

Gut geschlafen? (S. 216). Aus: http://
www.mytopic.at/home/welt-umwelt/
tiere/782 [22.05.2009]
© „Kinderzeitung" Zeitschriften- und
VerlagsGmbH Wien

Räuber aus der Tiefe (S. 219). Aus: http://
www.mytopic.at/home/welt-umwelt/
tiere/832 [22.05.2009]
© „Kinderzeitung" Zeitschriften- und
VerlagsGmbH Wien

Wörterbuchseiten (S. 227). Aus: Heinrich
Pleticha/Hans Peter Thiel (Hrsg.):
Von Wort zu Wort. Berlin (Cornelsen
Verlag) 2008, S. 430 – 431.

Was Wolken verraten (S. 234). Originalbeitrag.

Flugangst (S. 236). Originalbeitrag.

Leider nur ein Traum (S. 238). Originalbeitrag.

Wusstet ihr das schon? (S. 240). Originalbeitrag.

Spät abends (S. 242). Originalbeitrag.

Lieber Onkel Julius, liebe Tante Birgit!
(S. 244). Originalbeitrag.

Du hast gelogen! (S. 246). Originalbeitrag.

Ein echter Überlebenskünstler – der
Zitronenfalter (S. 249). Originalbeitrag.

Warum spiegelt ein Spiegel? (S. 251).
Originalbeitrag.

Textquellen

# Bildquellen

S. 11, 26, 30, 79, 81, 84, 86, 93 (A + D), 95, 97 li., 101, 104 u., 106, 109, 203, 206 (B + C), 208, 272, 281: Peter Wirtz, Dormagen; S. 22: Aus: Antoine de Saint-Exupéry, Der Kleine Prinz. 1950 und 2008 Karl Rauch Verlag, Düsseldorf ; S. 31 (1), 33 o.: picture-alliance/Helga Lade/Lange, (2), 35 (2): vario images, (3): ullstein bild/Still Pictures; 33 u.: picture-alliance/OKAPIA KG/Bruno Roth; S. 34: blickwinkel/Delpho; S. 35 (3): OKAPIA KG; S. 44: IPCC; S. 46: Astrophoto/Detlev van Ravenswaay, Sörth; S. 55 o. Mitte: Ruslan Kokarev/de.fotolia.com, Mitte li.: Stills-Online Bildagentur, re.: Susann Weiss/de.fotolia.com, u. links: photlook/de.fotolia. com; S. 57 li.: Miele Archiv, Gütersloh, re.: picture-alliance/dpa; S. 58: picture-alliance/ZB-Fotoreport; S. 60: Museum für Kommunikation, www.museumsstiftung.de; S. 63 o., 65: Hamburger Schulmuseum; u.: Cornelsen Verlagsarchiv, S. 66: picture-alliance/ZB; S. 68: picture-alliance/dpa-Fotoreport; S. 69: Intro/Stefan Kiefer; S. 80: Georgios Kollidas/de.fotolia.com; S. 87: Cornelsen Verlagsarchiv; S. 89: Thomas Schulz, Teupitz; S. 90: Lorraine Swanson/de.fotolia.com; S. 93 (B): Helmut Niklas/de.fotolia.com, (C), 96 o.: Petra Ebert, Berlin; S. 97 re.: Claudia Biela-Knigge; S. 104 o.: Robert Kneschke/de.fotolia.com; S. 105: www.visuelles-denken.de; S. 111: picture-alliance/dpa-Fotoreport; S. 123: Michael Sowa, Stadt in Angst/ © VG Bild-Kunst, Bonn 2014; S. 128: Andreas Blakkolb/de.fotolia.com; S. 131: picture-alliance/dpa; S. 133: picture-alliance/allOver; S. 135 u.: picture-alliance/OKAPIA/Karl Gottfried Vock; S. 141: picture-alliance/HB Verlag; S. 142: Volkhard Binder, Berlin; S. 146 o.: Bildarchiv Preußischer Kulturbesitz, Berlin, u.: Volkhard Binder, Berlin; S. 166: ullstein bild/Lombard; S. 184, 187 li.: Aus: Tonke Dragt, Das Geheimnis des Uhrmachers. Fischer Verlag (Tb), Frankfurt 1997; S. 186 o.: Verlag Freies Geistesleben/Serge Lichtenberg, Stuttgart, u.: www.Schoolbieb.nl; S. 187 re.: Aus: Tonke Dragt, Turmhoch und meilenweit. Fischer Verlag (Tb), Frankfurt 2004; S. 190/191: Aus: Was ist was. Bd. 125. Klima. Tessloff Verlag Ragnar Tessloff GmbH & Co. KG, 2008 Nürnberg/Eberhard Reimann; S. 195: Aus: Erich Kästner, Das fliegende Klassenzimmer. Cecilie Dressler Verlag GmbH, Hamburg 2006/Walter Trier; S. 198 o.: picture-alliance/ZB, u.: vario images; S. 200 (1): picture-alliance/dpa/dpaweb, (2): picture-alliance/dpa-Report, (3), 207 (Mi.+ re.): picture-alliance/dpa-Bildarchiv, (4): picture-alliance/dpa-Report; S. 207 li.: picture-alliance/Photri/Helga Lade; S. 212: picture-alliance/dpa-Bildarchiv; S. 214: Romana Schaile/de.fotolia.com: S. 215: Uwe Halstenbach/istockphoto.com; S. 216 o.: ullstein bild-Lange, u.: Juniors Bildarchiv; S. 217: picture-alliance/B.Brossette/OKAPIA; S. 218: Juniors Bildarchiv; S. 219: SeaTops/Werner Thiele; S. 221: picture-alliance/Balance/Photoshot; S. 228: dieKLEINERT.de/Martin Guhl; S. 234: picture-alliance/dpa-Report; S. 240: Luc Patureau/de.fotolia.com; S. 249: michael-stifter.de/de.fotolia.com; S. 251: photothek.net/Thomas Imo; S. 268: Ekhard Ninnemann, Lüneburg; S. 286 li.: akg-images, Mi.: DB AG/Stefan Warter, re.: Wolfgang Heise/de.fotolia.com.

## Illustrationen

**Thomas Binder**, Magdeburg: S. 79, 81, 84, 274, 276, 278-279, 282-283, 285, 288-289, 292, 294; **Sylvia Graupner**, Annaberg: S. 94, 98-99, 102, 107; **Carsten Märtin**, Oldenburg: S. 37, 42, 51-52, 91-92, 103, 127, 254-255: Rand, 258, 260, 267; **Barbara Schumann**, Berlin: S. 160-165, 167; **Ulrike Selders**, Köln: S. 11, 113-114, 116, 121, 130, 132, 134, 211, 236, 238, 240, 242, 244, 246-247, 254-256, 262, 266;

**Juliane Steinbach**, Wuppertal: S. 143-145, 150-152, 154-155, 157-158; **Dorina Tessmann**, Berlin: S. 14-15, 16-17; **Rüdiger Trebels**, Düsseldorf: S. 55-56, 72, 75, 171, 174-176; **Christa Unzner**, Berlin: S. 138-140, 146-147

## Coverabbildungen

S. 22: Antoine de Saint-Exupéry, Der Kleine Prinz. 1950 und 2008 Karl Rauch Verlag, Düsseldorf; Max von der Grün, Die Vorstadtkrokodile. 2006, Omnibus TB bei Bertelsmann, München; S. 148: Rolf W. Brednich, Die Spinne in der Yucca-Palme. 2009 Verlag C.H. Beck, München. Beck'sche Reihe Bd. 4070; S. 157: Erich Kästner, Die Schildbürger. Cecilie Dressler Verlag GmbH, Hamburg 2006; S. 168 oben: Kjersti Wold, Fußballgötter schießen nie daneben. Carlsen Verlag, Hamburg 2006, Mitte: S. Olsson/A. Jacobsson, Zeina und Kalle. Fischer Verlag (Tb), Frankfurt 2007, unten: Eoin Colfer, Fletcher Moon. Carlsen Verlag, Hamburg 2008; S. 169: Sigrid Heuck, Meister Joachims Geheimnis.1989/2000 by Thiememann Verlag GmbH, Stuttgart-Wien; S. 170: Phyllis Reynolds Naylor, Peinlich, peinlich, Alice. Fischer Verlag (Tb), Frankfurt 2007; S. 173: K. P. Wolf, Der Einzelgänger. Bonnier Media Deutschland GmbH/arsEdition GmbH, München 2007; S. 178: Coverillustration nach Lemony Snicket, Die unheimliche Mühle. Eine Reihe betrüblicher Ereignisse. Erschienen im Manhattan Verlag, München, in der Verlagsgruppe Random House; S. 180: Tonke Dragt, oben und 184: Das Geheimnis des Uhrmachers. Fischer Verlag (Tb), Frankfurt 1997, Mitte, 182: Turmhoch und meilenweit. Fischer Verlag (Tb), Frankfurt 2004, unten: Die Türme des Februar. Verlagsgruppe Beltz, Weinheim 2004; S. 181: Tonke Dragt, oben: Der Brief für den König. Verlagsgruppe Beltz, Weinheim 2000, unten: Der wilde Wald. Verlagsgruppe Beltz, Weinheim 2001; S. 187: DVD „Das Geheimnis des siebten Weges" nach dem Roman von Tonke Dragt. Pandastorm Pictures, Berlin; S. 188: oben links: Erich Kästner, Das fliegende Klassenzimmer. Cecilie Dressler Verlag GmbH, Hamburg 2006; oben Mitte: Hans-Joachim Gelberg (Hg.), Großer Ozean. Gedichte für alle. Gulliver Taschenbücher in der Verlagsgruppe Beltz, 2006 Weinheim; rechts: Benno Pludra, Insel der Schwäne. Der KinderbuchVerlag in der Verlagsgruppe Beltz, Weinheim; unten links: Was ist was, Bd. 125, Klima. Tessloff Verlag Ragnar Tessloff GmbH & Co. KG, 2008 Nürnberg; Mitte: Huang Beijia, Seidenraupen für Yin Ling. NordSüd Verlag, Zürich 2008; rechts: Tonke Dragt, Die Türme des Februar.Verlagsgruppe Beltz, Weinheim 2004; S. 189-195: siehe S. 188; S. 197: Erich Kästner: (A): Das doppelte Lottchen. DVD. Universum Film, München2009, (B): Das fliegende Klassenzimmer. Cecilie Dressler Verlag GmbH, Hamburg 2006, (C): Erich Kästner/Peter Rühmkorff, Wir haben der Welt in die Schnauze geguckt. Atrium Verlag, Hamburg 2008, (D): Der gestiefelte Kater. Cecilie Dressler Verlag GmbH, Hamburg 2008, (E): Emil und die Detektive. Cecilie Dressler Verlag GmbH, Hamburg 1929, (F): Die Konferenz der Tiere. CD. Cecilie Dressler Verlag GmbH, Hamburg 2006; S. 222: Siobhan Down, Der Junge, der sich in Luft auflöste. Carlsen Verlag GmbH, München 2008

# Textartenverzeichnis

**Anleitungen**
13 Wer fehlt?
13 Wie gut kennt ihr euch eigentlich?
51 Versuchsanleitung Treibhauseffekt
63 Spielidee: Der Präteritumstern
86 Obstsalat – ein Bewegungsspiel
88 Mau-Mau
90 Brennball

**Bildergeschichten**
282 Was ist passiert?

**Biografische Texte**
146 Mein Name ist Äsop
186 Antonia Johanna (Tonke) Dragt

**Briefe/E-Mails/Grußkarten**
127 Alarm am Badesee
231 Herzlichen Glückwunsch
244 Lieber Onkel Julius, liebe Tante Birgit!
295 Liebe Rumina

**Dialoge**
29 Streit schlichten
87 Missverständnisse klären
98 Andere Länder, andere Bräuche

**Erzählende Texte**
14 Hannes fehlt
16 Lena Richter: Eifersucht
20 Antoine de Saint-Exupéry:
   Der kleine Prinz
102 Es hat schon lange nicht mehr
   geregnet
107 Carlo Manzoni: Der Schlüssel
113 Mutig sein
114 Ursula Wölfel: Der Nachtvogel
125 Mareks und Karlas Erzählungen
126 Lisas Erzählung

**Fabeln**
160 Europa: Der Sperling und der Vogel
   Strauß
160 Afrika: Das Chamäleon und der Elefant
161 Asien: Das Kamel und die Ziege
162 Asien: Der Löwe und der Hase
163 Afrika: Der schlaue Hase
164 Europa: Die zwei Ziegen
167 Äsop: Der Hahn und der Diamant
167 Äsop: Der Pfau und die Dohle

**Gedichte**
121 Hans Manz: Wunder des Alltags
121 Akrostichon
128 James Krüss:
   Der Apfelbaum ist aufgeblüht
128 Josef Guggenmos: Bruder Ahorn
128 Klaus Kordon: Biologie
129 Akrostichon
129 Haiku
130 Wilhelm Müller/Franz Schubert:
   Am Brunnen vor dem Tore
131 Louis Fürnberg: Alt möchte ich werden
132 Ludwig Uhland: Einkehr

133 Georg Maurer: Bäume
136 Eugen Roth: Der Baum
136 Mira Lobe, Renat Welsh, Gerri Zolter:
   Wald
136 Hans Manz: Waldsterben
137 Günter Eich: Wald, Bestand an Bäumen
137 Sarah Kirsch: Bäume
192 Martin Anton: Eine schöne Geschichte

**Grafiken**
37 gesunde Atmosphäre
37 verschmutzte Atmosphäre
44 Globale mittlere Temperatur der Erde
45 Zeitstrahl: Entstehung des Weltalls und
   der Erde

**Inhaltsverzeichnis/Glossar/Index**
191 Inhaltsverzeichnis, Glossar, Index
   benutzen

**Jugendbuchauszüge**
116 Max von der Grün:
   Die Vorstadtkrokodile
169 Sigrid Heuck:
   Meister Joachims Geheimnis
170 Phyllis Reynolds Naylor: Peinlich,
   peinlich, Alice
173 K. P. Wolf: der einzelgänger
178 Lemony Snicket:
   Die unheimliche Mühle
182 Tonke Dragt: Turmhoch und meilenweit
184 Tonke Dragt:
   Das Geheimnis des Uhrmachers
193 Huang Beijia: Seidenraupen für Jin Ling
194 Tonke Dragt: Die Türme des Februars
195 Erich Kästner:
   Das fliegende Klassenzimmer
222 Siobhan Dowd: Der Junge, der sich
   in Luft auflöste

**Klappentexte/Buchempfehlungen**
181 Tonke Dragt: Der Brief für den König
181 Tonke Dragt: Der wilde Wald
189 Benno Pludra: Insel der Schwäne

**Lexikonartikel/Wörterbucheinträge**
33 Der Kuckuck
227 Telefon (das)/Das Telefon

**Lieder/Liedauszüge**
32 Kuckucksruf
130 Wilhelm Müller/Franz Schubert:
   Am Brunnen vor dem Tore

**Sagen**
138 Schatzgräberei am Frauenberg
140 Das hockende Weib
143 Die Sage von Sadko
146 Das Trojanische Pferd
148 Die trojanische Couch

**Schelmengeschichten**
150 Die Geschichte vom verlorenen Esel

151 Wie Till Eulenspiegel einem Esel das
   Lesen beibrachte
152 Wie Eulenspiegel in Magdeburg
   verkündete, dass er vom Rathauserker
   fliegen wollte
154 Erich Kästner: Die Schildbürger bauen
   ein Rathaus

**Sachtexte**
25 Kann jemand 100 Freundinnen und
   55 Freunde haben?
34 Kuckuck, Kuckuck ruft's aus dem Wald
   – doch wie lange noch?
37 Die Bedrohung der Erdatmosphäre
46 Die Entstehung des Weltalls
58 Michael Kremer:
   Geschichte am Rubbelbrett
63 Was das Klassenzimmer verrät ...
68 Der Computer –
   eine der bedeutendsten Erfindungen
   des 20. Jahrhunderts
71 Ein Buch entsteht
74 Ein Unfall mit Sachschaden
96 So viele Zeichen, so verschiedene
   Bedeutungen
104 Sich verständigen – mit und ohne
   Worte
124 Zeitungsartikel Unfallbericht
135 Am 25. April ist der Tag des Baumes
186 Kurzbiografie zu Tonke Dragt
190 Vorwort aus „Was ist was": Klima
213 Milch und Milchprodukte
   in der Ernährung von Kindern
   und Jugendlichen
214 Die fliegenden Kraftwunder
216 Gut geschlafen?
219 Räuber aus der Tiefe
228 Das Internet
234 Was Wolken verraten
236 Fluganst
240 Liebe Schülerin und lieber Schüler,
   wusstet ihr das schon?
249 Der Zitronenfalter
251 Warum spiegelt ein Spiegel?
286 So reiste man früher –
   so reist man heute

**Sprichwörter**
134 Sprichwörter zu Bäumen

**Szenische Texte**
98 Andere Länder, andere Bräuche
158 Erich Kästner: Die Schildbürger bauen
   ein Rathaus

# Sachregister

**A**benteuerroman → Roman
Abschreiben 235, 237, 239, 241, 242, 244, 245, 249, 253, 260, 268
Adjektiv → Wortarten
Adverbiale Bestimmungen 294
- adverbiale Bestimmung des Ortes 294
- adverbiale Bestimmung der Zeit 294
Akkusativobjekt 293
Arbeitsplan 48
Arbeitstechniken
→ Abschreiben 260
→ Handlungsbausteine untersuchen 222–223
→ Kugellager -Diskussion 27
→ Laufdiktat 262
→ mit dem Erzählplan erzählen 123–127, 224–225
→ Nachschlagen 226–227
→ Partnerdiktat 261
→ Rechtschreibkartei 263
→ Standbild 100
→ Szenisches Spiel 107–110
→ Textknacker 34–38, 46–47, 58, 63, 65–66, 68–69
→ Texte überarbeiten 50, 54, 61, 89–92, 122, 127, 230–231
→ Training mit Wörterlisten 264
Argumente
- mit Beispielen veranschaulichen 19, 27
- ordnen, untersuchen, formulieren 19, 27, 29, 39, 49
Aufforderungssatz → Satzarten

**B**egriff
- Ober-/Unterbegriff 270–271
Berichten 57, 60–61, 66–67, 74–78, 274–275, 284–285
Beschreiben/betrachten
- Bilder 11–12, 55–56, 93–94, 95–96, 106, 111–112, 123, 143, 146, 195, 206
- Buchillustration 184, 187
- DVD-Cover 187
- Gegenstände/Lebewesen 56, 276–277, 278, 279
- Grafik 37–38, 44, 45
- Personen/Figuren 15, 170–172, 175
- Schilder 95
- Vorgänge/Anleitung 42–43, 51–54, 282
Bildergeschichte 163
Brainstorming 203
Brief 127, 244
Buchcover 168, 188, 197
Bücherei 196–197
Bühnenbild gestalten 109, 159

**C**heckliste verwenden 50, 54, 61, 73, 77, 88, 233
Computer
- am Computer schreiben 78, 85, 92, 159
- Folie/Grußkarte/Einladung/Plakat am Computer gestalten 65, 231
- im Internet recherchieren 62, 69–70, 187, 196–197, 228–229

**D**ativobjekt 293
Deuten
- Fabel 164–165, 167
- Textauszug 22–23
Diktat → Laufdiktat/Partnerdiktat
Diskussionsregeln 28
Diskutieren 18–19, 25–28, 38, 229

**E**rzählen
- aus anderer Perspektive erzählen 15, 117, 147, 150, 172, 183
- eine Bildergeschichte erzählen 163
- Erlebnisse 13, 23, 172
- mündlich erzählen 12, 56, 123, 170, 283
- nacherzählen 100, 139, 141, 153, 167
- schriftlich erzählen 122, 125, 149, 165, 172, 185, 224–225, 243, 245
- Texte weitererzählen und -schreiben 17, 122, 155–156, 163, 172, 176
Erzählplan 17, 122, 123–127, 149, 165, 185, 224–225

**F**abel 160–167
Fragen zum Text beantworten → Textstellen finden

**G**ebärdensprache 93, 95, 104–105
Gedicht 121, 128–137, 192
- Akrostichon 121, 129
- auswendig lernen 129, 192
- Gedichtmerkmale 129, 192
- gestalten 121, 129, 136, 192
- Haiku 129
- Reime untersuchen 130–131
- schreiben 112, 121, 175
- sprachliche Bilder untersuchen 134–137, 139
- vortragen 132–133, 192
Gefühle artikulieren/erkennen/darstellen 21, 29–30, 87, 100–101, 109, 111–122, 126
Gestalten
- Aufschrift 269
- Einladung 110, 169
- Flugblatt 48–50
- Folie 65, 73, 233
- Grußkarte 230–231
- Plakat gestalten 88, 110, 159
- Sagenbuch 249
Gestik → Mimik und Gestik
Glossar 191
Gruppenarbeit 20, 38, 48, 83, 87, 89–92, 100–101, 117, 120, 145, 200–209, 215

**H**andlungsbausteine 115, 117, 123–127, 141, 145, 147–148, 155–157, 172, 185, 222–225
Hörszene 152–153

**I**deensammlung
- Cluster 112, 189, 205
- Karteikarten 17, 26, 80, 113, 123, 203, 221, 225–226, 232
- Mind-Map 62, 71, 232

**I**mperativ 86
Index 191
Infinitiv (Grundform) 66, 86, 281
Informationen beschaffen/entnehmen/ sammeln/ordnen/auswerten 34–38, 62–65, 68–69, 71–73, 186–187, 198–199, 202, 205, 227, 228–229, 232, 266
Inhalte vorhersagen 214, 216–218
Inhaltsverzeichnis 191
Internet → Computer
Interview 149, 206

**J**ugendbuch 116, 168–179, 180–187, 193–195, 222–223
- Jugendbuch vorstellen 168, 176, 187, 189

**K**amera 206–207
Klappentext 180–181, 189
Komma → Satzzeichen
Kopfwörter 227
Kugellager 27
Kurzreferat 62–65, 68–69, 71–73, 232–233

**L**aufdiktat 241, 262
Leitfragen 59, 85, 112, 201
Leseerfahrung 179, 210–211
Leseerwartung 168, 172, 180, 189, 216–218
Lesemappe 139, 210–211, 213, 215
Lesen mit verteilten Rollen 87, 100, 102, 108, 150, 158, 283
Lesestrategien → Texte lesen und verstehen (Textknacker)
Lesetrick 212–213
Lexikonartikel lesen 33, 227
Lied 32, 130
Literaturpreis 187

**M**einungen austauschen/besprechen/ begründen/formulieren 12, 18–19, 25–28, 39–40, 44, 82, 113, 195, 201
Mimik und Gestik 87, 93–94, 100–101, 106, 111–112, 117, 168
Modalverben 62

**N**achrichtensendung 198–209
Nebensätze → Satzarten
Nomen → Wortarten
Notizen → Stichworte notieren

**O**berbegriff → Begriff
Objekt → Satzglieder

**P**antomime 158
Partnerarbeit 13, 17, 21, 24, 28, 29–30, 38–40, 43, 52, 59, 67, 75–76, 78, 84, 102, 108, 112, 119, 123–124, 132, 135, 145–146, 153, 158, 159, 161, 163–165, 167, 180, 218, 221, 226, 228, 231, 235, 237, 239–240, 247, 255, 257, 265, 267, 274, 278, 281, 283, 289
Partnerdiktat 119, 237, 239, 247, 261
Perfekt → Zeitformen

Personalpronomen → Wortarten
Plakat gestalten/bewerten 88, 110, 159
Planen, schreiben, überarbeiten 50, 54,
  89–92, 122, 127, 230–231
Possessivpronomen → Wortarten
Prädikat → Satzglieder
Präsens → Zeitformen
Präteritum → Zeitformen
Projektarbeit 200–209
Projektplan 202–203
Pro- und Kontra-Argumente → Argumente
Pro-und-Kontra-Diskussion 19, 24, 27–28

**R**angliste 26
Rechtschreiben
– Adjektive 29, 235, 237–238, 259,
  276–279
– Adjektive werden zu Nomen 239
– Doppelkonsonanten 250–251
– Fremdwörter 243, 245
– Konsonanten am Wortende 243
– Merkwörter dann, denn, wann und wenn
  252
– Nomen (zusammengesetzt) 235, 241,
  244, 249, 256–257
– Nomen werden zu Adjektiven 235
– Tageszeiten 247
– Verben werden zu Adjektiven 242
– Verben werden zu Nomen 119, 237, 249
– Verben (zusammengesetzt) 236, 240,
  246, 258
– wider ohne e 239
– Wörter mit äu/au 245
– Wörter mit außer-/außen- 247
– Wörter mit end- 248
– Wörter mit langem i 253
– Wörter mit ss und ß 241, 248
– Wörter mit z und k 252
Rechtschreibhilfen 250–259
– Ableiten 251
– Gliedern in Sprechsilben 250
– Wortbildung 256–259
– Wortfamilien 254–255
Rechtschreibkartei 263
Regieanweisung 101, 106, 108, 117,
  168–169
Regieplan 153
Rollenspiel 29–30, 117, 145
Roman 181–185, 222–223
– Abenteuerroman 181
– Zukunftsroman 182
– fantastischer Roman 184

**S**achbuch 190
Sachtext 33–35, 37, 46, 58, 60, 71, 74, 84,
  86, 98, 104–105
Sage 138–149
– Merkmale 139, 141, 149
– Ortssage 138
– Sagen über Menschen 140–146
– Sagenbuch 149
Satzanfänge 40, 43, 92, 126
Satzarten
– Aufforderungssatz 86
– dass-Satz 40
– denn- und weil-Satz 41

– wenn-dann-Satz 118
– Sätze mit Konjunktionen 291
Satzglieder 292–295
– Subjekt 292
– Prädikat 292
– Objekt 292
Satzzeichen
– Anführungszeichen 103
– Komma 41, 118, 235, 241, 243, 247
– Satzschlusszeichen 103
Schelmengeschichten 150–159
Schlüsselwörter 36, 38, 47, 53, 59, 190, 215
Schreibkonferenz 89–92
Schreibziel 48, 75
Schrift 230
Singen 32, 130
Spiel 79–88
– Spielanleitung 84–85, 90
– Spielregeln vereinbaren 84–85, 90
Sprachen (andere) → Wörter aus anderen
  Sprachen
Sprechabsichten 20
Sprichwort 134–135
Standbild 100
Steckbriefe schreiben 33
Steigerung von Adjektiven 276
Stellung nehmen 39, 40, 41, 44,195, 301
Stichworte formulieren/notieren/ordnen
  49, 61, 67, 75, 76–77, 89, 96, 100, 109,
  115, 117, 126, 141, 143, 145, 147–148,
  172, 183, 191, 194, 195, 196–197, 202,
  204, 205, 216, 232
Streitschlichtung 20–21, 25–26
Subjekt → Satzglieder
Szene lesen/schreiben/spielen/gestalten/
  auswerten 101, 106, 107–110, 158
Szenisches Spiel 101, 107–110, 158–159

**T**abellen erstellen/auswerten 18–19,
  26–27, 40, 80, 86, 96, 100, 122, 177,
  181, 199–200, 220, 241, 248, 251, 252,
  254, 264–265, 273, 274, 293
Tandem → Partnerarbeit
Textentwurf schreiben 49
Textfunktion 190
Texte lesen und verstehen (Textknacker)
  34–38, 46–47, 57–59, 71–72, 96,
  210–211, 228
Texte umschreiben 101, 108, 115, 158–159
Texte überarbeiten 43, 50, 54, 61, 77, 78,
  90–91, 126, 127
Texte vergleichen 122, 148, 161
Texte zusammenfassen 36, 47, 145
Text und Bild zuordnen 56, 200, 206
Textknacker → Texte lesen und verstehen
Textstellen finden/Fragen zum Text
  beantworten 15, 23, 25, 32, 36, 38, 61,
  82, 100, 105, 113, 115, 129, 139, 150,
  156, 166–167, 172, 176, 192–195, 213,
  228, 240

**Ü**berschrift/Zwischenüberschrift
  formulieren 35, 49, 53, 59, 69, 72, 92,
  126, 142, 149, 232
Unterbegriff → Begriff

**V**erb → Wortarten
Vergleichen
– Fabeln 161
– Figuren 153, 159, 161, 176
– Gegenstände 276–277
– Gestaltungsarten 231
– Handlungsbausteine 124
– Schreibweisen 32
– Spielszenen 107–110
– Textanfänge 168–169, 178–179
– Texte → Texte vergleichen
– Vermutungen mit Texterklärung 197
– Zeichen 94
Versuch durchführen 42, 52
Versuchsanleitung schreiben 51–54
Verwandte Wörter → Wortfamilie → Recht-
  schreibhilfen
Vorlesen 87, 167, 172, 176
Vortragen 71–73, 192, 209, 232, 233, 302
Vorwort 190

**W**-Fragen 61, 76, 77, 149, 203, 205
Wortarten 272–275
– Adjektiv 126, 272–275, 276–279
– Konjunktionen 41, 290–291
– Nomen 272–275
– Personalpronomen 288–289
– Possessivpronomen 288–289
– Verb 103, 272–275, 280–283
Wörter aus anderen Sprachen 32, 268–269
im Wörterbuch/im Lexikon nachschlagen
  36, 47, 59, 215, 219, 226–227
Worterklärungen 191
Wörter erklären 219–221
Wörterlisten 264–265
Wörtliche Rede 102–103

**Z**eichensetzung → Satzzeichen
Zeichnen 47
Zeitformen
– Futur 287
– Perfekt 283
– Präsens 286
– Präteritum 284–286
Zeitungsartikel 58
Zukunftsroman → Roman

Sachregister

317

# Auf einen Blick: Verteilung der Inhalte des Deutschunterrichts

| Bereiche des Deutschunterrichts | Kompetenzen | Seite | Kapitel |
|---|---|---|---|
| **Sprechen und Zuhören** | | | |
| zu anderen sprechen | über Gefühle sprechen | 21 | Gemeinsam, zusammen, miteinander |
| | | 29–30 | Streit schlichten |
| | | 81–82, 87 | Spiel mit! |
| | | 100–101 | Sich verständigen – mit und ohne Worte |
| | | 111–122 | Von Angst und Mut |
| | zu Bildern erzählen | 123 | Mit dem Erzählplan erzählen |
| | nach Vorlagen erzählen | 16–17 | Gemeinsam, zusammen, miteinander |
| | über Leseerwartungen und Textfunktion sprechen | 168, 172 | Spannung von Anfang an – Jugendbücher |
| | | 180 | T. Dragt: Zeitreisen in fantastische Welten |
| | | 189–190 | Bücher, Bücher, Bücher |
| vor anderen sprechen | Kurzreferat: sich und andere informieren | 62–65 | Spurensuche |
| | | 68–69 | |
| | | 232–233 | Präsentieren: Kurzreferat |
| mit anderen sprechen | Streit schlichten | 29–30 | Streit schlichten |
| | diskutieren, Meinungen formulieren und begründen | 18–19, 24 | Gemeinsam, zusammen, miteinander |
| | | 25–28 | Argumentieren und Diskutieren |
| | | 37–40, 44 | Ruft es noch „Kuckuck" aus dem Wald? |
| | | 82 | Spiel mit! |
| | | 199 | Fernsehen sehen und gestalten |
| | | 228–229 | Im Internet recherchieren |
| | Gesprächsregeln beachten | 28 | Argumentieren und Diskutieren |
| | | 87 | Spiel mit! |
| | Spielregeln vereinbaren | 82–83, 88 | |
| szenisch spielen | ein Rollenspiel durchführen | 117 | Von Angst und Mut |
| | | 165 | Fabeln |
| | eine Spielszene zu einer Geschichte gestalten, spielen und auswerten | 24 | Gemeinsam, zusammen, miteinander |
| | | 101 | Sich verständigen – mit und ohne Worte |
| | | 107–110 | Eine Szene gestalten und spielen |
| | | 158–159 | Von Weisen und Spaßvögeln |
| | einen Text mit verteilten Rollen lesen | 29 | Streit schlichten |
| | | 100, 102 | Sich verständigen – mit und ohne Worte |
| | | 108 | Eine Szene gestalten und spielen |
| | eine Hörszene gestalten | 152–153 | Von Weisen und Spaßvögeln |
| **Schreiben** | | | |
| Schreibfertigkeiten | lesbar und zweckorientiert schreiben | 230–231 | Schrift üben – schreiben üben |
| richtig schreiben | Rechtschreiben | 250–259 | Die Rechtschreibhilfen |
| | | 260–267 | Die Arbeitstechniken |
| | Fehlschreibungen vermeiden und korrigieren | 234–249 | Rechtschreiben: Die Trainingseinheiten |
| | richtig abschreiben | 260 | Die Arbeitstechniken |
| Texte planen | den Aufbau einer Erzählung planen | 17 | Gemeinsam, zusammen, miteinander |
| | | 123–127 | Mit dem Erzählplan erzählen |
| | | 141 | Einfach sagenhaft |
| | | 165 | Fabeln |
| | | 185 | T. Dragt: Zeitreisen in fantastische Welten |
| | | 224–225 | Texte planen und schreiben: Die Handlungsbausteine |
| | eine Folie für ein Kurzreferat gestalten | 65 | Spurensuche |
| | | 73 | Präsentieren: Kurzreferat |
| | | 233 | |
| | einen Bericht planen, schreiben und überarbeiten | 60–61 | Spurensuche |
| | | 74–78 | Berichten |
| | ein Flugblatt gestalten | 48–50 | Mit einem Flugblatt Stellung nehmen |
| Texte schreiben | einen Brief schreiben | 127 | Mit dem Erzählplan erzählen |
| | eine Fabel umschreiben | 162–167 | Fabeln |
| | eine Sage schreiben | 149 | Einfach sagenhaft |
| | eine Versuchsanleitung schreiben | 51–54 | Eine Versuchsanleitung schreiben |
| | die Fortsetzung einer Geschichte schreiben | 16–17 | Gemeinsam, zusammen, miteinander |
| | | 122 | Von Angst und Mut |
| | | 163 | Fabeln |
| | | 172 | Spannung von Anfang an – Jugendbücher |
| | Geschichten/Texte schreiben/umschreiben | 14–15, 16–17 | Gemeinsam, zusammen, miteinander |
| | | 117, 121–122 | Von Angst und Mut |
| | | 148 | Einfach sagenhaft |
| | | 150 | Von Weisen und Spaßvögeln |
| | | 172 | Spannung von Anfang an – Jugendbücher |
| | | 183 | T. Dragt: Zeitreisen in fantastische Welten |

| Bereiche des Deutschunterrichts | Kompetenzen | Seite | Kapitel |
|---|---|---|---|
| Texte schreiben | eigene Geschichten/Texte schreiben | 112, 122 | Von Angst und Mut |
| | | 125 | Mit dem Erzählplan erzählen |
| | | 129 | Gedichte von Bäumen |
| | | 172 | Spannung von Anfang an – Jugendbücher |
| Texte überarbeiten | einen Brief/eine Grußkarte überarbeiten | 127 | Mit dem Erzählplan erzählen |
| | | 230–231 | Schrift üben – schreiben üben |
| | eine Erzählung überarbeiten | 122 | Von Angst und Mut |
| | Schreibkonferenz: einen Text verfassen und überarbeiten | 89–92 | Texte überarbeiten: Die Schreibkonferenz |
| | eine Versuchsanleitung überarbeiten | 54 | Eine Versuchsanleitung schreiben |
| | ein Flugblatt überarbeiten | 50 | Mit einem Flugblatt Stellung nehmen |
| **Lesen – Umgang mit Texten und Medien** | | | |
| Lesetechniken, Strategien zum Leseverstehen | Erzählstrategien kennen lernen | 169 | Spannung von Anfang an – Jugendbücher |
| | Handlungsbausteine untersuchen | 115, 117 | Von Angst und Mut |
| | | 126 | Mit dem Erzählplan erzählen |
| | | 147–148 | Einfach sagenhaft |
| | | 172 | Spannung von Anfang an – Jugendbücher |
| | | 185 | T. Dragt: Zeitreisen in fantastische Welten |
| | | 222–223 | Texte planen und schreiben: Die Handlungsbausteine |
| | Lesen reflektieren und trainieren | 210–221 | Arbeitstechniken trainieren: Lesen erforschen – lesen trainieren |
| Literarische Texte verstehen | Reimformen erkennen und untersuchen | 130–131 | Gedichte von Bäumen |
| | Sprachliche Bilder untersuchen | 132–133 | |
| | Erzähltexte lesen und verstehen | 14–17 | Gemeinsam, zusammen, miteinander |
| | | 169–176 | Spannung von Anfang an – Jugendbücher |
| | Sagen lesen und verstehen | 138–149 | Einfach sagenhaft |
| | eine Fabel lesen und verstehen | 160–167 | Fabeln |
| | Figuren beschreiben | 15 | Gemeinsam, zusammen, miteinander |
| | | 172, 175–176 | Spannung von Anfang an – Jugendbücher |
| | sich über einen Autor und seine Bücher informieren | 186–187 | T. Dragt: Zeitreisen in fantastische Welten |
| | Klappentexten Informationen entnehmen | 181 | |
| | | 189 | Bücher, Bücher, Bücher |
| | ein Vorwort lesen und verstehen | 190 | |
| Sachtexte verstehen | eine Spielanleitung lesen und verstehen | 84 | Spiel mit! |
| | einen Lexikonartikel lesen und verstehen | 33 | Ruft es noch „Kuckuck" aus dem Wald? |
| | | 227 | Nachschlagen |
| | einen Sachtext mit den Textknacker lesen und verstehen | 34–38 | Ruft es noch „Kuckuck" aus dem Wald? |
| | | 46–47 | Texte lesen und verstehen |
| | | 58, 63, 65–66, 68–69 | Spurensuche |
| | | 96, 104–105 | Sich verständigen – mit und ohne Worte |
| | | 213–221 | Lesen erforschen – lesen trainieren |
| | einen Text zusammenfassen | 36 | Ruft es noch „Kuckuck" aus dem Wald? |
| | | 47 | Den Textknacker anwenden |
| Medien verstehen und nutzen | einen Zeitungsbericht lesen und verstehen | 25 | Argumentieren und Diskutieren |
| | | 58–59 | Spurensuche |
| | das Internet gezielt nutzen | 62 | |
| | | 196–197 | Bücher, Bücher, Bücher |
| | | 228–229 | Im Internet recherchieren |
| | Fernsehnachrichten sehen und verstehen | 198–209 | Fernsehen sehen und gestalten |
| | Wörterbuch und Lexikon gezielt nutzen | 226–227 | Nachschlagen |
| | Grafiken verstehen und auswerten | 37–38, 44 | Ruft es noch „Kuckuck" aus dem Wald? |
| | | 45 | Den Textknacker anwenden |
| **Reflexion über Sprache (Sprachgebrauch)** | | | |
| | über englische Wörter im Deutschen nachdenken | 268–269 | Sprache und Sprachen |
| | über Wörter in verschiedenen Sprachen nachdenken | 31–32 | Ruft es noch „Kuckuck" aus dem Wald? |
| | | 134 | Gedichte von Bäumen |
| | Ober- und Unterbegriffe unterscheiden | 270–271 | Begriffe ordnen und zuordnen |
| | Wortarten erkennen und unterscheiden | 272–291 | Die Wortarten wiederholen |
| | gliedern und ableiten | 250–251 | Die Rechtschreibhilfen |
| | grundlegende Strukturen des Satzes beschreiben | 292–295 | |
| | Wortfamilien | 254–255 | |
| | Wortbildung | 256–259 | |